民国名人传记丛书

民国科教精英百人传

张衡 主编

南京出版传媒集团
南京出版社

图书在版编目(CIP)数据

民国科教精英百人传/张衡主编. —南京：南京出版社，2013.10

(民国名人传记丛书)

ISBN 978-7-5533-0373-4

Ⅰ.①民… Ⅱ.①张… Ⅲ.①教育家—列传—中国—民国 Ⅳ.①K825.46

中国版本图书馆CIP数据核字(2013)第247100号

丛 书 名：民国名人传记丛书
书　　名：民国科教精英百人传
主　　编：张　衡
出版发行：南京出版传媒集团
　　　　　南 京 出 版 社

社址：南京市老虎桥18-1号　　邮编：210018
网址：http://www.njcbs.com　　淘宝网店：http://njpress.taobao.com
电子信箱：njcbs1988@163.com
联系电话：025-83283871、83283864(营销)　025-83283883(编务)

出 版 人：朱同芳
责任编辑：赵育春
装帧设计：潘焰荣
责任印制：杨福彬

排　　版：南京展望文化发展有限公司
印　　刷：南京工大印务有限公司
开　　本：787毫米×1092毫米　1/16
印　　张：19.5
字　　数：280.3千字
版　　次：2013年10月第1版
印　　次：2013年10月第1次印刷
书　　号：ISBN 978-7-5533-0373-4
定　　价：60.00元

营销分类：历史文化

总　序

胡序建

《民国名人传记丛书》是由江苏省中国近现代史学会与政协江苏省委员会文史委员会联合组织编撰的一部较大规模的人物传记丛书。它包括 5 卷,分别是由杨颖奇研究员主编的《民国政治要员百人传》、张连红教授主编的《民国财经巨擘百人传》、杨颖奇与郭必强研究员主编的《民国军事将领百人传》、张衡研究员主编的《民国科教精英百人传》、谢世诚教授主编的《民国文化名流百人传》。各卷分别收录民国时期各特定领域的著名人士 100 位。

江苏省中国近现代史学会与江苏省政协文史委之所以推出这部较大规模的《民国名人传记丛书》,实为匠心独具。因为中华民国时期(1912—1949)确是中国近代历史上的一个重要时期,这不仅因为以孙中山先生为领导,以"民主共和"为旗帜的辛亥革命,历经数十次大大小小的武装起义,终在唤醒民众的基础上推翻了绵延数千年的封建帝制,推翻了腐朽没落的清王朝;而且因为在适应历史潮流中建立的中华民国,是中国历史上未曾有过的划时代的历史大事变,从此共和观念逐渐深入人心,任何图谋复辟帝制的妄动注定只能是丑陋的过场闹剧。

然而中华民国的成立,并不代表中国就此走上独立、自由、民主、富强的道路。在国内国际诸多因素的交互影响下,中华民族依然没有实现真正的独立和自由,人民大众依然未能获得真正的幸福和民主。其中军阀混战、民生凋敝、独裁统治、官场腐败、外敌入侵、主权丧失,不一而足。于是,在整个中华民国存在的 38 年历史中,在如此错综复杂、风云际会的社会大背景之下,涌现出并活跃着各色各等的众多名人。他们当中既有矢志不渝为民主而奋斗的英烈志士,也有抗御外侮甘洒热血的军事将领;既有殚精竭虑希冀发展民族工商业而实业救国的企业巨子,也有赤诚献身科学事业力求改变衰弱国运的科学精英；既有为强国奠基而笃志教书育人的教育泰斗，又有为传承中华文化而奋进创新的文化名流等等。这些名人在不同领域、不同时期，自觉或不自觉地合拍于时代发展的潮流，在艰难与曲折中合力推动着近代中国历史向前发展；他们为中华民族的独立和复兴，为中国人民的民主和自由，作出了各自不同的重要贡献。

总览这套《民国名人传记丛书》，作者们站在历史的高度，努力运用实事求是的方法，以每位名人约 2000 字的篇幅，比较真切生动地叙述了每个人物的生平事迹，特别是对其在民国时期的活动做了重点记述，这使我们能够通过不太长的篇幅，概括了解某个名人的一生情况。倘若读者们还要进一步了解这位名人的更详尽资料，那么这个介绍也可以提供进一步查找的基本线索和路径。

这套丛书的独特之处在于，它不同于其他的人物辞典类书，辞典类书一般以大而全行于世，但对单个人物的介绍有限，内容偏于简要；也不同于人物传记类著作，传记类著作一般以比较详尽的叙述为特点，但对于需要概括了解特定领域内某类或某一人物的简要生平，则有所局限。现这套丛书，在内容上既有别于辞典类的简要人物介绍，即比它要详，又有别于传记类专门著作的详尽叙述，即比它要简。这套书定位于名人小传类，可谓一册在手，百名人物尽阅，一套在案，500 名人全览。

这套丛书的编撰，是由江苏省中国近现代史学会会长黄玉生先生为主任的编委会，经过数年的认真策划和深入研讨，邀约了对民国史研究有专长、学术造诣深厚的专家学者担任顾问和分卷主编，后即由各主编组织诸多知名的民国史研究专家进行撰稿，并经专家审阅后反复修改定稿的。所以，这套丛书既是专家学者和编撰人员集体智慧的结晶，也是江苏省中国近现代史学会全体人员辛勤工作的硕果，而且还是南京出版社领导与编辑们大力支持与共同努力的结果。

这套丛书的出版，对民国史以及中国近现代史的研究，在一定程度上将起到积极的推进作用。我们通过阅览其中各个人物生平事迹，可以领略爱国主义精神在争取中华民族独立中所绽放的光彩，可以了解中国近代历史在曲折中前进的脚步，可以把握近代中国社会在艰难中跳动的脉搏，也可以观赏民国历史舞台上“你方唱罢我登场”的各种活剧。伴随着这部丛书的出版发行，使其发挥应有的积极作用，当是全体编撰人员亦是我个人之所乐见。

2013年5月于金陵

编辑委员会

本册主编：

张　衡

本册编写人员名单：

张　衡　严　奚　唐文进　风　范　侍晓莎

前 言

本册收入的100位科教精英，是20世纪上半叶在科学征途上奋勇开拓的巨匠，是在教育园地里辛勤耕耘的园丁。他们以卓越的科教成就宣告，中华民族有能力自立于世界民族之林；他们以感人的爱国行动表明，他们不愧是中华民族走向复兴的坚强脊梁。

科教精英们出生在中华民族风雨飘摇的年代。1840年鸦片战争以后，中国逐步成为半殖民地半封建社会，西方列强野蛮入侵，封建统治腐朽无能，国家战乱不已，人民饥寒交迫，中国人民和中华民族遭受了世所罕见的深重苦难。在那内忧外患接踵而至的年代，所有关心国家和民族前途命运的人们无不痛定思痛，寻找实现民族独立和国家富强的道路。1911年辛亥革命爆发，1912年中华民国成立。虽然中国半封建半殖民地社会的性质没有改变，但是，中国人民思想解放的禁锢已被砸碎，中国社会走向进步的闸门已被打开。

在中国人民执着探寻救国救民的道路上，一大批青年学子怀抱着"科学救国"、"教育救国"的崇高理想留学海外，学成归来后，在艰难的条件下白手起家，砥砺前行，开办高等教育学校，创建科研机构，只用短短几十年的时间，就在地学、气象、天文、物理、化学、数学、生物、农学、建筑、工程技术等几乎所有的近代学科和技术部门，建立起中国的近代科学技术教育体系，个别部门和项目甚至达到了当时的世界水平，造就了中国科学教育走向近代化的第一个辉煌，而他们自己也在献身科教事业的奋斗中不断成长，成为中国追赶世界科教潮流的领军人物。

20世纪上半叶，在中国诞生了清华、北大、南开、复旦、中大、浙大等一批蜚声中外的大学，成立了中国科学社、北平研究院、中华自然科学社、陕甘宁边区自然科学研究会和中国科学工作者协会等一批人才济济的科研院所。全国共培养出大学毕业生20万人，科技人员5万人。这与科学教育极其落后的清王朝相比，不能不说是一个很大的历史进步。

民国时期科教事业取得进展的一个重要原因，就是建立了科学教育的管理机构——大学院和中央研究院。1927 年 10 月，大学院成立。它是全国最高学术教育机关，负责管理全国学术及教育行政事宜。同年，大学院召开中央研究院筹备会议，制定了《中华民国大学院中央研究院组织条例》，确定了中央研究院为中华民国最高科学研究机关。1928 年，国民政府相继公布了《修正中央研究院组织条例》和《国立中央研究院组织法》，将原来隶属于大学院的中央研究院改为国立中央研究院，使之成为直属于国民政府的独立机关，并规定其任务：一是实行科学研究，二是指导、联络、奖励学术之研究。研究院在院长领导下设立行政、研究、评议三个部分，而以研究为其中坚。到 1930 年初，中央研究院已建立起物理、化学、工程、地质、天文、气象、历史语言、心理和社会科学共 9 个研究所和一个博物馆，这是中国历史上第一次建立起的较为完整的科研体系。

在中央研究院成立后的 20 多年里，中国的科学研究取得了一大批丰硕成果。其中，历史语言所在安阳小屯村发掘出大量殷代青铜器和甲骨卜辞，使中国古代信史向上推移了千百年；地质所在庐山等地找到了我国第四纪冰川遗迹；物理所进行了电学、磁学、光学的研究，还开创了核物理、金属学、结晶学以及短波的研究；化学所着重于分子光谱、性激素、中药成份的化学分析，化学玻璃的性质及平阳矾矿的利用等研究；数学所开展了数论、代数、微分几何、拓扑学、级数论、数理统计等 6 个方面的理论研究；天文研究所筹建了紫金山天文台，编制了国民历法，发布南京授时；气象研究所观测并研究了中国气候的变化规律；动物所作了动物分类学研究和鱼类生物学、昆虫学、寄生虫学、原生动物学、实验动物学的研究；植物所开展了植物分类学、藻类学、真菌学、森林学、植物生理学、植物形态学、植物病理学及细胞遗传学的研究。

1948 年 3 月，中央研究院经选举产生了中国历史上的首批院士 81 人。他们是：数理组(包括数学、物理学、化学、地质学、气候学、工程学等)姜立夫、许宝騄、陈省身、华罗庚、苏步青、吴大猷、吴有训、李书华、叶企孙、赵忠尧、严济慈、饶毓泰、吴宪、吴学周、庄长恭、曾昭抡、朱家骅、李四光、翁文灏、黄汲清、杨钟健、谢家荣、竺可桢、周仁、侯德榜、茅以升、凌鸿勋、萨本栋；生物组（包括动物学、植物学、人类学、生理学、医学、药物学、农学等）王家楫、伍献文、贝时璋、秉志、陈桢、童第周、胡先骕、殷宏章、张景钺、钱崇澍、戴芳澜、罗宗洛、李宗恩、袁贻瑾、张孝骞、陈克恢、吴定良、汪敬熙、林可胜、汤佩松、冯德培、蔡翘、李先闻、俞大绂、邓叔群；人文组（包括哲学、史学、考古学、语言学、经济学、法律学、政治学、社会学等）吴敬恒、金岳霖、汤用彤、冯友兰、余嘉锡、胡适、张元济、杨树达、柳诒征、陈垣、陈寅恪、傅斯年、顾颉刚、李方桂、赵元任、李济、梁思永、郭沫若、董作宾、梁思成、王世杰、王宠惠、周鲠生、钱端升、肖公权、马寅初、陈达、陶孟和。

中央研究院院士制度的建立，标志着近代科学在中国的成熟和扎根。

民国时期，教育事业也取得了长足进展。在西方教育理论和思想的影响下，一批教育家在推进教育改革和试验方面进行了有益的尝试，如：蔡元培主持的大学院制改革试验，晏阳初主持的平民教育试验，陶行知提倡的乡村教育运动，黄炎培领导的中华职业教育，陈鹤琴设计的幼儿“活教育”。在中等教育制度改革方面，废除了综合中学制，将普通中学、师范学校、职业学校分立，使教育目标更加明确，学校系统和课程设置也更加规范化。此外，在学制系统改革方面，高等教育对院系学科设置进行了调整，师范教育得以加强和提高了教学水平，初等教育对小学实施了义务教育，并开展了扫盲教育，尽管有些目标并没有完全达到，但对教育事业的发展仍然起到了促进作用。

抗日战争爆发后，国民政府颁布了《总动员时督导教育工作办法纲要》，主要提出了要尽力维持教育、安全区域内学校要尽力收容战区学生、学校要尽力适应国防需要和学校组织后方服务团等四项措施，还将部分即将沦为敌占区的大学迁往内地，其中清华大学、北京大学、南开大学迁往重庆，成立西南联大；北平师范大学、北洋工学院、河北省立女师迁往陕西固城，成立西北联大，南京的中央大学迁往重庆，东北大学迁往四川山台，浙江大学迁往江西吉安。这些举措为在战火中保存高等教育的师资力量，保护高等教育的人才资源，起到了重要作用。

本册收入的100位科教精英，是中国近代知识分子的优秀代表。在他们身上集中体现了中华民族传承千年的爱国忧民、勤奋好学和敬业奉献的精神和美德。科教精英们大多数都有海外求学的经历，这在个人是难得的机遇。但是，他们所孜孜追求的并非个人的幸福和前程，而是民族兴亡和国家强盛。所以，当他们学成之后，便义无反顾地归来报效祖国和人民。当时的中国正遭受日本侵略者的蹂躏，亿万同胞在苦难中挣扎。他们并不在意个人的安危和待遇，不为科教条件的简陋所困扰。他们不畏艰险，排除万难，在偏乡僻壤，在茅草屋里，在煤油灯下，在警报声中，辛勤地教书育人、钻研实验，著书立说，在科学教育的荒原上踩出一条条创业创新之路，推出一项项让世人瞩目的科研成果，还带出一大批献身科教事业的后来人。可以毫不夸张地说，令100位科教精英的人生，个个堪称大写的人生；在他们的身后，人人都留下了闪光的业绩。

让我们走近科教精英的天地，从中了解历史，感悟人生，汲取智慧和力量吧！

目　录

丁颖

中国稻作科学之父

丁颖(1888—1964),字君颖,号竹铭,广东高州人。中国优秀的农业科学家和教育家,被誉为“中国稻作科学之父”,曾任原国立中山大学农学院院长、华南农学院和中国农业科学院首任院长、中国科学院学部委员。丁颖不仅在国内享有崇高威望,而且蜚声国外。

1888 年 11 月 25 日,丁颖生于一个普通农民家庭,亲身经历了贫困生活的磨难,过着吃不饱、穿不暖的日子。父亲为了拔除贫穷的根源,决心借债送子上学。这样,丁颖成了丁家的第一个读书人。1912 年,丁颖以优异的成绩考取公费留学日本。他力排轻农的世俗偏见和家境拮据的困扰,几度辍学,三渡扶桑,成为东京帝国大学农学部第一个攻读稻作学的中国留学生。经过 11 年的奋斗,直到 36 岁他才学成回国。留学生涯,不仅使丁颖掌握了现代农业科学理论,也激发了他强烈的爱国主义精神和民族自尊心,使他逐步产生了“教育救国”和“科学救国”的思想。

丁颖学成回国后,在广东大学农科学院任教授,毅然担负起现代高等农业教育和农业科学事业拓荒者的重任。他在教学的同时,积极开展水稻灌溉和吸肥规律的研究,并对广东粮食生产问题做了很多调查,写出《改良广东稻作计划书》和《救荒方法计划书》,建议政府每年拨出 1%的洋米进口税作为稻作科研经费。但是,这些饱含拳拳学子之心的考虑均石沉大海。面对重重困难,他决心立足现实,以“蚂蚁爬行的方式,苦干到 150 岁”。1927 年,他拿出自己的积蓄当作经费,在茂名县公馆圩筹建了中国第一个稻作专业研究机构——南路稻作育种场。随后,又用“卖青草”预售良种等办法解决经费问题,先后增设了石牌稻作试验总场和虎门(沙田)、东江(梅县)、北江(曲江)等试验分场,旨在选育优良稻种,改进栽培技术,对发展华南粮食生产做出贡献。从 1924 年回国到 1964 年逝世,整整 40 年,他初衷不改,全身心地投入农业教育和稻作科学研究。他把“教育救国”、“科学救国”的远大理想化为脚踏实地的爱国行动,把毕生的精力贡献给了祖国和人民的事业。他潜心稻作科学研究,一步一个脚印,在水稻品种选育、栽培稻种的起源及其演变、水稻品种的生态特性等方面进行了大量开创性的实验研究,和同事们一起培育出 60 多个水稻优良品种,其中的“中山 1 号”持续推广达 60 年之久,为我国的水稻粮食生产作出了杰出的贡献,成为当之无愧的“中国稻作科学之父”。

丁颖不仅是中国稻作科学之父,也是近现代中国高等农业教育的先行者,“为振兴中华农业而兴办教育”的指导思想贯穿其一生。早在 20 世纪 30 年代初,丁颖就阐述了对兴办农业教育的基本观点:一是为了振兴农业、复兴农村、安定农民生活;二是为了解决农业技术推广问题;三是为了提高民族文化素质。在抗战极为艰苦的 1940 年,他临危受命,出任国立中山大学农学院院长,带领农学院全体师生,历尽艰辛,将学校搬迁到湖南宜章的一个小山村栗源堡坚持办学。他靠人格的力量,吸引知名教授来校任教;他创建实验基地,改善办学条件,令许多有志青年慕名前来深造,使农学院在困境中得以复苏发展。新中国成立后,丁颖出任华南农学院第一任院长。他带领师生进行教育改革,改善办学条件,提高教学质量和学术水平,使华南农学院进入了全国知名大学行列。

丁颖身体力行,为培养学农爱农的高素质人才不遗余力。他认为农学是应用的科学,要学有所用,不应该离开生产实际问题来进行理论研究。他从不穿着皮鞋站在田坎上“参观”和“指导”,而是卷起裤管就下地插秧、收割,和农民一个样。他十分重视对师生进行学农、爱农、献身农业的思想教育,反复强调农业教育必须为农业现代化服务。他的言传身教深刻影响着一代代学子,在他培养的学生中,共有 5 位成长为院士。

中国农业界素有“南丁北赵”之说。“北赵”是中国著名农学家、细胞遗传学家赵连芳。“南丁”正是指的丁颖。在中国稻作学史上,他创造了多个第一:1927 年,他创建了中国第一个稻作试验基地——南路稻作育种场；1933 年，他选育出的新品种"中山 1 号"，是世界上第一个把野生稻抵抗恶劣环境的基因转移到栽培稻的成功先例。

丁颖从事稻作科学研究、农业教育事业 40 余年，在国内外发表论文著作 140 多篇。20 世纪二三十年代，"中国稻起源于印度"的说法在国际学术界流行一时。丁颖并不认同这种说法。1933 年，他发表了《广东野生稻及由野生稻育成的新种》一文，令人信服地证明了中国是比印度更早的栽培稻原产地。又经过 20 多年潜心研究，他从历史学、语言学、古生物学、人种学、植物学暨地理分布学等方面进行了深入探索，1956 年发表了《中国栽培稻种的起源及其演变》，引起了国际轰动，1978 年荣获全国科学大会奖。

丁颖有句名言："真诚的科学工作者，就是真诚的劳动者。"丁颖融中华民族的传统美德和科学家的良好学风于一身，其勇于探索、求真务实的治学风范，崇高的爱国情怀和高尚的道德品质，永远为世人敬仰。

丁文江

中国地质事业的拓荒者

丁文江(1887—1936),字在君,江苏泰兴人。地质学家、地质教育家,中国地质事业的奠基人之一,创办了中国第一个地质机构——中国地质调查所。其卓越才能和实干精神使他成为中国地质事业最早、最重要的拓荒者。

1887年丁文江出生在江苏泰兴一个绅士之家,自幼深受传统文化的熏陶。1902年,15岁的丁文江赴日留学。1904年,他又从日本远赴英国留学,先后考入剑桥大学、格拉斯哥大学。1911年,丁文江在格拉斯哥大学毕业,获得动物学与地质学双毕业文凭。学成归国后,丁文江应邀到上海南洋中学任教,讲授地质学入门,很受学生们的喜爱。1913年,丁文江应工商部矿政司聘请,任该司地质科科长,从此开始了为中国地质事业奋斗的生涯。

当时,科学主义在中国虽已落地生根,但地质学却尚未引起足够的重视,甚至还被蒙上了风水、龙脉之类迷信的色彩。人们认为,开矿会阻断龙脉,永绝人文,这种偏见成为兴办实业的一大障碍。丁文江上任之初,千头万绪,百端待兴,他在权衡后决定从培养人才入手。1913年6月,他利用北京大学闲置的图书标本,由农工商部出面开办了一个地质研究班(后改称研究所),他自任所长,以他和章鸿钊、翁文灏三人为教学骨干及行政骨干,招生30名。他亲自教授古生物学等课程。这批学生便是中国第一批地质人才,其中不少都成为中国地质学界的名家。

1916年,丁文江与章鸿钊、翁文灏一起创办了中国首个地质机构——农商部地质调查所,并众望所归担任首任所长。在丁文江领导下,该所不但成为中国地质事业初创时期的领导机关,而且成为东亚和世界知名的科学研究中心。丁文江还在该所推动了中国新生代、地震、土壤、燃料等研究室的建立。此外,丁文江还长期担任《中国古生物志》主编,这是第一个为国际一流科学家交口赞誉的中国人主办的科学期刊,在地学界极具影响力。

除地质学以外,丁文江在地理学、人种学、优生学、历史学、考古学、少数民族语言学等领域也有独特贡献,是一位知识渊博的学者。北大教授温源宁曾这样评价他:"丁文江的所知所见实在太丰富了,简直就是一所老古玩店……换句话说,应该把丁博士看作一部百科全书。"

丁文江是一位卓越的探险家,一生多次成年累月地在野外奔波劳碌,搜罗第一手材料,而后著书立说。他力倡"登山必到峰顶,移动必须步行","近路不走走远路,平路不走走山路"的准则,其脚踏实地的调查研究不但为中国地质学者树立了实地调查采集的工作典范,而且取得了丰硕的学术成果。

1913 年,丁文江调查正太铁路沿线地质矿产时,首次给"太行山"确立了新的地理学上的定义,认为从河南济源至河北阜平这段近乎南北向的山脉才是真正的太行山,而从阜平至山海关这段近乎东西向的山脉则应叫"燕山"。通过调查,丁文江发现山西的煤炭储量巨大,而铁的储量却不丰富。他根据调查结果写了《有名无实的山西铁矿——新旧矿冶业的比较》一文,从而纠正了德国人认为"山西是世界煤铁最丰富的地方"的错误。

1916 年,丁文江赴江苏、安徽、浙江三省调查扬子江下游地质,后来发表了专著《芜湖以下扬子江流域地质报告》。该文在地层研究上,不但大大超越了李希霍芬等外国学者,而且阐述了江南山岭的地质构造与秦岭、南岭地质构造之间的关系。对气候变迁、河流生成等问题及对扬子江口及三角洲之形成和发展的探讨,尤有独到见解。丁文江还是中国地层学界公认的"三门系"的创立者,其提出来源于他在陕西、河南省交界附近的三门峡考察时的发现。

1928 年,地质调查所组织力量,到西南进行地质调查,这是丁文江一生中最大的、也是最后一次大规模地质调查旅行。这次调查历时之长(约 1 年)、项目之多样(涉及地质、古生物、矿产、地理、人种等学科)以及成就之辉煌,前所未有。调查结束后,丁文江积极整理,撰文发表了《丰宁系地层学》,文中提出的地质层序至今仍为广大地质工作者所沿用。

丁文江是20世纪中国科学、文化史上影响最大的人物之一。他不但是一位科学家,而且还做过煤矿公司的总经理、淞沪督办公署总办、中央研究院总干事,并都做出过影响深远的实绩。他还是一位有代表性的公共知识分子,他倡议创办《努力》周报,积极参与《独立评论》的编辑工作,是著名的“玄学与科学”论战的发起者。他的身上,恰到好处的集合了专门科学家、科学事业的组织者和科学思想的传播者等多重角色。蔡元培对丁文江的才能极为倾倒,称赞他是我国现代稀有的人物。罗素也说:“丁文江是我见到的中国人中最有才、最有能力的人。”

马约翰

体育教育先驱

马约翰(1882—1966),福建厦门人,中国著名的体育家,在体育理论、体育教学、运动训练等方面都做出了可贵的贡献。

1882 年,马约翰出生在福建厦门鼓浪屿。他 3 岁丧母,7 岁丧父,与哥哥相依为命。少年的马约翰生活在有山有海的小岛上,常常爬山、爬树、跑跳、钻山洞,独自下海游泳,不怕浪涛,在有些人眼里,这个孩子有点“野”。但他凭着天赋练出了一副敦实粗壮的躯体,身手敏捷,反应快速,奔跑如飞。

1900 年,马约翰到上海明强中学读书,后又考入圣约翰大学。大学期间,马约翰依然保持着对体育运动的酷爱,是学校足球、网球、棒球、田径各项代表队的主力队员,并在学校运动会上囊括了田径中长跑的冠军,显示出运动的天才。

1905 年 5 月,上海基督教青年会举办“万国运动会”,这是一次规模很大的露天运动会,有许多外国选手参加,观众超过 5 000 人,马约翰参加一英里跑赛。比赛开始时,他为国争光心切,跑在前头,消耗体力过多,反被日本选手超出,领先的是 4 个日本人,他们一字排开占据了整个跑道,以阻挡其他选手超过他们,日本观众也疯狂喊叫助阵。到了最后一圈,马约翰加快速度,发力冲刺,在中国观众的加油声中,马约翰冲过日本人的阻挡,以领先 50 码的优势夺得冠军,另外一名中国选手获亚军。在场的观众齐声喊“约翰,中国;中国,约翰”,并把他高高抬起,绕场一周,真是激动人心! 从此,马约翰声名远播,他也第一次懂得了体育和祖国荣誉是这样的水乳交融、荣辱与共。

1914 年,马约翰应聘到清华大学任教,成为清华大学体育教育的开拓者。清华大学的前身是留美预备学校。马约翰初到清华时是化学教师，他考虑到送出去的留学生若一个个都是“东亚病夫”，将是一个涉及祖国荣誉的问题。于是，他毅然改任体育教师。在马约翰的倡导和推动下，清华大学逐年修建了设备良好的体育馆，设立了体育部，明确规定体育是大学教育的重要组成部分，是4个年级的必修课，每周两节课算一个学分，必须修满8学分才能毕业。同时各年级都有规定的运动项目指标。体育部对全校同学都建立体育档案，对体弱同学另设体弱班课程。这些措施当时在国内是一个创举。当时清华有一项独具特色的体育活动“斗牛”，这是一种自由参加不讲究规则的比赛，在篮球场上斗牛，不计人数，自己选择一方，抢了球就跑，只要能传给自己的队友或投进对方的球筐就算胜利。斗牛没有争球的规则，也没有罚球的规则，更不记分评胜负。马约翰鼓励学生积极参加“斗牛”，尽情地玩，尽情地跑，尽情地争，出一身大汗，洗个淋浴，身体就会健康，学习起来就更有精神。他常常亲自参加斗牛，和学生一起玩，一起奔跑。有时在场外作啦啦队，喊着“Boys for victory!”，十分亲切动人。不论是春风荡漾，还是霜雪严寒，在落日余晖中，大操场上聚集着几百名青年“斗牛士”，欢声喧闹，展现出无限勃勃生机，这成为清华园里别具一格的体育风景。

马约翰对清华学生施以最大的压力是规定：体育不及格，就不能出国留学。当时清华有个“五项测验”，要求学生在校期间必须通过，有一项不及格便不能毕业。著名的文学教授吴宓在校读书时，功课全是优等，但跳远不及格，被马约翰“扣留”，半年后补试及格，方准予出国。在马约翰的推动下，清华先后成立了足球、篮球、网球、曲棍球、棒球、垒球、水球、长跑、游泳、滑冰、拳击等十多个代表队，为清华成为一所真正的现代大学打下了基础。而马约翰以自己的辛勤劳动和工作热忱，为祖国输送了一批又一批体魄健全的人材。晚年的梁思成和钱伟长都曾深情回忆起马约翰对他们的热心教诲和培养。

“体育是培养健全人格的最好工具。”这是马约翰的一句名言。他认为“运动场是培养学生品格的极好场所，可以批评错误，鼓励高尚，陶冶性情，激励品质”。刻苦的锻炼可以“培养青年们勇敢的精神，坚强的意志，自信心，进取心和争取胜利的决心”。他认为，体育是教育的重要组成部分，是培养全面发展人材的重要手段。它不仅能使学生获得健康，更重要的是有利于道德品质的锻炼和培养。马约翰极为重视体育道德文明，他经常对选手说：“比赛可以不十分在乎输赢，但千万要讲道德，球可以输，道德不可以输。”

新中国成立后，马约翰先后两次当选为全国体育总会副主任。晚年的马约翰仍旧坚持体育锻炼。1958 年，76 岁的马约翰和一位中年教师合作，夺得北京市网球双打冠军，创造了老年人达到一级运动员标准的纪录。直到 84 岁时，马约翰还能做 13 个俯卧撑。如今，清华大学校园内以“马约翰”命名的体育比赛项目共有 42 个，从百米跳远到健美操、踢毽子等等。清华学生自豪地说：“我们的‘马约翰杯’比奥运会的项目还要多。”是的，参与体育、热爱体育、融入体育、享受体育，这是马约翰留给年轻学子最宝贵的精神遗产。

马相伯

复旦大学创始人

马相伯(1840—1939),原名志德,又名钦善、建常、绍良;改名良,字斯藏;又字相伯、湘伯、芗伯,江苏丹阳人。中国著名教育家、复旦大学创始人、震旦大学首任校长。最大成就是在中国建立了一套现代大学教育的思想体系,创办了中国近代两所著名的大学:震旦学院和复旦学院。

1840年,马相伯出生于江苏丹阳一个信奉天主教的家庭中,自幼信奉天主教。少年马相伯天赋过人,8岁在家塾读书,11岁进上海徐汇公学就读。15岁学习法文、拉丁文,20岁研究哲学,23岁研究天文,1870年获神学博士学位。

37岁时,马相伯抱着一腔爱国热忱离开教会,越洋考察了欧美、日本等国。他做过洋务,办过外交,给清廷提出过不少建议,但都未被采纳,这使他心灰意冷,遂于1901年退隐沪西土山湾。但是,当了隐士的马相伯并未放弃救国救民的理想。他经过缜密思考,深感"自强之道,以作育人材为本;救才之道,尤宜以设立学堂为先",决心在中国兴办新型教育,培养救国救民之才。

1903年,64岁的马相伯创办了中国近代第一所私立大学——震旦学院,并任院长。"震旦"为梵文中的"中国",含"东方日出,前途无量"之意。为了办学,马相伯毁家兴学,把祖产3 000亩田地作为学校基金,并宣布三大信条:一、崇尚科学;二、注重文艺;三、不讲教理。前两条好理解,只是第三条,因为在当时的环境下办学,他必须借助教会的支持,所以,他特地宣布这第三条信条,还向学生讲明:"学校是研究学术的机构,不是宣扬宗教的地方,所以信条规定不讲教理,是完全正确的。"针对当时求学为官的倾向,马相伯旗帜鲜明地表示:"予创震旦,故欲诸生习实而转授国人，为干禄者戒！”正因为有着这样鲜明的办学宗旨，全国各地的求学者纷纷慕名而来。后来成为国民党元老的于右任便是此时辗转进入震旦学习的。

由于震旦学院提倡思想自由、学术独立，因而触怒了耶稣教会。1905 年，耶稣教会欲变震旦为教会学校，以让马相伯“养病”为由，委任法国神父南从周为总教习，改变办学方针，另立规章。学生们强烈抗议并集体退学。马相伯带病召开离散学生大会，慷慨陈词提出复校的主张，在江湾另行筹建复旦公学。当年中秋节，复旦公学正式开学，马相伯任校长兼法文教授。“复旦”二字，取自《尚书·大传》所载《卿云歌》中的“日月光华，旦复旦兮”，即“复我震旦”并暗含“复兴中华”之意。

兴办教育是马相伯毕生的追求。1908 年，当耶稣会打算改善震旦大学的办学条件、迁址卢家湾时，马相伯不计前嫌，又捐出银元 4 万元，还变卖了价值 10 余万元的英、法租界产业 8 处，用来在卢家湾购置土地 100 亩，建造校舍。1914 年，马相伯的儿子君远病故，学生们鉴于马公毁家兴学，家无余资，遂筹集万元为其寡媳、幼孙作教养费，马相伯却托人将该款移作启明女子中学的教育经费。

1931 年，九·一八事变爆发，日军侵占东三省。已经 90 多岁的马相伯再次出现在国人面前，撰写文章，发表演说，呼吁全国团结抗日。为了筹集抗日资金，他亲自写字义卖，几天之内便为东北抗日军队募集到 10 万元义款。由于积极参加抗日救国活动，马相伯被誉为“救国领袖”、“爱国老人”。

1936 年 5 月，沈钧儒、邹韬奋等爱国人士响应中国共产党建立抗日民族统一战线的号召，在上海发起成立全国各界救国联合会，要求国民党停止内战，释放政治犯，并与中共谈判，建立统一的抗日政权等。对此，国民党竟以“危害民国”的罪名，逮捕了沈钧儒、邹韬奋等 7 位救国会的领导人。“七君子事件”发生后，马相伯不顾自身困难，致函冯玉祥，联合宋庆龄、何香凝掀起救助“七君子”的签名活动。“七君子”获释后，专赴马相伯寓所致谢并摄影留念。摄影前，沈钧儒提议众人排好队向马相伯深深地三鞠躬。后来，沈钧儒在相片上亲笔题写“唯公马首是瞻”。

1938 年，在于右任、冯玉祥、李宗仁等人安排下，马相伯离开上海“孤岛”，辗转向大后方避难。百岁老人，经不住一路颠簸，滞留在越南谅山养病。1939 年 4 月 6

日是他百岁诞辰,全国各地和有关团体都举行遥祝百龄典礼。国民政府对他颁发褒奖令,中共中央特致贺电,称他为“国家之光,人类之瑞”。他给上海复旦同学会的亲笔信有“国无宁日,民不聊生,老朽何为,流离异域。正愧无德无功,每嫌多寿多辱!”并把各方赠与的寿礼移作犒慰伤兵之用。他对前来谅山看望他的友人说:“我是一只狗,只会叫,叫了一百年,还没把中国叫醒!”《良友》是当年风靡全国的画报,历来凭借时髦女郎的封面吸引读者。这一次《良友》却一改常态,在马相伯百岁大寿时以他的照片做了封面。这表明,百岁老人马相伯已在人们心目中成为中华民族的象征。

马叙伦

民主促进会创始人

马叙伦(1885—1970),别名彝初、夷初,号石翁、寒香,晚年又号石屋老人,浙江杭州人,著名的教育家、语言文字学家、诗人和书法家,中国民主促进会主要创始人之一。

1885 年,马叙伦出生于浙江杭州。少年时入杭州养正书塾师从陈介石,读《黄书》、《民约论》等,思想深受影响。目睹中华民族风雨飘摇、满清政府极端腐败,马叙伦立志推翻封建王朝,建立民主国家。1901 年,马叙伦到上海办报。当时上海是维新和革命两种思潮汇集的地方,各种刊物蓬勃兴起。马叙伦身临其境,不断受到革命思潮的陶冶。1905 后,马叙伦在杭州、广州等地教书,宣传革命思想。1910 年马叙伦参加了柳亚子的革命文学团体南社,以文学为阵地,鼓吹资产阶级革命,反对清朝的专制统治。1911 年夏,马叙伦经章太炎介绍,在日本加入了孙中山领导的同盟会。

1919 年,五四运动爆发。正在北京大学任教的马叙伦把全部精力倾注于爱国运动中。他出席各种会议,发表演说,宣传反帝爱国主张。由他主持的北大教职员会与北京教职员联合会成为学生运动的有力后盾。1919 年冬及 1921 年,马叙伦先后两次领导了北京中小学教师发起的、向北洋政府"索薪"的运动。1921 年 6 月 3 日马叙伦和李大钊等万名教职员一起向总统徐世昌请愿,遭到军警镇压。马叙伦和李大钊走在队伍的最前面,头部受了重伤。"六三"事件发生后,马叙伦回到杭州,先后任浙江第一师范校长及浙江省教育厅长。北京政府改组后,他两次担任教育部次长并曾代理教育部部务。抗日战争期间,因贫病交迫蛰居上海,更名邹华孙,隐居不出。马叙伦认为“报国之术,不限同途”,虽年过半百,仍奋力疾书,从事着浩瀚的传统语言文字学的研究工作。

抗日战争胜利后,中国共产党公开发表《对于目前时局的宣言》,提出和平民主团结的建国总方针,得到了全国人民的热烈拥护。马叙伦由衷地赞成中国共产党的主张,积极从事反内战、反独裁的爱国民主运动。随着他在群众中的影响日益扩大,在他的周围逐渐形成了一支文化、教育界争取和平民主的力量。1945 年 12 月,马叙伦与上海文化、工商界的部分进步知识分子和爱国民主人士共同发起成立了中国民主促进会,并担任主要负责人。翌年 5 月,上海人民团体联合会成立,马叙伦当选为常务理事。由于马叙伦坚持民主正义立场,遭到了当局种种威胁和迫害。1946 年 6 月 23 日他作为上海人民和平请愿团团长,率团赴南京呼吁和平,在南京下关车站遭国民党特务暴徒殴打,身受重伤。1947 年冬,由于白色恐怖严重,马叙伦由上海转移至香港,后转抵东北解放区。1949 年 2 月进入北平,参加筹备并出席了中国人民政治协商会议第一届全体会议,参与协商建国大计。

马叙伦是新中国第一任教育部长和第一任高教部长。1950 年 6 月,马叙伦主持召开了第一次全国高等教育会议,毛泽东、周恩来亲临会议,接见代表,周恩来还就教育方针等问题讲了话。马叙伦致开幕词,他要求学校克服旧的、传统的、脱离实际的教条主义,要防止不顾长远利益与全面利益,轻视理论学习的狭隘实用主义。他强调,要培养出全面发展的、有真才实学的、富有分析力和创造力的专门人才。对中等和初等教育,马叙伦先后提出:普通中学的教育,必须符合全面发展的原则,使青年一代在德育、智育、体育、美育各方面获得全面发展。作为一个饱经忧患、终生献身教育事业的老教育家,马叙伦把自己的全部心力都倾注于人民教育事业。

马叙伦还积极从事文字改革工作。在进行文化普及教育中,他深感提高全民族的文化水平,汉字必须简化,必须走世界共同的拼音方向。1958 年 2 月 11 日,第一届全国人民代表大会第五次会议正式批准并公布了《汉语拼音方案》。其间,围绕方案的功用、方案制订的原则及其一些细节问题,马叙伦和广大语文工作者及有关部门广开言路，展开了一系列的讨论，反复论证，几易设计方案，经历了一个极其认真而严肃的探索过程。

马叙伦是一位博学多才的学者，对金文、石鼓文、古籍整理、校勘、注疏以及老庄哲学、古典诗词和书法等，都有精湛的造诣。特别对文字学的研究，做出了重要贡献。其学术著作有《六书解例》、《说文解字六书疏证》、《说文解字研究法》、《庄子义证》、《老子校诂》等。

马叙伦担任高教部长时，已年近古稀，由于工作繁忙，终于积劳成疾。重病期间，马叙伦提笔写下了毕生奋斗的深切体会："我们只有跟着共产党走，才是在正道上行，才有良好的结果，否则根本上就错了。"

马寅初

中国计划生育最早的倡导者

马寅初(1882—1982),浙江省嵊县人,著名的经济学家、人口学家,中央研究院院士。一生治学严谨,一丝不苟,崇尚真理,不畏强权。抗战时期,他著书立说,痛斥国民党四大家族,即使被送进监狱仍不屈服。新中国成立后率先以科学态度提出“新人口论”,受到错误批判。他在学术研究中坚持实事求是,不阿谀奉承,不随波逐流,为后辈学人树立了光辉榜样。

马寅初青年时代就胸怀报国大志,1901 年考入天津北洋大学选学矿冶专业。1906 年大学毕业又以优异的成绩被北洋政府保送去美国耶鲁大学学习。马寅初说:“我是为祖国而学习,因此不能有半点掺假。我要真学问,不做假博士。”获得耶鲁大学硕士学位后,他又考入哥伦比亚大学攻读经济学博士学位。1915 年,马寅初怀揣着改革中国经济制度、富国强兵的抱负,回到阔别十年的祖国。他先后在北洋政府财政部当过职员、在北京大学担任经济学教授。1919 年任北京大学第一位教务长。1927 年到浙江财务学校任教并任浙江省省府委员。1928 年任南京政府立法委员,1929 年后,出任财政委员会委员长、经济委员会委员长,兼任南京中央大学、陆军大学和上海交通大学教授。

马寅初致力于中国经济问题的研究和经济人才的培养,声明“一不做官,二不发财”,他是中国最早研究西方经济学的学者。1927 年到 1937 年,马寅初南下浙江、南京、上海,以财政经济专家身份,参与对国家财政经济问题的研究,探究症结的所在,谋求解决的办法,全力保护中华民族的利益。

抗日战争爆发不久,马寅初受聘于重庆大学,并任商学院院长。在民族危亡的紧要关头，国民党当局却利用时局混乱，横征暴敛、巧取豪夺、大发国难财。嫉恶如仇的马寅初拍案而起，写文章，做演讲，揭露当局贪污腐败，抨击战时经济，呼吁开征“临时财产税”，重征发国难财者的财产税来充实抗日经费。马寅初痛斥权贵的正义行为，遭到了国民党反动派的迫害。1940 年 12 月，马寅初因言获罪，先后被关进息烽集中营、上饶集中营，最后被软禁于家中，直到抗战胜利才恢复人身自由。

抗日战争胜利后，马寅初担任重庆大学教授，后又到上海担任中华职业学校教授，上海工商专科学校教授。他不畏强暴，不顾安危，积极投身于反内战、反独裁的民主运动中，表现了一个民主战士的铮铮铁骨。

新中国成立后，马寅初任中央人民政府常务委员、财经委员会主任、华东军政委员会副主席、浙江大学校长。1951 年 6 月任北京大学校长。

马寅初一生著作颇丰，其中《新人口论》是一篇卓有见地的不朽名作，集中体现了他注重调查研究、坚持实事求是的精神。早在 1920 年 1 月，马寅初就在《新青年》杂志上发表论文《计算人口的数学》，开始了对中国人口问题的研究。1928 年他在“现代之新经济政策”的演讲中，提出“节制生育、减少人口、移民、教育”等主张。1953 年全国人口普查之后，马寅初先后三次到浙江、上海视察，敏锐地发现了人口增长太快与国民经济不相适应的种种矛盾，他感到自己有义不容辞的责任向党和政府提出自己的判断以引起重视。1955 年，在第一届全国人民代表大会第二次会议浙江小组会上，马寅初提交了题为《控制人口与科学研究》的发言稿，遭到了很多非议。但马寅初并不轻易放弃自己的主张，他说：“我为什么要这样讲呢？这完全是因为人口问题对我们的国家和民族确实太重要了，我既然认识到了这一问题的极端重要性，就一定要坚持到底，直到最后胜利。否则，作为一个经济学家和人民代表，我就没有尽到自己对祖国和人民应尽的责任。”1957 年 3 月，经过多次修改、充实和完善，在扩大的第十一次最高国务会议上，他畅谈新人口论。6 月，马寅初又多次对《新人口论》进行修改，并作为一项提案，正式提交第一届全国人民代表大会第四次会议。7 月 5 日，《新人口论》在《人民日报》全文发表，其基本主张是提高人口的质量，控制人口的数量。可惜在当时这一主张被批判为“新马尔萨斯人口论”。1958 年至 1959 年,马寅初先后遭遇两次全国性的大批判,在巨大的压力面前,马寅初胸怀坦荡,无所畏惧。1959 年,他在《新建设》杂志上发表《我的哲学思想和经济理论》一文,在这篇文章的附带声明中,马寅初大义凛然地说:“我虽年近八十,明知寡不敌众,自当单身匹马,出来应战,直到战死为止,决不向专以力压服不以理说服的那种批判者们投降。”其为国为民、置生死于度外的精神体现得淋漓尽致。

历史最终证实了马寅初《新人口论》的科学预见性。1979 年 9 月,98 岁高龄的马寅初得到彻底平反,恢复名誉,并被任命为北京大学名誉校长。11 月《新人口论》正式出版。1981 年 2 月,马寅初当选为中国人口学会名誉会长。1982 年 5 月 10 日,马寅初逝世,享年 101 岁。

王家楫

中国原生动物学开创人

王家楫(1898—1976),乳名德璋,号仲济,江苏奉贤人,著名动物学家,中国原生动物学的开创人和轮虫学的奠基者,中央研究院院士。

1898 年 5 月 5 日,王家楫出生于一个书香之家,从小在自家书房读《四书》、《五经》,6 岁时开始在父亲任校长的肇文书院接受教育。16 岁以后,先后到上海江苏省立第一商业学校、江苏南通私立专门纺织学校预科和南京私立金陵大学高中部学习。1917 年 7 月,王家楫考取南京高等师范学校,专攻农学。1921 年 6 月毕业后任南京国立东南大学附属中学的自然和生物学教员。1922 年 7 月,王志楫被刚创立的中国科学社生物研究所聘为助理员,师从中国当代生物学泰斗秉志教授。在秉志的悉心指导下,王家楫迷上了达尔文的物种起源与进化论,通过显微镜他认识了蛋白质小块和千奇百怪的微小生物,窥见了自然界绚丽多姿的生命,并很快地爱上了原生动物,特别是当他发现中国在这个领域的研究完全是空白时,便立志为此奉献一生。1925 年,王家楫发表了第一篇论文《南京原生动物之研究》。这篇论文也是中国关于原生动物研究的第一篇论文,标志着中国原生动物学研究的开端。

1925 年 1 月,王家楫以优异成绩考取江苏省公费留学,赴美国费城宾夕法尼亚大学动物系深造。在美国,他利用每个假期自费到林穴海洋生物研究所采集海洋原生动物标本并开展研究。经过 3 年刻苦努力,王家楫获哲学博士学位,同时被授予优秀生物工作者金质奖章,其论文的研究方向仍然是对原生动物生态学的研究。在此期间,他还在美国的《科学》等权威杂志上连续发表了有关原生动物分类、生理、生态的论文,引起美国生物学界的高度重视,先后被聘为美国韦斯特生物研究所访问学者和林穴海洋生物研究所客座研究员。1928 年 9 月,美国耶鲁大学以高薪聘他为斯特林研究员。但是仅仅不到一年的时间,当王家楫得知外国将派遣科学家考察团到中国采集标本时,不禁陷入沉思:中国的生物资源属于中国人,中国人自己应加强研究。他立即做出了一个出人意料的决定:放弃在美国优越的工作和生活条件,回国开拓中国原生动物学的研究事业。

王家楫回国后,被聘为中国科学社生物研究所动物学部研究教授兼任中央大学生物系教授。经 4 年时间,他的考察足迹北到齐鲁、南抵闽粤、西迄川康、东濒海疆,对江浙、皖赣的调查尤为详尽,率先取得了中国原生动物学研究的第一手资料,并发现了许多海洋与淡水原生动物的新属种,为深入开展中国原生动物区系调查奠定了基础。1934 年 7 月,王家楫任国立中央研究院动植物研究所所长。担任所长后,他立即创刊《科学》杂志,不仅为中国科学工作者发表科研成果提供了一个宝贵的园地,结束了研究论文只有寄到国外才能发表的历史,同时,使研究所迅速与世界 29 个国家的 200 多个研究机构、国内 66 个单位建立了广泛的学术交往和业务联系。

1934 年,王家楫在江西庐山同其他动物学家一道发起成立中国动物学会。1937 年抗日战争爆发,研究所被日军夷为瓦砾,他身为所长,将妻儿家小留置于上海,率动植物研究所人员撤离南京西迁到四川北碚。1944 年 5 月动植物研究所分建为动物研究所和植物研究所,王家楫任动物研究所所长。新中国成立前夕,国民政府当局命令各研究所迁台。王家楫却毅然留在祖国大陆,为新中国的科技事业保留了一批人才和科研设施。

1949 年上海解放,王家楫被任命为中央研究院沪区委员会常务委员兼动物研究所所长。他参加了改组中央研究院为中国科学院的筹备工作,1950 年组建中科院水生生物研究所并任所长。在选择所址时,他执意不选风景胜地太湖畔的无锡、苏州,而选在交通不便、条件较差的千湖之省湖北,就是为了结合专业生产和资源利用的实际,以更好地开展科研工作。

1960 年,由王家楫任主编的《中国淡水轮虫志》正式出版发行。轮虫是一种重要的水生无脊椎动物,是许多经济水生动物的优质食物和开口饵料。该书首次对分布在我国沼泽、池塘、湖泊和水库内常见轮虫 252 个种形态、生理、生态及亲缘关系进行了描述,使王家楫当之无愧地成为中国淡水轮虫学的开创人。

20 世纪 70 年代初,王家楫已是一位行走不便、患有严重白内障和 1 200 度近视的 70 多岁老人,但他以超人的毅力,克服艰难,顽强地在珠穆朗玛峰地区进行考察,并在科学考察的基础上潜心研究,于 1974 年庄重地向全世界首次宣布了珠穆朗玛峰地区原生动物有 400 多种。这项科研成果远远超过了前人对喜马拉雅山脉原生动物区系的报道。

王家楫生前共完成论著 39 篇,其中中文 9 篇(包括 2 本专著),英文 30 篇。计有原生动物分类学论文 24 篇,原生动物生理、生态、形态学论文 5 篇,轮虫生态学和分类学论文 4 篇,啮齿动物生理学论文 4 篇。

王森然

王森然

“百科全书”式的教育家

王森然(1894—1984),原名王樾,字森然,河北定县人。一生从事文化教育事业。在新文化传播、教育学、文字学、社会学、文学、史学、美术理论研究和国画创作诸方面都做出了卓越贡献,其成就之高、影响之广,为现代中国文化史上所罕见。

王森然在 12 岁时就写下了“振衣帕米尔,濯足太平洋”的豪言壮语。13 岁考入州立高小,开始接触到变革社会的新思想。1911 年,辛亥革命爆发,他不但带头剪掉辫子,还鼓动同学响应革命,结果被校方开除,直到辛亥革命胜利后才被师生们迎回学校。1912 年,孙中山先生北上路过定县,在车站稍事停留时,专门接见了王森然等人,鼓励他们:“你们要努力去做,勇敢地去做,将来的中国要靠你们青年。”1917 年,王森然在直隶省立九中读书,任学生会会长。蔡元培来校视察,并作了“国家振兴,首先要振兴教育”的演讲。他深受启发,奠定了献身教育事业的志向。在蔡元培的鼓励下,王森然投入搜集河北民歌的工作,编成了一部《民歌汇选》。

1919 年初,王森然考入保定直隶高等师范国文专修科。五四运动中,他积极投身反帝爱国运动,提倡民主与科学,为新文化运动奔走呼号。1921 年春,在启蒙老师邓中夏的倡议下,王森然联合进步同学组织了“新文化研究会”、“新教育协进会”、“国语文学研究会”等社团,研究新思潮,探讨新教育,倡导新文学。1922 年,他从直隶高等师范毕业,在保定担任国文教员,提倡白话文,选讲《独秀文存》、《胡适文存》中的文章和《新青年》上李大钊、瞿秋白的文章,在学生中积极宣传新思想、新文化。1923 年 5 月,因发表痛斥曹锟贿选总统的文章,王森然受到通缉,被迫逃往北京，在北大李大钊、陈独秀等教授的保护下，改名森然，继续从事革命活动。1924年初，王森然接受陕北榆林中学校长杜斌丞的邀请，赴该校任教。他积极改革教育，课余组织学生成立“青年学社”、“青年文学研究会”、“陕西教育改进会”，创办《榆林之花》等刊物，使文化落后、风气闭塞的榆林成为新思潮活跃的地区，培养出了包括刘志丹在内的一批革命青年。

1925年，王森然回到北京继续任教。他在传播进步思想、动员民众的同时，以极大的热情介绍外国革命运动和民族解放斗争的情况，求索历史的经验、教训，以供中国革命借鉴。上世纪20年代末，他经过多年的收集、整理，写成了《世界妇女运动大系》，系统地介绍了世界各国妇女运动的概貌，对中国妇女运动的历史现状及前景作了颇有见地的探讨，受到蔡元培的高度评价。1927年，李大钊遇害后，王森然不畏强暴，在天津《大公报》发表《李大钊先生评传》，痛悼烈士，声讨反动派。

王森然是一位百科全书式的教育家，他继承中华民族优秀的学术传统，潜心钻研，以博求精，其成就几乎涉及整个社会科学范围。王森然毕生从事教育工作，其教育思想在中国现代教育史上具有重要的地位。1927年以后，在结束颠沛流离的生活，暂得片时安宁的情况下，他系统总结自己7年来从事国文教学的经验，以自编的《中学国文教学法》讲义为基础，经过修改、补充，编撰成了一部20余万字的中学语文教学法专著，即《中学国文教学概要》。《概要》既总结了王森然多年的教育实践经验和研究心得，又尽可能集纳五四前后思想文化界对国文教学问题探讨的积极成果，评述了蔡元培、鲁迅、李大钊的教育言论，是中国现代教育史上一部有重要价值的教学法论著，产生了很大的影响。20世纪30年代，王森然曾任北京师范大学史学系教授，对近、现代政治思想史的研究有着重要贡献。他撰写了《秦汉学术史》、《史学概论》等诸多史学著作，尤其是《近代百家评传》、《近代二十家评传》等著述，在对历史的回溯和对先辈的追忆中，他痛斥黑暗，歌颂英烈，其革命激情溢于言表，力透纸背。王森然从教70年，培养出一批批优秀的人才，刘志丹、谢子长、曹力如、王子宜、李培之、安娥、李广田、赵望云、张启仁等人都是他的学生。

王森然不但在文史教学方面成绩斐然，而且还是一位卓有成就的艺术家。新中国成立后，他到北京中央美术学院任教。他擅长美术教育和中国绘画，和齐白石、徐悲鸿一道致力于继承民族传统，创新绘画艺术，为当代中国艺术的创新，为打破传统花鸟画陈旧格局付出了辛勤的努力。1944 年、1946 年和 1979 年，王森然曾三度在北京举办个人画展，齐白石特为画展撰写前言，高度评价王森然精湛的绘画艺术。1980 年，已是 85 岁高龄的王森然应全国人大之邀，为人民大会堂创作了《松鹤朝阳》和《群鹰图》两幅巨型国画。以苍劲的古松象征古老的中华民族，以健壮的雄鹰和高翔的白鹤象征意气风发的各族人民，笔墨雄健，气势磅礴，洋溢着民族和时代的活力。

1984 年 4 月 4 日，王森然去世，在遗嘱中，他捐献 10 万元给他奉献毕生心血的教育事业。1987 年，文化部批准设立王森然美术史论奖学金，这是一个国家级的奖学金，此后在中国美术界以及学术界产生了积极的重要的影响。

贝时璋

中国生命科学的先行者

贝时璋(1903—2009),浙江镇海人,著名的实验生物学家、细胞生物学家。细胞学、胚胎学的创始人之一,生物物理学的奠基人。在长达80年的科研生涯中,开创了中国生物物理学、放射生物学和宇宙生物学,为中国生命科学和载人航天事业做出了突出贡献。

1903年,贝时璋出生于浙江镇海,祖辈靠打鱼为生,父亲是德商洋行的一位职员。1915年,贝时璋随父亲外出求学。1918年,他偶然读到一本介绍蛋白体的德文原版书,对与生命有关的科目发生了兴趣。1919年春,他违背父亲要他到洋行工作的意愿,考入上海同济医工专门学校(同济大学前身)。入学后,先在德文科进行半年德语深化学习,后顺利升入了同济的医学预科。1921年,贝时璋从同济医学预备科毕业,赴德国留学,曾先后就读于福莱堡大学、慕尼黑大学和图滨根大学。1928年3月,获得图滨根大学自然科学博士学位。后留校担任助教,并师从著名实验生物学家J. W. 哈姆斯从事科学研究。

1929年秋,贝时璋回到祖国,1930年4月开始筹建浙江大学生物系,8月被聘为副教授,时年27岁。办系伊始,缺乏师资,贝时璋开出组织学、胚胎学、无脊椎动物学、比较解剖学、遗传学等多门课程。他授课内容详实,条理清晰,更能报出成百上千块骨头、神经肌肉和血管的拉丁文名称,令学生们惊叹不已。贝时璋在浙江大学工作了20年,不但建立了生物系,培养了朱壬葆、江希明、姚鑫等著名的实验生物学家,而且孜孜不倦地进行细胞重建课题的发现和研究,推动了我国生物科学的发展。1948年,贝时璋当选为中央研究院第一届院士。

新中国成立后，为协助筹建中国科学院，尚在浙江大学任教的贝时璋奔走于北京、杭州之间，参与中科院生物学科各研究所的筹建工作，并于 1950 年出任实验生物学研究所所长。那段时间，贝时璋把大量的精力和时间都放在了科学组织工作方面。他是组建中国科学院最初的倡议者之一，也曾参与制定了新中国科学事业发展的很多重要规划。

贝时璋一向关注国际科技动态，重视发展交叉学科。早在 20 世纪 40 年代，贝时璋就洞察到物理学和生物学相互渗透的大趋势，深信生物学必将从描述性科学向定量性科学转变。到了 50 年代，他匠心独运地组织物理学家、化学家和数学家合作共事，把物理科学的思想、方法和概念运用到生命科学研究中去。1958 年，贝时璋以战略家的高瞻远瞩、战术家的果敢决断，创建了中国科学院生物物理研究所。这是当时世界上少数几个生物物理学专业研究机构之一，它标志着生物物理学作为一门独立的学科在中国正式确立，并为其后发展奠定了坚实基础。

从 1958 年至 1983 年，贝时璋一直担任中科院生物物理研究所所长。在贝时璋为生物物理所制定的办所方针中，“服从国家需要”是置于首位的。他曾说：“一个真正的科学家是忠于科学、热爱科学的。他热心科学，不是为名为利，而是求知，爱真理，为国家作贡献，为人民谋福利。”今天，中国科学院生物物理所已经成为国际知名的生物物理研究机构，在很多学科方向上享有极高的声誉。

贝时璋是一位极其有远见的科学家。在国际航天事业刚起步之际，他就着手创建了宇宙生物学研究室，并与有关部门合作，在 1964 到 1966 年两年间发射了 5 枚生物探空火箭，并成功回收了搭载的生物样品和实验动物。几十年间，他开拓了中国放射生物学和宇宙生物学的研究，指导了中国核爆炸动物远后期辐射效应研究和第一批生物火箭动物飞行实验等重大研究。

贝时璋一生中最重要的成果之一，是建立细胞重建学说。他也自认为在诸多工作中，研究时间最长的是细胞重建课题。早在 1932 年春，他在杭州郊区稻田的水沟里观察到甲壳类动物丰年虫的中间性，研究了它们性转变过程中生殖细胞的变化，观察到细胞的解体和细胞的重新形成。这一现象是细胞繁殖方式和途径的新发现，它打破了细胞只能由母细胞分裂而来的传统观念，成为建立细胞重建学说的创始性成果。抗日战争爆发后，浙大迁到贵州，此项研究只得暂停。1970 年，贝时璋顶着各种质疑和重压，在生物物理所成立细胞重建研究组，重新开展这方面的工作。研究组经过 10 余年的艰苦努力，研究了各类物种、生物体各个部分、各种生命过程、各种情况和条件下的细胞重建，取得了系统性成果，在国内外引起很大反响。贝时璋曾自豪地说:"我用自己的生命研究生命科学，不久以后简单的生命将在实验室合成。那时，生命与无生命之间的界限，也不再是固定不变了。"

2009 年 10 月 29 日，这位 106 岁的中国生命科学的先行者最终停下了诠释生命的脚步，但他醉心探索、精益求精、永无止境的科学态度将影响一代代后来者。

邓叔群

微生物学家

邓叔群(1902—1970),字子牧,福建闽侯人,中国著名微生物学家,编写了中国最早的一部真菌学专著——《中国高等真菌》,为中国高等真菌研究奠定了基础,在国际上享有崇高声誉。

1902 年 12 月,邓叔群生于福建省闽侯(今福州市)。13 岁考取清华学堂留美预备班学习,1923 年公费赴美留学。在美国,邓叔群选择了以生物科学著称的康奈尔大学,攻读森林学和植物病理学,期望用农林科学改变国家的贫穷面貌。在康奈尔大学,由于成绩特别优异,加之出色的科研能力,邓叔群被评为全美最高科学荣誉会员——Phi-Kappa-Phi 和 SIGMA-XI 成员,并荣获两枚金钥匙勋章。

正当邓叔群在美国的博士学位研究接近尾声时,岭南大学决定开设植物病理学课程,急需教授。美国导师推荐了邓叔群,但希望他完成毕业论文后再回国。邓叔群得知消息后,立即向导师表示愿意立即回国,并恳切地说:“写论文,只是为了获得个人学位,所得到的只是一张文凭。我来美国学习的目的是为了获得真才实学,学到先进的科学知识,不失时机地为祖国服务。”

1928 年,邓叔群提前一年毕业,回到祖国,先后执教于岭南大学、金陵大学、中央大学,后出任中央研究院林业实验研究所副所长,1948 年,当选为中央研究院院士。

邓叔群一生最大的成就,在于对中国真菌学的研究和发展做出了开拓性贡献。1939 年,他的第一部专著《中国高等真菌》出版。这是他回国后 10 年中对中国高等真菌分类研究的总结,书中不仅包括了他的诸多新发现,而且每个目、科、属、种都根据标本进行了详细的描述，并在每个菌名下列举了寄主、生长习性和采集地点。1963年邓叔群又出版了100余万字的第二部专著《中国的真菌》。凭借这两本著作，邓叔群奠定了中国真菌学事业的基础，也赢得了国际声誉。1996年，《中国的真菌》被译为英文出版。美国《真菌学报》主编、著名真菌分类学家、康奈尔大学真菌学名誉教授科尔夫教授在英文版序言中，称该书为“总结性的顶峰巨著……没有任何记录拥有如此丰富的亚洲真菌资源材料。”他发现的新属、新种被载入英国真菌研究所编辑的《真菌学辞典》，这是一本具有世界权威性的辞典，邓叔群是被收进该辞典中唯一的中国人。

早在20世纪50年代，邓叔群就明确提出了全面发展真菌学的战略思想。他鼓励青年学者不但要学习真菌分类，而且要把真菌应用于国民经济建设的研究，从而服务大众。为了实现这个目的，邓叔群耗时8年，于1966年5月完成了一部40万字并附600幅彩图的专著《蘑菇谱——中国的食用菌与毒菌》。在他指导下，食用真菌和药用真菌人工培植研究工作也陆续地全面展开。中国人工栽培的第一个灵芝菌，就是他指导纯种分离，经人工培植而试验成功。从填补真菌科学空白、开创真菌科学事业，到利用真菌造福人民，邓叔群功不可没。

邓叔群还是生态林业的先行者。早在20世纪30年代，邓叔群就开始注意对生态学的研究。1939年，他利用中央农林部要他负责一部分林业科学研究的机会，组织了西南森林调查团，深入四川、云南、西康等省的沙坪坝、岷山、大渡河、雅砻江、金沙江等地区的原始林区，进行了为期两年的调查，对西南地区的森林分布、生长生态特性以及林木的病害情况进行了较详细的研究，发表了《洪坝森林的研究》、《我国天然林管理法之研究》(一)、《今日中国的林业问题》、《西藏东部高原的森林地理》等论文。

1941年，为了开展干旱地造林绿化的研究工作，他拒绝农林部副部长的任命，放弃大城市的生活，举家迁往甘肃林区。这期间，他首次提出了生态平衡的概念，并亲自在黄土高原地区以成功的实践证明了科学经营林业和科学管理森林的必要性和可行性，为后人留下了一个活生生的、科学经营管理森林的典型——洮河林场。几十年来，黄河上游的多数森林均遭程度不同的破坏，唯洮河林场为黄河上游保留下了宝贵的森林区，为黄河上游的水土保持和生态平衡做出了贡献。

邓叔群也是中国森林病理学的创始人之一。他在进行广泛地森林调查时，敏感地注意到树木的病害与真菌之间存在着某种联系。经过多年调查研究，他首创地将森林学与真菌学这两个专业有机地联系在一起，提出了森林病理学的概念。1948 年，他为东北解放区编写林科大学教材时，就写出了森林病理学的教材纲要。1960 年林业部举办首届森林病理培训班，来自 20 多个省市和部委的近 50 名森林学专业的优秀大学毕业生接受了他的培训。

新中国成立后，邓叔群在北京参加了第一次全国科学工作者大会后，举家来到东北，先后担任沈阳农学院教务长、副院长，东北农学院副院长。在极艰苦的条件下，他献身农业教育事业，为东北的教育发展做出了贡献。1955 年，邓叔群被选聘为中国科学院学部委员，后历任中国科学院真菌学研究所、微生物研究所副所长。1970 年 5 月，邓叔群因受“文化大革命”迫害致死，1978 年平反昭雪，恢复了名誉。

叶圣陶

教育园地的终身园丁

叶圣陶(1894—1988),原名绍钧,字秉臣,江苏苏州人。著名作家、教育家、出版家和社会活动家。作为新文化运动的先驱者,他是五四时期最重要的现实主义小说家,创作了中国第一部童话集《稻草人》和中国现代文学史上第一部长篇小说《倪焕之》。

1894年,叶圣陶出生于一个清贫之家,父亲是地主家的账房先生。1912年,叶圣陶中学毕业后就当了一名小学老师并开始从事文学创作。五四运动前,叶圣陶参加了李大钊、鲁迅支持的“新潮社”,参与出版小说、新诗、小品、文学批评及剧本等各种文学作品。1921年,叶圣陶与沈雁冰、郑振铎等发起组织了中国文学史上的重要团体——文学研究会,提倡“为人生”的创作观、文学观。他与刘延陵、朱自清、俞平伯等创办了中国新文坛上第一个诗刊《诗》。这一时期,叶圣陶发表了许多反映人民痛苦生活和悲惨命运的作品,出版了中国第一部童话集《稻草人》以及小说集《隔膜》、《火灾》等。

叶圣陶是一位杰出的爱国主义者,现实主义是叶圣陶最为鲜明的写作特点。五卅惨案发生后,叶圣陶立即撰写了《五月卅一日急雨中》,痛斥帝国主义的暴行。他对当时上海的报纸“对于如此惨酷的足以使人类震动的大残杀案,竟不肯说一句应说的话”表示极大的愤慨,与郑振铎、胡愈之等倡议出版了《公理日报》。四·一二事变后,他主编《小说月报》,倡导作家“要写这不寻常的时代里的生活”,发表了不少反映大革命时代的作品,并最先写出了谴责反革命大屠杀的短篇小说《夜》。他的作品如同一面镜子,反映了社会的阴暗面和人性的复杂性。1928年,他创作发表了长篇小说《倪焕之》,反映了部分知识分子从五四时期到大革命时期的思想发展过程,批判了改良主义,讴歌了革命力量。

1923 年,叶圣陶进入商务印书馆,开始从事编辑出版工作。1930 年转到开明书店,开始编辑中文书籍和儿童故事书。他主办的《中学生》杂志,是 20 世纪三四十年代最受青年学生欢迎的读物,在社会上有广泛的影响。

九·一八事变后,叶圣陶全力投入抗日救亡活动,发起成立"文艺界抗敌后援会",支援抗日前线的将士。抗战期间,他内迁四川,在中学、大学执教。在教学中,叶圣陶结合自己的实践,提出了有关教育、教学的系统理论。他反复强调:基础教育的目的是培养全面发展的合格公民,而不只是指向升大学一条路。他倡导的教学原则是引导和启发。即"相机诱导,必令学生运其才智,勤其练习,领悟之源广开,纯熟之功弥深",达到"疑难能自决,是非能自辨,斗争能自奋,攻关能自勉"的主动境界,一句话"教是为了达到不需要教",道出了教学的真谛。

抗战胜利后,叶圣陶回到上海,积极投身爱国民主运动。他编辑杂志、撰写文章、发表演讲,揭露和抨击国民党反动派内战、独裁的罪行,呼吁文化界、教育界同仁"要有所爱,有所恨,有所为,有所不为;和广大的人民,为同一目标而争",开创"为万世开太平"的局面。1949 年初,叶圣陶被国民党反动派列入黑名单,在共产党的安排下,取道香港转赴已解放的北平,出任华北人民政府教科书编审委员会主任。他提出:"解放军打到哪里,教科书送到哪里!"以此激励同仁精心编写,忘我工作,紧密配合人民解放战争。由他主持编写出版的新中国第一套大、中、小学教科书差不多与新中国同时诞生,在中国教育发展史上谱写了光辉的篇章。

新中国成立后,叶圣陶先后担任出版总署副署长、教育部副部长等职务,仍然主管教科书的编写工作。在长期的教学和教材编辑工作中,叶圣陶对语言的本质、功用和汉语规范化诸方面都有深入的研究和精辟的见解。为了编好课本,他坚持开门编书,常到学校里和教师、学生座谈,征求意见,还常到学校听课,了解教师学生使用课本的情况。他还确定一些学校作为教学基地,将编出来的课本试教,取得经验后再推广。仅在 1962 年 2 月到 5 月 4 个月时间里,他就到教学基地和老师们一起备课、听课、讲课14次之多，而这时他已是年近70岁的老人。新中国成立后的十几年间，人民教育出版社出版的中小学教材和师范学校的其他各科教材，如历史、地理、生物、自然常识、政治、教育学、心理学等科教材，几乎都是经过叶圣陶字斟句酌修改后才发排付印的，而语文教材更是一字一句一个标点都凝结着叶圣陶的心血。党的十一届三中全会后，叶圣陶虽年事已高，仍十分关心新教材的拨乱反正工作，并给予热情指导。人民教育出版社编写语文课文过程中，一些重大问题经常向他请教，一些新选课文也请他审阅。他有问必答，循循善诱，全然不像是一位耄耋老人。在20世纪的教育园地，叶圣陶是一位终生园丁。他所编辑的书刊和教材，滋养了一代又一代人。他的风范贯彻于自己的实践，他所提出的教育思想至今仍然给人以启迪。

叶企孙

“大师的大师”

叶企孙(1898—1977),也作叶企荪,名鸿眷,上海人。著名物理学家、教育家,中国近代物理学的奠基人之一,中国近代物理学的奠基人之一,中国物理学界最早的组织者之一。杨振宁、李政道、王淦昌、钱伟长、钱三强、王大珩、朱光亚、周光召、邓稼先、陈省身等人都曾是他的学生。他对中国物理学研究、理科研究、教育事业乃至世界科学发展做出了重大贡献,被尊称为“大师背后的大师”。

1898 年,叶企孙出生于上海一个书香门第,自幼聪颖。1911 年考取清华学堂,成为清华学堂的第一批学生。在清华求学期间,面对列强瓜剖豆分、中华生灵涂炭的危局,叶企孙在日记中写下了这样的话语:“要想洗刷民族耻辱,要祖国强盛,必先加强自身的学识和修养,努力于学习科学文化知识。”

1918 年,叶企孙远赴美国芝加哥大学学习物理,两年后转入哈佛大学研究院,导师是诺贝尔物理奖获得者布里奇曼教授。在哈佛,叶企孙的第一个研究课题是与哈佛教授合作,用 X 射线短波极限法精确测定基本作用量子——普朗克常数 h 的值。实验结果在美国《科学院院报》和《光学学会学报上》发表,很快被国际科学界公认为当时最精确的 h 值。这一数值被国际物理学界沿用达 16 年之久。这时他年仅 23 岁。

1923 年,叶企孙获哈佛大学哲学博士学位,翌年回国,任教于东南大学。1925 年清华创立大学部,他接受清华之聘就任物理学副教授,次年升教授,并创建清华物理系,出任系主任。1929 年,清华大学理学院成立,叶企孙出任院长。当时,清华大学的最高议事机构是教授会议,由 7 位评议员组成,决定学校的大政,叶企孙位列其中。他在校刊上发表《中国科学界之过去、现在和将来》的文章中，满怀信心地预言："有人怀疑中华民族不适合研究科学，我觉得这些论调都没有根据。中国在最近期内方明白研究科学的重要，我们还没有经过长时期的试验，还不能说我们缺少研究科学的能力。惟有希望大家共同努力去做科学研究，50 年后再下断语。诸君要知道，没有自然科学的民族，决不能在现代立脚得住。"此后，叶企孙一直是领导清华大学的核心人物之一，并几度以校务委员会主席和代校长名义主持校务工作。

抗日战争爆发后，清华、北大、南开三校辗转至昆明，组成西南联合大学，叶企孙在联大任教。1941 年 9 月至 1943 年 8 月，他赴重庆任中央研究院总干事，是当时中国科学界实际上的领导人。1948 年春，北平解放，5 月叶企孙出任清华大学校务委员会主席。1955 年，叶企孙当选为学部委员，并为中科院数理化学部常委。不幸的是，在"文化大革命"中，叶企孙因学生熊大缜的冤案受到牵连，于 1977 年 1 月去世。1987 年 2 月 26 日，《人民日报》刊发《深切怀念叶企孙教授》。1995 年，清华大学举行了叶企孙铜像揭幕仪式。

叶企孙的成就是他对 20 世纪上半叶中国物理学教育和科学发展做出的重大贡献。他在 30 年代一手创建颇负盛名的清华物理学系和理学院，将创建清华物理系作为自己的终生事业。创系之初，清华开设了高中物理学和大学部的普通物理学、力学、电磁学等 21 个课目，但师资力量仅有两位教授、一位讲师和两位助教。而在梅贻琦出任教务长之时，物理教授仅剩叶企孙一人。为了解决物理系师资严重不足的窘境，叶企孙千方百计为新生的清华物理系延揽良师，他先后聘请了熊庆来、吴有训、萨本栋、张子高、黄子卿、周培源、赵忠尧、任之恭等著名教授到清华任教。当时的清华物理系名师云集、盛极一时，短短几年就成为全国物理学科研和教学的中心，有志于科学报国的优秀青年心目中的圣殿。

20 世纪 30 年代，叶企孙负责清华招考留美公费生事务，经他指导和选派过的多名留学生，大都成长为新中国各门学科的带头人。九·一八事变后，国家急需航空人才，叶企孙在招考学生名额中特设飞机制造专业，破格录取了数学不及格、但航空工程得了87分高分的钱学森。钱学森后来成为火箭技术和空气动力学领域的世界一流专家。

1934年,叶企孙从国家需要的角度考虑,指引当时清华物理系学生赵九章转入高空气象学领域,希望他将数学和物理理论及方法引入气象学研究。赵九章后来不但成为中国大气物理、地球物理学的开拓者,而且是中国人造卫星的倡导者和奠基人之一。

1938年,叶企孙派王大珩赴英国留学,攻读应用光学专业。在谈到自己为什么从物理学改学光学时,王大珩曾这样回忆道:“在设置留学生的专业和名额上,叶先生有深谋远虑。在抗战前中国的光学工业是零,而国防需要光学机械,为此他设置了应用光学这个名额。”王大珩学成回国后,成为中国现代国防光学技术及光学工程的开拓者和奠基人之一。

在新中国研制“两弹一星”的功臣中,有9位科学家是叶企孙的学生,2位是他学生的学生。叶企孙是当之无愧的“大师的大师”。

冯友兰

一代哲学宗师

冯友兰(1895—1990),字芝生,河南南阳人,中国现代最负盛名的哲学家之一,中国哲学史的奠基人。他的著作《中国哲学史》、《中国哲学简史》、《中国哲学史新编》、“贞元六书”等是20世纪中国学术的重要经典,影响深远。

1912年,冯友兰以优异成绩考入上海中国公学的大学预科班。当时所有课程的教材都采用英文原著,其中有位教师将一本耶方斯的《逻辑学纲要》当作英文读本。冯友兰读后开始对形式逻辑发生了浓厚的兴趣,并由此而引起了对哲学的兴趣。1915年冯友兰考入北京大学哲学系,学习中国哲学。在北大,冯友兰不但系统地学习了中国传统的哲学思想,也初步接受了西方哲学的熏陶,这为他将来进一步比较研究中西方文化,建立自己的哲学思想体系打下了坚实基础。

1919年12月,冯友兰赴美留学,就读于哥伦比亚大学,师从新实在论者蒙太格和实用主义大师杜威。他申请奖学金,杜威写的推荐信的最后一句是:“这个学生是一个真正学者的材料。”在美国求学期间,冯友兰系统地学习西方哲学思想,并有了自己的见解。他认为,人的思想不分国界,哲学不分东西。他把中国哲学史和西方哲学史结合起来,进行中西哲学史的比较研究。1923年,冯友兰在杜威的指导下,完成了博士论文《人生理想之比较研究》(又名《天人损益论》)并顺利通过答辩。1923年秋,冯友兰回国,沿博士论文方向完成《一种人生观》作为高中教材之用。在这本书中,冯友兰确立了其新实在主义的哲学信仰,并开始把新实在主义同程朱理学相结合。

冯友兰将自己一生的学术成果总结为两句话:“三史释今古,六书纪贞元。”“三史”是指《中国哲学史》、《中国哲学简史》及《中国哲学史新编》。三部著作是冯友兰作为哲学史家的贡献。“六书”是指《新理学》、《新事论》、《新世训》、《新原人》、《新原道》及《新知言》。这六部书确立了冯友兰卓然自成一家的哲学体系,学术界称之为“新理学”体系。

冯友兰的《中国哲学史》写于20世纪30年代初,是中国近现代第一部完整的哲学史著作,奠定了他作为大哲学史家和中国哲学史学科奠基人之一的学术地位。该书一出版,即引起哲学界轰动,后多次重印,为国内外学习中国哲学的标准教科书,其中论断多已成为典范。史学大师陈寅恪曾评论说:“(此书)取材谨严,持论精确……今欲求一中国古代哲学史,能矫附会之恶习,而具了解之同情者,则冯君此作庶几近之。”哲学大师金岳霖也对此著多有好评,他说此书“没有以一种哲学的成见来写中国哲学史”。李慎之评论说:“中国人因严复而知有西方学问,西方人因冯友兰而知有中国哲学,这些话都是不过分的。”

1937年,抗日战争爆发。冯友兰任教的清华大学经长沙迁至昆明,与北京大学、南开大学合并为西南联合大学。在西南联大,他一面教学,一面在颠沛流离之中完成了《新理学》、《新事论》、《新世训》、《新原人》、《新原道》、《新知言》六部著作。这六部书构成了一个完整的“新理学”哲学体系,冯友兰称之为“贞元六书”。“贞元”就是冬、春之际的意思,冯友兰借此寓义表达了“冬去春来,抗战必胜”的信念和他深沉真挚的爱国主义情怀。1941年,国民政府教育部首次举办全国学术著作评奖,一等奖有两个,一个授予华罗庚所著《堆垒素数论》,以鼓励他在自然科学方面所取得的成就,一个授予冯友兰的《新理学》,以鼓励他在社会科学方面所取得的成就。冯友兰成为当时在中国影响最大的哲学家。

1946年,冯友兰受宾夕法尼亚大学之邀,赴美担任一年客座教授。在此期间,他用英文写出《中国哲学简史》。该书篇幅虽仅20余万字,但这时冯友兰已建立了“新理学”哲学体系,又在30年代出版的《中国哲学史》基础上加工而成。考虑到该书的对象主要是西方读者,冯友兰运用中西文化相比较的方法,思想、语言风格及文化、哲学内蕴别具风采,深受外国读者欢迎,先后有法、意、南、捷、日、韩等12种语言的译本出版。

1980 年,在经历了多年的风雨曲折之后,85 岁高龄的冯友兰决定开始撰写《中国哲学史新编》。1989 年,七卷本的《中国哲学史新编》耗时 10 年终于完成。150 万的著作,一字一句,全由冯友兰口述、助手笔录而成。写作期间他多次生病住院,他对女儿说:“我现在是事情没有做完,所以还要治病。等书写完了,再生病就不必治了。”《新编》把哲学的历史与历史的哲学两条线索交织在一起进行论述,不仅成就了一部中国哲学的历史,而且成就了一部中国的历史哲学。

1990 年 11 月 26 日,一代哲学宗师冯友兰在写完《中国哲学史新编》全书 5 个月之后溘然长逝,留给后人丰厚的思想文化遗产和无限的思念。

冯德培

冯德培

中国近代生理学奠基人

冯德培(1907—1995),浙江临海人,享誉世界的神经生理学家,为中国生理学的发展奋斗终生,是当之无愧的中国近代生理学的重要奠基人。

1922 年,15 岁的冯德培即考入复旦大学文科,翌年为新兴的行为心理学所吸引,转入心理学系。1925 年,生理学家蔡翘等相继从美国回到复旦大学任教,心理学系扩大为生物学院,冯德培觉得生物科学的视野更加开阔。在生物学各学科中,冯德培对生理学最感兴趣,毕业后留校任助教,从此开始其毕生的生理学研究生涯。

1927 年,复旦大学生物学院因学潮被解散,冯德培在现代中国生理学开拓者、北京协和医学院生理系主任林可胜指导下学习和工作。他通过听课和阅读各种书籍杂志,在生理学各方面获得了广阔的背景知识。与此同时,他在分析科学问题时表现出独特、清晰的逻辑性,深得林可胜的青睐。1929 年,冯德培考取清华大学公费留学生,在芝加哥大学生理系进行神经代谢研究,因出色地完成了一项关于神经窒息机制的研究,第二年就获硕士学位。

1930 年秋,冯德培由林可胜推荐转入英国伦敦大学医学院,师从著名生理学和生物物理学家、诺贝尔奖获得者 A. V. 希尔,研究神经和肌肉的产热问题。希尔根据林可胜的推荐接受了当时才 23 岁的冯德培,他给冯德培的信是颇为别致的,信中简单地说:“你如果真像林说的那样优秀,那就来吧!”在英国的三年里,冯德培发表了 9 篇论文,其中 5 篇为独立写成。他卓越的科研能力得到导师希尔的肯定。希尔将冯德培发现的肌肉拉长所出现的静息产热代谢变化称之为“冯效应”。1936

年，德国《生理学成就》杂志邀请各国生理学权威按其主要研究成就撰写专题的综述文章。当时该杂志邀请希尔撰写关于神经代谢方面的文章，希尔却推荐由冯德培来写。而那时，冯德培已经回国3年，而且也不再研究神经肌肉产热，可见希尔对这位中国弟子的赏识。1933年冯德培获博士学位。在此期间，他曾先后去剑桥大学和牛津大学等生理实验室短期工作，并参加英国生理学会和皇家学会的各种学术会议。1933年，按希尔建议，他又去美国宾夕法尼亚大学约翰逊基金医学物理学研究所进修一年，学习自制电子仪器，为创建自己的实验室做准备。在国外留学的5年间，冯德培在神经肌肉生理学领域内获得了重要的研究成果，初步树立了他在国际学术界的地位，并与当时该领域著名的科学家有了广泛的接触。

尽管在国外已卓有成绩，但冯德培却毅然选择回国艰苦创业。1934年夏，冯德培回到北京协和医学院生理学系，专心致志地探索尚处于萌芽状态的神经肌接头的研究工作。在一间没有窗户的地下室，他利用有限的实验设备，只用很短时间就发现了神经肌接头电生理的新特性。在1936—1941年的6年间，在英文版的《中国生理学杂志》上接连发表了26篇文章，引起国内外同行的高度重视和赞誉，使他的实验室成为这个领域的一个国际注目的研究中心。

1941年底，太平洋战争爆发，协和医学院关闭，冯德培的研究工作被迫中断。当时冯德培的研究项目是非常有前途的，其中一部分与诺贝尔奖获得者、英国神经生理学家克茨的工作接近。克茨后来说："要不是冯的工作因日本侵华战争中断，我的诺贝尔奖也许要由冯得了。"另一位诺贝尔奖得奖者埃科斯当时急着要看《中国生理学杂志》，也是要读冯德培的文章。1943年，冯德培由北京辗转至重庆，先受聘为内迁的上海医学院生理系教授，后着手筹建中央研究院医学研究所，任筹备处研究员兼代主任。1948年，41岁的冯德培当选为中央研究院院士。

新中国成立后，冯德培开始了努力发展生理科学的新时期。他长期领导中国科学院的生理生化研究所和分开后的生理研究所。1959年还和中国科学院海洋研究所合作，在青岛组建了中国第一个海洋动物生理实验室。除了繁忙的学术和科学组织工作，冯德培一直没有中断神经科学的研究。20世纪60年代初，他开辟了神经肌肉间营养性关系的研究。80 年代至 90 年代,他带领一批学者重新进入神经可塑性研究领域。他是唯一一位因科研成就而当选为美国科学院院士的中国生命科学家。

冯德培卓越的成就不仅来自于其天赋,更来自于他对科学的热爱。1994 年冬,他已病重无法言语,但仍在病榻前留下了一串模糊的字迹,经仔细辨认,原来是他拟写论文的英文题目。1995 年 4 月 10 日,冯德培去世,留下的遗嘱是将毕生积蓄的美元悉数捐赠国际生理学会,设立基金,资助来华进行交流的外国科学家,以推进中国生理学的发展。

吕凤子

中国女子教育先驱

吕凤子(1886—1959),原名吕濬,字凤痴,江苏丹阳人。一生与办学、教育结下不解之缘,被公认为中国女子教育和职业教育的先驱。在艺术造诣上,他把诗、书、画、印完美地结合在一起,尤其是人物画达到炉火纯青的地步,被徐悲鸿誉为“三百年来第一人”。

吕凤子自幼喜爱书法,15 岁中秀才,被誉为“江南才子”。1907 年考入南京两江优级师范学堂图画手工科学习。这是近代美术教育先驱李瑞清主办的一所学校。吕凤子因品学兼优,颇得李瑞清喜爱,并成为其入室弟子。1910 年,吕凤子到上海创办神州美术社,这是中国最早的一所美术专科学校。不久,神州美术社部分学生兼并到上海图画美术院,为上海美术专科学校的成立奠定了基石。

1912 年,吕凤子抱着“教育救国”的志向,慷慨捐献家产,在家乡丹阳创办了正则女子学校,开风气之先声。早年,吕凤子之父吕守成在上海开设钱庄,孙中山在领导革命时,曾收到一笔数目不小的赠款,当时也不知是何人所赠。直至辛亥革命后,孙中山经多方打听,才得知实情,而此时吕守成已经谢世。孙中山便邀请吕凤子到上海做客,详细询问了吕凤子的家庭情况。为表示谢意,孙中山要吕凤子到政府来任职。吕凤子婉言谢却了孙中山的好意,明确表示自己乃一介书生,志向不在官场。况且所办正则学校才初具规模,一时也难以脱身。孙中山见吕凤子笃志办学,十分嘉许,就不再勉强他了。尽管孙中山再三挽留吕凤子在上海玩几天,可是,吕凤子一心记挂着正则学校,当即告辞返回丹阳。1925 年,正则女校改为正则女子职业学校,发展鼎盛时,从幼稚园办起,直到大专艺术科,建立了完整的艺术教育体系，这在当时的中国也仅此一家。在吕凤子的美育实施下，正则学校崛起了好几个丹阳之“最”：“正则绣”，“正则牌蚕种”，“正则画”，“凤体字”，“校园环境”。这诸多的丹阳之“最”，至今仍被传为美谈。

1937年，日军侵占丹阳。吕凤子率部分教师流亡蜀中，于重庆璧山县创办了江苏省正则职业学校蜀校。为了筹集办学经费，吕凤子欣然应张澜之约，前往成都举办画展，其间曾因劳累过度而昏厥于街头，其矢志办学的精神令人钦佩。抗战胜利后，吕凤子将惨淡经营9年的正则蜀校捐赠给璧山地方政府办学，自己则率师生回到满目疮痍的丹阳，重建丹阳正则学校。到1948年，正则学校规模已有小学、中学、职业学校、艺专4个部分，师生1 300余人，校舍300多间。

吕凤子是近现代绘画大家。他早年致力于西画的学习和探索，精通西方的水彩、油画和素描，具备很强的写实功力。在中国画的创作道路上，吕凤子擅长人物、山水、花鸟，特别是他的人物画在民国画坛上独树一帜。这些作品大多取材现实生活，线条有力，运转变通，具有很强的表现力。作品《庐山云》于20世纪30年代初在世界博览会上评为中国画一等奖。抗战期间，吕凤子在思想感情和画风上都有了显著变化，由画仕女改为画罗汉，用笔作武器，自觉地站到抗日救亡的洪流中。1942年，他创作不朽巨作《四百罗汉》，借四百罗汉的对话表现了人民大众的现实生活。绘画构思巧妙，技法简练而气势夺人，具有很强的艺术感染力。1943年《四百罗汉》获全国美展中国画一等奖。从此，他的罗汉画被公认为画坛一绝。太平洋战争发生后，吕凤子应政府要求作《罗斯福像》，代表国家祝贺罗斯福第三次连任总统。这幅画是用中国画特有的笔墨趣味画的，神形兼备，栩栩如生。罗斯福收到后极为赞赏，除来函致谢外，还附上2 000美元。吕凤子将此款全部用于正则蜀校购地扩建。而他生活节俭，平时粗茶淡饭，布衣布鞋，被学生尊称为“布衣校长”。

吕凤子一生倾情于美术教育事业，桃李芬芳，其中不乏成就佼佼者。刘海粟、徐悲鸿、吴冠中、李可染等都曾随其受学，受到他的美术教育和艺术熏染。1912年，17岁的徐悲鸿只身闯荡上海滩，想学西画却找不到门路。当时吕凤子在上海创办“神州美学社”，已经很有名气。经友人介绍，徐悲鸿结识了吕凤子。吕凤子免费授艺,教他学素描。1927 年,徐悲鸿赴巴黎留学 8 年回国后,吕凤子推荐他到国立中央大学艺术系任教授。两位大家的师生情谊绵延了数十年。

新中国成立后,吕凤子看见自己毕生追求的理想社会已成为现实,他由衷地感到高兴。1953 年,他主动将正则艺专全部财产交给人民政府,家中没有留下任何一件用品。40 余年间,吕凤子创建的"正则"两度迁移,三次重建,而他捐献家产,给画卖画,四处奔波,日夜操劳,表现了一个教育家对民族教育事业的极大热忱和巨大勇气。1959 年 12 月,吕先生在苏州患癌症逝世,只为一生相伴的妻子留下 200 元钱。他逝世后的一切遗物,包括书画、印章、日记本等,按照他的遗愿全部无偿赠给苏州博物馆。"人生制作即艺术制作"是吕凤子的一句名言。他要求自己的艺术制作"应该是爱、美、力的结合和真、美、善的统一"。吕凤子正是以这种高洁品格完成了他光照千古的人生制作。

吕彦直

中山陵的建筑设计师

吕彦直(1894—1929),字仲宣,别号古愚。安徽滁县人,祖籍山东东平。中国近代杰出的建筑师。他设计、监造的南京中山陵和由他主持设计的广州中山纪念堂,都是富有中华民族特色的大型建筑组群,是中国近代建筑中融汇东西方建筑技术与艺术的代表作,他也被称作中国"20 世纪中国最杰出的建筑设计师"。

1894 年,吕彦直出生于天津,从小喜爱绘画。1902 年,不幸丧父的吕彦直随姐姐侨居巴黎,常参观卢浮宫博物馆,酷爱西方绘画和雕塑艺术。回国后,他先在北京五城学堂学习,1911 年考入清华学堂(今清华大学前身)留美预备部读书。1913 年吕彦直从清华学堂毕业,考取庚款公费派赴美国留学,就读于美国康奈尔大学。他先攻读电气专业,后改学建筑学,1918 年获得康奈尔大学建筑学学士学位。毕业后,吕彦直进入纽约的墨菲建筑师事务所工作,参加金陵女子大学(今南京师范大学)和燕京大学(今北京大学)校舍的规划、设计,同时描绘整理了北京故宫大量建筑图案。1921 年,27 岁的吕彦直经欧洲回国,途中特意绕道巴黎,考察西洋建筑。回国后,他在上海开设彦记建筑事务所,这是中国早期由中国建筑师开办的事务所之一。

1925 年 3 月 12 日,孙中山逝世。遵照他的遗愿,中国国民党在南京紫金山麓选址建陵。5 月,丧事筹备委员会向海内外征求孙中山陵墓的设计图案,并采用密封卷方式评选。当时年仅 31 岁、尚名不见经传的吕彦直毅然应征。为设计中山陵,吕彦直整日茶饭不思,潜心研究中国古代皇陵和欧洲帝王陵墓,参照紫金山地形,不断地修改设计图案。为了直观起见,每画完一稿,就用桐油灰捏造设计模型,然后对着模型修改画作。修改完后再捏造设计模型。如此循环往复，最终精心绘制出“设计范界略呈一大钟形”的平面图及建筑物立面图、剖面图、透视图等 9 张设计图和 1 张祭堂侧视油画。至 1925 年 9 月 15 日，共有 40 余位中外建筑师应征设计图案。吕彦直设计的中山陵图案，因能保存中国建筑的传统形式，其陵园范界又略成警钟木铎形，暗含了孙中山先生“唤起民众”的精神而获得首奖。评奖结束后，全部陵墓设计图案公开展出，进一步征求意见。展览一时轰动上海滩，每日参观者在千人以上。展览结束后，葬事筹备委员会进行复议，一致认为吕彦直设计方案“简朴坚雅，且完全根据中国古代建筑精神”，“形势及气魄极似中山先生之气概及精神”，决定采用此方案建造陵墓，同时聘请吕彦直为陵墓建筑师。吕彦直从此名声大震。

就在吕彦直担任中山陵建筑师之际，《广州民国日报》刊登出《悬赏征求建筑孙中山先生纪念堂及纪念碑图案》的方案。中外设计师纷纷响应。吕彦直连夜设计应征图案，并再次获得一等奖。1926 年 11 月 3 日，吕彦直受聘担任广州中山纪念堂、纪念碑的建筑师。一个建筑师几乎同时承担国家的两大纪念性建筑物的建筑设计和施工监理等任务，这在中国建筑史上尚无先例。

1926 年 3 月，中山陵建设工程启动。但在 1927 年 4 月 18 日南京国民政府成立，尤其是 1927 年 9 月国民党宁汉政府合作前，偏于一隅的国民党，根本谈不上创造各种条件、协调各种关系，使中山陵工程顺利进行。所有建筑材料在运输途中均遭调阻挠和勒索，工程因而被延误。为了加快中山陵建设工程的进度，吕彦直不得不时常奔波于沪宁之间，终因辛劳过度，病倒在上海寓所。但他仍坚持技术环节必须由他亲自裁决，连选用的建筑材料，除必须遵照他指定的商标、产地之外，还要选送样品，经上海南洋大学试验并超过当时的美国标准，他才签字准用，否则定要返工。精美的设计和一丝不苟的监理，注定了中山陵成为“中国近代建筑史上的第一陵”。

1929 年 2 月，中山陵墓室、祭堂基本完成，卧床不起的吕彦直写信给营造厂，要求全部工程必须在 3 月 9 日前完成，以便在定于 3 月 12 日的奉安大典前验收交工。然而，就在自己呕心沥血的工程即将全部竣工迎接他来验收时，这位才华横溢的建筑师却在上海不幸逝世，年仅 35 岁。

1929 年 5 月，中山陵的主体建筑以及相关工程相继竣工。完工后的中山陵依山而建，墓道和 392 级石台阶，把石牌坊、陵门、碑亭、广场、华表、祭堂、陵寝等建筑物有序地串联在了同一条轴线上，整个工程庄严肃穆、气势宏伟。

自 1925 年受聘为总理陵墓建筑师至 1929 年病故，4 年期间，吕彦直除承担南京中山陵与广州中山纪念堂、纪念碑的设计，主持陵墓施工外，还积极参与了中山先生坐、卧像的招标及棺木的选定，牌坊、华表的设计甄选，并先后 9 次出席了孙中山先生葬事筹备委员会会议，讨论议决部分的工程项目、造价、招标及图样修改、施工进度等问题。

为了表彰他为建造中山陵所做出的杰出贡献，南京国民政府特发布褒扬令。由此，吕彦直成为近代中国唯一获得政府褒奖的建筑师。

伍献文

水生生物学先驱

伍献文(1900—1985),号显闻,浙江瑞安人。作为中国研究鱼类学和水生生物学的奠基人之一,中央研究院院士、中国科学院学部委员,他为中国水生生物学的发展做出了重要贡献。

1900 年,伍献文出生于浙江瑞安一个小康农家。因家道中落,1919 年考取了既可免除学费又可供应膳食的南京高等师范学校农业专修科,成为中国近代动物科学创始人秉志教授的首批学生之一。在秉志的启发引导下,伍献文对动物学、达尔文的生物进化理论、动物比较形态学等新的知识领域产生了极大兴趣。

1921 年,伍献文以优异的成绩从南京高师毕业,到福建省集美学校任教。一年以后,厦门大学正式成立,他又转到厦大动物学系担任助教。1925 年,他向学校注册为动物学系的工读生,一面当助教,一面完成自己的学业。厦门大学毕业以后,伍献文应聘到南京中央大学生物系任教。此时他已在线虫学研究等方面取得一定成绩,却对鱼类学研究产生了浓厚兴趣。当时鱼类学的研究领域,几乎完全被外国人控制,介绍中国鱼类学的书均由外国人撰写,书里介绍的 300 种中国淡水鱼的名字,也没有一种由中国人研究命名。

1929 年,伍献文怀着研究鱼类学的夙愿,接受中华教育文化基金会的资助赴法国留学。伍献文在远离巴黎市区的乡间租了一间农舍,用省吃俭用的钱买了一架显微镜,搞起了鱼类研究。在巴黎博物馆鱼类学实验室罗勒教授的指导下,他用 3 年时间,完成了博士论文《中国比目鱼类的形态学、生物学和系统学的研究》,对中国比目鱼类 5 科 33 属 65 种及比目鱼类器官系统的解剖和生物学作了详尽描述，直到今天该文仍是研究比目鱼类的一篇重要文献。

从巴黎回国后，伍献文主持了中央研究院自然历史博物馆的动物学部工作。在这期间，他在继续进行鱼类和蠕虫类的研究，同时又开展了对河蟹、蝎类等方面的研究，所发表的《中国河蟹志略》和《中国之蝎及蝎蛛》等论文，都是国内学者研究该类动物的领先之作。1934 年，自然历史博物馆改为动植物研究所，研究内容较前更为广泛。伍献文是我国组织开展海洋及湖泊综合考察的先驱。早在 1935 年 6 至 11 月，他就组织了渤海湾及山东半岛的海洋及海洋生物综合调查。这次调查虽然规模不大，而且许多工作因为日本发动的侵华战争而未能继续，但它却是我国海洋科学考察的开端。

1937 年，抗日战争爆发，中央研究院所属各研究所纷纷向大后方搬迁，动植物研究所也不例外。在辗转内迁途中，伍献文仍然坚持从事科研工作。在广西阳朔的短暂停留中，伍献文完成了《漓江的鱼类》一文，描述了在漓江发现的 11 个鱼类新种。1939 年，动植物研究所最终迁到了四川重庆的北碚。伍献文的办公室兼实验室是山坡上的四间平房，宿舍是两间以竹片糊上泥巴作墙的低矮小屋。由于恶劣的战争环境，伍献文不得不将研究工作的重点从野外调查转移到实验室内，而这个转变带来了我国鱼类学研究史中以鱼类生理学和功能形态学为主的新局面。在 40 年代之前，有关鱼类的生理学及其结构与功能的研究尚属空白。从 1940 年到 1947 年，伍献文及其早年的学生鱼类学家刘建康、张孝威等人，连续发表了多篇有关黄鳝气呼吸机理的研究报告，比较详尽地从形态学、组织学及生理学的角度探讨黄鳝的气呼吸器官的结构与功能。还进行了纹胸鮡的吸着器的组织学、鲤鲫鱼杂交实验、鳑鲏鱼的胚动现象等有关鱼类生理学和功能形态学的研究工作。这一大批印在当时内地土制毛边纸上的珍贵科学文献，显示出我国鱼类学研究的一个新的进步。1948 年，伍献文当选为中央研究院院士。

新中国成立后，在武汉的东湖之滨、珞珈山下，中国第一个以淡水鱼类和淡水藻类为主要研究对象的水生生物研究所成立了。伍献文的研究生涯也翻开了新的一页。他带领鱼类分类组的科技人员，爬山涉水，不避艰险，采回了大批鱼类标本，使标本室很快发展成为中国规模最大的淡水鱼类博物馆。伍献文梦寐以求的建立一个淡水鱼分类研究基地的愿望实现了。1955 年,伍献文当选为中国科学院学部委员。

伍献文除了在学术上的建树外,还在道德品质上达到了无私忘我的崇高境界。伍献文的老同事、鱼类学家方炳文在法国留学和工作,二战期间遇难身亡,伍献文一直负担其父亲的生活费,数十年如一日。他自己生活俭朴,唯一的积蓄是上万册珍贵的图书资料。在战争岁月里,他宁可将生活用品丢弃,也要珍藏着这些图书资料。生前,他就将所有图书资料放在鱼类分类组资料室或直接赠送给图书馆,以供大家阅读和使用,这些资料最后又全部捐献给了水生生物研究所。伍献文把自己的一生毫无保留地奉献给了科学事业,堪称中国知识分子的典范。

华罗庚

应用数学大家

华罗庚(1910—1985),江苏金坛人,杰出的数学家和教育家,中央研究院院士、中国科学院学部委员,一生致力于数学的研究和发展,在解析数论、典型群、调和函数等方面取得了举世瞩目的成就。他把数学方法运用到生产实践上,创造了“优选法”和“统筹法”,并做出了重大贡献。

1910年11月12日,华罗庚出生在一个小商人家庭,从小就显露出在数学上的天赋。1925年初中毕业后,因家境贫寒,无钱读高中,只好到上海的中华职业学校学习会计。不到一年,由于家庭无法供养生活费用,被迫中途辍学,回家帮助父亲料理杂货铺。尽管生计如此艰难,却丝毫影响不了华罗庚对数学的兴趣。他一边站柜台,一边用借来的数学书顽强自学。1926年,华罗庚在《科学》杂志上看到一篇谈代数五次方程解法的文章,作者苏家驹是一位大学教授。虽然文章很长,华罗庚很快就抓住了文章的核心。他经过独立运算,得出完全相反的结果。于是,他写了一篇文章《苏家驹之代数的五次方程式解法不能成立的理由》,寄给上海的《科学》杂志。不久,他的文章发表了。华罗庚的论文引起当时清华大学数学系主任熊庆来的注意,他反复读了这篇论文,很赞赏作者的智慧、探究精神和勇气,当即决定举荐华罗庚到清华工作和深造。在理学院院长叶企孙的支持下,19岁的华罗庚被破格聘请至清华算学系工作。

1936年,华罗庚由中华文化教育基金会保送到英国剑桥大学留学,跟随著名数学家哈代从事研究。在剑桥的两年时间里,他不断向华林问题、塔内问题、奇数的哥德巴赫问题……发起一系列的猛攻,在欧洲接连发表了十几篇论文。他对塔内问题的研究，发明了一个重要的定理，被称为“华氏定理”。他的导师哈代也研究过这个问题，本来他以为这个问题已经无法改进了，并把自己的看法写进一部将要出版的著作中。当哈代从美国返回剑桥，听到华罗庚的发现，高兴地说：“太好了！你的发现很重要，这回我的著作非改不可了……”在剑桥的最后一年，华罗庚的《论高斯的完整的三角合估计问题》发表了。19 世纪欧洲数学之王高斯提出的问题，被东方的“访问者”彻底解决。这篇论文在同学中引起轰动，至今仍被公认为该项研究的最佳成果。

新中国成立时，华罗庚正受聘于美国伊利诺大学任终身教授。祖国解放的消息传来，他欢欣鼓舞，很快回国，继续在清华大学执教。不久，他受中国科学院院长郭沫若的邀请开始筹建数学研究所。当时，国民政府的中央研究院数学研究所及其图书早已迁往台北，再加上帝国主义的封锁，创建新数学所可谓困难重重。而华罗庚却胸有成竹，广泛网罗人才。在他和同事们的辛勤努力下，很快成立了数论组、微分方程组、代数组、函数论组，拓扑组、泛函分析组、数理逻辑组、概率统计组、理论物理组、力学组、计算机设计组等数个研究分支，培养了赵民义、万哲先、陆启铿、龚升、王元、许孔时、陈景润、吴方、魏道政、严士健与潘承洞等一大批青年人才。

1958 年，华罗庚被任命为中国科技大学副校长兼应用数学系主任。在继续从事数学理论研究的同时，他努力尝试寻找一条数学和工农业生产实践相结合的道路。经过一段实践，他发现数学中的统筹法和优选法易于在工农业生产中推广应用，可以提高工作效率，改变管理落后面貌。于是，他一面在科技大学讲课，一面带领学生到生产实践中去推广优选法、统筹法。1965 年初，华罗庚回到北京，写成了《统筹方法平话》，6 月 6 日《人民日报》以整版篇幅予以发表。华罗庚以普通的泡茶来深入浅出地讲解统筹法，通俗易懂。之后，华罗庚又编写了《统筹方法平话及补充》、《优选法平话及其补充》。此后，他的主要精力全部用于推广和应用“双法”，用他丰富的数学知识，帮助单位提高经济效益。他写的《统筹法平话》和《优选法平话》开始在一个个项目和一个个车间中应用，后来又逐步形成了行业的系统经验。经过多年试验，国家计委曾把这两种方法作为全国重点项目予以推广，解决了一大批生产实践中的问题，培养了一批技术人员、工农骨干，摸索出了一条发展我国应用数学的道路。

1985 年 6 月 12 日，华罗庚应邀到日本东京大学作学术报告。原定 45 分钟的报告在经久不息的掌声中被延长到一个多小时。当他结束讲话时，突然心脏病发作，倒在讲台上。这位“人民的数学家”，为他钟爱的数学事业奉献了毕生的精力，最终用行动实践了自己的诺言：“最大的希望就是工作到生命的最后一刻。”

国际上以华罗庚命名的数学科研成果就有“华氏定理”、“怀依-华不等式”、“华氏不等式”、“普劳威尔-加当华定理”、“华氏算子”、“华-王方法”等。他的主要学术著作有《堆垒素数论》、《优选学》、《高等数学引论》、《从杨辉三角谈起》等。

汤用彤

博古通今的国学大师

汤用彤(1893—1964),祖籍湖北省黄梅县,生于甘肃渭源,哲学史家,佛教史家,教育家。曾任北京大学副校长,中央研究院院士、中国科学院学部委员。中国现代学术史上会通中西、接通华梵、熔铸古今的国学大师之一。

1908年,汤用彤进入北京顺天学堂学习,开始接受新式教育,研读印度哲学与佛教典籍。1918年赴美国留学。汤用彤先在明尼苏达州汉姆林大学哲学系,主修哲学、普通心理学、发生心理学。1919年转入哈佛大学研究院,学习梵文、巴利文,还接受了美国思想家、哈佛大学教授白璧德的新人文主义。在哈佛期间,他与陈寅恪、吴宓并称"哈佛三杰"。

1922年汤用彤在哈佛获得哲学硕士学位回国,先在东南大学哲学系任教授。其时南开大学成立不久,校长张伯苓和大学部主任凌冰正在海内外延揽人才,尤其注意学有所成的归国新秀,汤用彤亦在收揽之列。1926年,汤先生正式接受聘请,担任南开大学文科哲学系教授、系主任。

汤用彤刚到南开大学执教时,年方33岁,正值风华正茂。有关哲学的主要课程大都由他亲自讲授。其中包括逻辑学(形式伦理学)、西洋哲学史、现今哲学、印度哲学史、实用主义、社会学纲要。这些课程不单纯是他在美国所学,还包括他自己许多研究心得。他回国后,相继发表《印度哲学之起源》、《释迹时代之外道》、《佛教上座部九心轮略释》、《叔本华之天才主义》等。汤用彤与日俱增的学术造诣和成就倍受南开师生的推崇与尊重。

1927年,汤用彤先生离开南开,赴中央大学任哲学系教授、系主任。1930年夏,又至北京大学哲学系任教。在北大除讲授中国佛教史、印度哲学史、魏晋玄学等课程外,他还用 4 年时间完成了《汉魏两晋南北朝佛教史》的定稿。

1937 年抗战爆发后,北大南迁,汤用彤开始了在西南联大 8 个年头的艰辛岁月。汤用彤先任联大哲学系主任,后任文学院院长。西南联大精英荟萃,人材济济,教授们却入不敷出,生活非常艰苦。汤用彤在贫困中含辛茹苦,忍受着痛失长子、爱女的巨大创伤,以民族文化的继承、弘扬为使命,教学、著述从未间断。汤用彤既有家学渊源和国学根底,又对西方哲学和印度哲学做过深入的探讨,其教学和研究均能"熔铸古今,会通中西"。汤用彤曾在《学衡》杂志著文《评近人文化之研究》,有针对地批评了当时三种不良倾向:第一种是"诽薄国学者",第二种是"输入欧化者",第三种是"主张保守旧文化者"。他积极参与《学衡》杂志的创办,并与柳诒徵、王国维、梅光迪等组成《学衡》的固定学人作者,把《学衡》的座右铭"昌明国粹,融化新知"贯穿于毕生的学术探索和实践。他先后开设了魏晋玄学、中国佛教史、印度哲学史以及欧洲大陆理性主义和英国经验主义等研究领域,足见他会通中、西、印的特点。

1947 年,汤用彤休假赴美国加州柏克莱大学讲中国佛教史,次年婉拒哥伦比亚大学讲学之邀,回到祖国。1949 年 1 月,北平和平解放,汤用彤任北京大学校务委员会主席。1951 年后,汤用彤任北大副校长,在北大执教 30 多年,毕生从事中国哲学史和佛教史的研究和教学,治学严谨,善于考证,不仅为中国培养了一大批学术骨干,而且为北京大学的学科和学风建设作出了卓越的贡献。1961 年,他撰写《何谓"俗讲"》一文,谓"僧讲"与"俗讲"其听讲对象各为僧俗,俗人不得听"僧讲",出家者不得听"俗讲","违者当受官责"。1962 年,他又写《论中国佛教无"十宗"》一文,谓"十宗"之说是把某种学派之称为"宗"和某种教派之称为"宗"混同为一。由于考证精详,纠正了国内外学人长期所执的谬误,一时脍炙人口。

汤用彤通晓梵语、巴利语等多种外国语文,熟悉中国哲学、印度哲学、西方哲学,毕生致力于中国佛教史、魏晋玄学和印度哲学的研究。所著《汉魏两晋南北朝佛教史》、《隋唐佛教史稿》,用科学方法系统地阐述了佛教从印度传入到唐朝时期的历史发展过程及其特点、佛学思想与中国传统思想的相互关系，详细地考察了中国佛教各个学派、宗派的兴起和衰落过程及其原委。他对中国佛教史料中关于佛教传入汉族地区的时间、重大的佛教历史事件、佛经的传译、重要的论著、著名僧人的生平、宗派与学派的关系、佛教与政治的关系等等都作了谨严的考证和解释。由于他对佛教有系统的研究，对印度哲学发展过程也有深入、全面的了解，他在《印度哲学史略》中采录了中国所保存的不少重要史料，并作了考证和评价。

汤用彤的主要著作有：《汉魏两晋南北朝佛教史》、《隋唐佛教史论稿》、《印度哲学史略》、《魏晋玄学论稿》、《汤用彤学术论文集》、《汤用彤全集》等。其学术成就获得中外有关学者的一致好评，对中国佛教史和魏晋玄学的研究作出了重要贡献。

汤佩松

薪尽火传的植物生理学家

汤佩松(1903—2001),湖北蕲水人,生物化学家,教育家,中国植物生理学的奠基人之一。长期从事植物呼吸代谢和光合作用的研究,提出植物代谢多条路线的观点。半个多世纪以来,汤佩松在植物生理和生物化学方面发表了3本著作和逾200篇论文,1948年当选为中央研究院院士,1955年被选聘为中国科学院学部委员,他为中国植物生理的发展作出了杰出贡献。

1903年11月,汤佩松出生于一个诗书世家。1925年秋,汤佩松进入美国明尼苏达大学农学院学习,次年转入文理学院。1927年底,他以全校第一名的优异成绩毕业,获文学士学位。1930年夏,汤佩获得美国约翰·霍普金斯大学博士学位,到哈佛大学工作了3年。1925年前后,在生物科学中兴起了一门新的分支学科——普通生理学。汤佩松在大学期间就对物理、化学兴趣极浓,又受到当时生物学潮流的影响,普通生理学便进入了他的研究视野。在哈佛大学工作期间,汤佩松独立做出了两项具有开创性的研究成果。那时关于呼吸的生化研究刚起步不久,对细胞色素和细胞色素氧化酶还不完全理解。在此期间,汤佩松还总结了1932年以前大量关于氧分压(Po2)和动物、植物、微生物组织及细胞呼吸耗氧量(Q02)间关系的数据资料而得出一个经验公式,这个公式在当时及以后的普通生理学及生物化学教科书中常被引用。

1933年夏,汤佩松放弃优厚的工作和生活条件,毅然回国到武汉大学任教。在由美返国途中,他参观了3位大师的实验室:英国剑桥的D.凯林实验室、德国柏林的瓦布尔格实验室和海德堡的迈尔霍夫实验室。这些访问对他以后学术思想的形成发生了很大影响。他回国后立即着手建立中国第一个普通生理实验室。从1933年夏到1937年期间，汤佩松既忙于实验室建设，同时又从事教学和研究工作。他开设了生物化学和普通生理等课程，完成了7篇有关细胞呼吸动力学的论文，1篇有关光合作用的论文和一些其他论文，其中关于光合作用的论文被认为是该领域的经典文献。

抗战期间，汤佩松在西南联合大学农业研究所工作。在这里，他创办了植物生理研究室。这个实验室在战火中3次被炸毁、4次搬迁重建，最后搬到昆明北郊的大普集。英国剑桥大学教授李约瑟曾到这个实验室参观，对这个简陋的实验室作了很高的评价。直到30年后，李约瑟还在他的巨著《中国科技史》中称道汤佩松和他的实验室。

1933年到武汉大学后，汤佩松一面建立普通生理实验室，一面增聘合作人员和助手，开始进行"细胞呼吸动力学"课题的研究。他独树一帜之处在于以完整的活着的生物化学系统（如酵母、小球藻、卵细胞、植物幼苗）为对象，辅以生物化学、生物物理的手段。1937年抗日战争爆发，汤佩松虽然在昆明建立了植物生理研究室，但由于没有条件对呼吸代谢进行系统研究，他不得不中断工作，只能依靠整理过去关于细胞呼吸的工作和思考遇到过的问题，理出一条学术思路。即使如此，他也发表了3篇有意义的论文和1本著作。在此期间完成的《绿色的奴役》一书中，汤佩松总结了他在抗战前和抗战期间所进行的研究工作的心得体会和对生命现象的一些基本观点和哲学思想的梳理。

半个多世纪的时间里，汤佩松对中国几代植物生理工作者的培养和教育倾注了大量心血。40年代以后成长起来的中国大部分植物生理工作者，在青年时期大多都得到过汤佩松不同方式的指导和帮助。从回国的那一天起，汤佩松就开始为中国培养人才的工作。他不仅亲自授课、编写讲义、培养研究生，更重要的是，走到哪里，他就在哪里创造一种活跃的学术气氛，吸引年轻人，培育英才。

在武汉大学，他以身作则，先是全力以赴进行教学，开设了生物化学、普通生理学等课程，并编写了我国第一部普通生理学讲义。他所创建的普通生理实验室，在短短4年之内，规模就有了很大发展。抗日战争期间，先后在汤佩松创办的植物生理研究室里工作过的科学工作者至少有40多位。许多人后来都成为我国植物生理学或其他学科的学术带头人或权威。1946年汤佩松负责筹建清华大学农学院并任院长。他当时的抱负是，把清华大学农学院办成一个学术水平很高的农业生物学教学基地和研究场所，培养出来的学生既能从事教学工作和实际工作，又是农业生物学和实验生物学方面的研究人才，所以要求本科学生首先在理学院学习数、理、化及生物学课程。50年代初，国内在遗传学领域，出现了以“米丘林学派”和“摩尔根学派”的大论战。汤佩松认真学习了“米丘林学说”，以实事求是的态度肯定摩尔根遗传学的科学性，表现出一位正直科学家的勇气。汤佩松竭尽全力推动着中国植物生理学和整个生物科学的发展，为中国科学事业鞠躬尽瘁。

庄长恭

中国有机化学先驱

庄长恭(1894—1962),字丕可,福建泉州人,有机化学家和教育家,中国有机化学研究的先驱者,有机微量分析的奠基人,对有机合成特别是有关甾体化合物的合成与天然有机化合物结构的研究,作出了卓越贡献。

1916 年,庄长恭毕业于泉州中学(今泉州五中),因学业优异,以地方奖学金保送入北京大学化学系学习,后转美国芝加哥大学。1921 年毕业于美国芝加哥大学,1924 年获该校博士学位。1948 年选聘为中央研究院院士。

1925 年,庄长恭回到祖国,担任了东北大学化学系教授、化学系主任。在大学任教时,他非常重视基础课的学习,常鼓励学生把最基本的大学课本弄清楚,再去研究更专门的著作,根深才能叶茂,切勿好高骛远。庄长恭备课时常常反复思考怎样讲才能使学生们易于理解,并将作研究的基本方法贯穿其中。他在讲解有机化合物生色理论时,开始介绍生色团、助色团等,接着告诉同学不要满足于只知道琴的声音发自何处,还得思考琴弦为何能发出声音来,于是再介绍电子振动吸收一定波长的可见光波而产生补色。这样,不但把问题讲清楚,还启发了学生认识自然如何逐步深入。

庄长恭经常鼓励学生多思考,要有“打破砂锅问到底”的精神。当学生偶有一得和他讨论时,他耐心地指出哪些是正确的,哪些是不正确的。当他看到学生正确的设计时,往往在纸上画上两三个圈,欣然自喜,学生也感到异常兴奋。

庄长恭对研究工作认真执着。有一个星期天,他带着一位工人进实验室做实验。当他聚精会神地进行实验时,随手将一个玻璃瓶交给站在他背后的人说:“请把它洗干净。”“晓得,庄教授!”那人答应着并笑出了声。他回头一看,站在背后的竟是张学良校长。张学良翘起大拇指说:“你是真正的科学家!”此事曾在东北大学传为佳话。

庄长恭一生从事科学研究和高等教育工作,对有机合成,特别是有关甾体化合物的合成以及天然有机物结构的研究,作出了重大的贡献。1937—1941 年期间,发表重要论文 18 篇。在德国哥丁根大学期间,对麦角醇结构的研究卓有成效,探明其化学结构,有力地推动了多环化合物化学的发展,为合成带有角甲基多环 a-酮,他设计出一个带有普遍意义的有效方法,受到国际有机化学界的重视。

庄长恭治学态度极其严谨,观察也很敏锐。他在研究麦角甾醇的结构工作中,从麦角甾烷的氧化产物中发现有难溶性的钠盐悬浮于乙醚层与水层之间,从而将它分离酸化得到关键性的、数量极微的失碳异胆酸,就当时的技术水平来说,是有很大难度的。这一实验对麦角甾醇结构的推断具有决定意义。庄长恭的工作成果发表以后,有一位同在实验室的化学家说他运气好,庄长恭回答道:“科学研究不是靠运气的,必须要有坚强的毅力,严谨的态度,敏锐的观察才能获得成就。”这也成为他毕生从事化学研究的座右铭。

庄长恭对新的科学领域发展很敏感。在德国研究时,他曾到维也纳大学去亲自学习有机微量分析技术,他感到这一分析技术虽然处于初始发展阶段,但对于研究微量成分非常重要,回国后便与学生首次在中国建立了这门分析技术,这对以后国内研究工作的开展具有深远影响。1932 年中国化学会成立后,他积极参加,并多年担任《中国化学会会志》和《化学学报》编辑委员会委员。

1934 年,庄长恭回国,历任中央大学理学院院长、中央研究院化学研究所所长。不久,当选为中央研究院评议员,从事麦角甾醇、中药化学成份和生物碱研究,卓有成效。抗日战争期间,庄长恭曾在上海药物研究所从事研究工作,后辗转到云南昆明,继续从事科研活动。抗战胜利后,他再度赴美与有机化学界科学家进行学术交流。1948 年回国任台湾大学校长,作为选后上任的第一位校长,也是第一位曾经留学美国和德国的校长,他的学术声望很高。

新中国成立后，他毅然返回大陆，被任命为中国科学院有机化学研究所所长。1956 年 3 月，出任国务院科学规划委员会委员，同年当选为中国科学院数学、物理、化学学部委员。庄长恭很关心中国的有机化学名词的命名，常说这是有机化学事业中重要的一环，也是化学在中国生长的先决问题。庄长恭的科研著述颇丰，硕果累累。主要论文有《麦角甾醇的结构》、《(1)甲基-环已烷乙酸》、《草酸酯与甲基-丙三羧酯的缩合》等，被当时的中国科学院院长郭沫若称为“我国化学家的一面旗帜”。他参与制定《1956—1967 年科学技术发展规划纲要》等中央科学计划文件。1954 年至 1958 年被选为第一、第二届全国人民代表大会代表。1962 年 2 月 15 日，庄长恭病逝于上海。

许宝騄

博学笃志的数学家

许宝騄(1910—1970),字闲若,原籍浙江杭州,数学家,中央研究院院士、中国科学院数理学部委员。他在中国开创了概率论、数理统计的教学与研究工作,在内曼-皮尔逊理论、参数估计理论、多元分析、极限理论等方面取得卓越成就,是多元统计分析学科的开拓者之一。

许宝騄 1910 年出生于北京,系名门世家,祖父曾任苏州知府,父亲曾任两浙盐运使。他幼时体质虚弱,但聪明颖悟,通读四书五经,涉猎四史及古文辞。11 岁时便写了《花生姻缘》和《神花》为题的两篇文言小说。他临摹的小楷,古朴神似,曾刻版印行,并且善于巧妙地利用古文诗词制作灯谜。11 岁开始学习英文,两年后便能阅读英文的古典文学名著。北京大学吴缉熙的授课引发了许宝騄对数学的浓厚兴趣,他的数学天赋也开始显露出来。1928 年汇文中学毕业后他考入燕京大学理学院,1929 年考入清华大学数学系,1933 年毕业获理学士学位。1934 年任北京大学数学系助教,并担任正在访问北京大学的美国哈佛大学教授奥斯古德的助教,这两年里他在分析和代数方面打下了扎实的基础。1936 年,许宝騄进入伦敦大学学院学习。当时的伦敦大学学院是公认的数理统计研究中心,现代数理统计学的奠基者费歇、耐曼和皮尔逊等都在那里工作,吸引着来自世界各地的许多青年,而"最优秀的学生是中国人许宝騄"。1938 年,许宝騄获得哲学博士学位,1940 年他发表的两篇文章《On the dis-tribution of roots of certain determinantal equations》和《On gen-eralized analysis of variance》成为数理统计学科的重要文献,在多元统计分析和内曼-皮尔逊理论中有着奠基性意义,并因此获得科学博士学位。

1940年，许宝騄不畏艰险，绕道好望角从海路回到了抗日烽火中的祖国，在昆明西南联大任教。当时的西南联大，条件十分艰苦，许宝騄身体也日渐衰弱。但他依然精心教学，培养青年学生，钟开莱、王寿仁等著名学者都得到过他的指导和帮助。教学之余，其研究成果尤为丰富，仅1941年就有5篇学术论文发表。在此期间，他目睹政治腐败、社会混乱、人民痛苦，认识到政治改革的重要意义和中国革命的必然趋势，毅然参加了中共中央直接领导的政治团体——中国民主革命同盟。

1944年，许宝騄的导师、伯克利加州大学统计实验室主任耐曼教授考虑到他的接班人问题。照耐曼的看法，许宝騄的水平绝对可以与瓦尔特(著名数理统计学家)相媲美，他们是新一代数理统计学家中的两个佼佼者。1945年，许宝騄应伯克利加州大学和哥伦比亚大学的联合邀请，在这两所大学各工作一个学期。他以典型的中国学者的风度、对科学研究工作的高标准要求以及解决困难而具体的数学问题的能力，给美国同行留下极为深刻的印象，芝加哥大学、耶鲁大学以及哥伦比亚大学向许宝騄发出了邀请。1946年秋，许宝騄和郝泰林一起去了北卡罗来纳大学新建立的统计系。其间，许宝騄推进了矩阵论在统计理论中的作用，同时也证明了有关矩阵的一些新的定理，被公认为多元统计分析的奠基人之一。一年后，他回国到北京大学任教授。1948年他当选为中央研究院院士。

在研究中，他主张证明演算化，对引用的结果都非常严谨，自己必须能完全给出证明，不要借助任何几何的直觉。著名统计学家维希特在1928年用几何方法推导出正态总体样本协差阵的分布，这一工作被认为是多元分析历史的开始，但他的证明中依赖了一些直觉的结论。许宝騄将矩阵演算融合于分析的积分计算之中，得到了一个一般性的积分公式。这一公式后来被称为许氏公式。

在教学上，他追求初等的证明，认为初等的方法比艰深的方法更有意义，主张"良工示人以朴"，应把原始的、真实的思想讲解给学生，而在证明方法上，要力求简明无冗言赘文，将问题剖析得非常清楚，问题的解决变得水到渠成。在他的讲课中，深刻的思想与完美的形式相互交融，每每吸引很多人来听。他的中外学生称赞说："他的讲授是完美的。"作为教育者和科学家，许宝騄对于学生和同行都有着强烈的影响。他的学生回忆说:“许宝騄坚持深入浅出,毫不回避困难。沉着、明确而又默默地献身于学术的最高目标和最高水平,这种精神吸引了我们。”

许宝騄长期带病坚持科研和教学,为祖国的科学事业工作到最后一息。1970年12月18日清晨,他病逝于北京大学的勺园佟府,临终时床边的小茶几上还放着一支钢笔和未完成的手稿。

施普林格出版社刊印了《许宝騄全集》,书评中有这样一句话:在数理统计和概率论方面,许宝騄被公认为是第一个具有国际声望的中国数学家。

许崇清

开辟新局的中大校长

许崇清(1888—1969),别号志澄,广州人,著名的教育家和哲学家。曾担任国民政府广州市教育局长、广东省教育厅长,3次出任中山大学校长。他以追求真理和不盲从权威的精神,在教育思想研究领域进行了自己的探索。

1888年1月20日,许崇清出生于广州市高第街。1905年,许崇清考取官费到日本留学。他在日本一直从中学读到大学、研究院。他最初专攻哲学,后转向社会学,进而对教育哲学产生浓厚兴趣。

1920年,许崇清学成回国,在上海见到孙中山,孙中山建议他不必急着去北京任教。早在日本期间,他就由宋教仁介绍加入了同盟会。回到广州,朱执信、廖仲恺等人都要求他留下来参加革命工作,孙中山也有此意,许崇清便留在了广州,从此投身中国现代教育事业,尤其是岭南教育事业的耕耘。他说:"想求社会的进步发达,必定要兼施教育。"

1921年2月,许崇清被任命为广州市教育局首任局长。1923年12月,广东省政府将原来的教育科扩大为教育厅,许崇清又成为教育厅首任厅长。至1949年10月广州解放,许崇清先后3次担任广东教育厅厅长。

在1920年前后,有两股热潮席卷全国,一是研究和宣传社会主义,二是各省纷纷筹办大学。1920年底,陈独秀带着一套教育改革方案来到广州,陈炯明邀请他来创办广东大学,但因经费问题搁浅。正当陈独秀失望之际,许崇清提出仿效美国大学扩大教育运动的办法,创办广州市民大学,不用建校舍,无需专职教授,只需少量经费便可开办。招生消息公布后,原定招收300人,实际上达1 050人。1921年

7 月 25 日,广州市民大学开学,上海《民国日报》说:“这真是中国教育史上空前的事业。”

许崇清第一次执掌中山大学是 1931 年 6 月。上任伊始,他就对学校的学科制度进行改革,实行了学院制,增设社会学系、土木工程系和化学工程系。九·一八事变发生后,抗日救亡运动在全国兴起。中山大学成立了“中山大学员生工友反日救国会”,他们出版宣传抗日刊物,捐款慰劳抗日军民,成立学生请愿团,要求出兵抗日。由于许崇清支持师生们的抗日爱国行动,当年 12 月中旬他被以“控制不力”为由,免去校长职务,并于次年 2 月离任。

许崇清第二次执掌中山大学,是 1940 年 4 月,在任仅一年多。1938 年 10 月,日军进攻广州,中山大学分批撤离广州,迁往云南。1940 年秋,日军进逼越南,云南形势告急,许崇清主持完成了将学校从云南澄江迁回广东乐昌县坪石镇的艰巨任务。坪石是广东省的一个蕞尔小镇,根本容纳不下一所大学,学校只能分散在坪石及周边地区,办学条件艰苦。在粤北山区连县,许崇清临时住在老乡家里,还坚持用床板当课桌,给学生上课。当时,许崇清聘请了一批著名学者,包括哲学家李达、民俗学家钟敬文、经济学家王亚南、戏剧家洪深等。但是,这引起了校内反动势力的不满,许崇清被密告“引用异党,危害中大”。1941 年 7 月,许崇清又一次被免去代校长职务。

1951 年 2 月 20 日,许崇清第三次出任中山大学校长,一直到 1969 年去世。他担任中大校长累计有 20 年,占中大校史的四分之一历程,有力地推动学校的政治民主、进步自由风气和学术研究的发展。

许崇清从康德哲学、孔德社会学、赫尔巴特教育学开始,几乎走遍了唯心论各种形态哲学和教育学的歧路。1919 年他 31 岁起,才试图“在马克思主义理论的基础上建立教育学的一个新体系”。

早在 1920 年,许崇清就指出中国传统经学的不足之处:“用一句话概括起来,可以说都是科学以前的知识。不是形而上学的臆测,就是历代相承的传说,最上的也不过是些日常通用的常识。”20 世纪 30 年代,主政广东的陈济棠曾提出议案,强制各级学校讲授《孝经》。因许崇清在教育界颇有威望，陈济棠请他负责审查这一议案。许崇清认为强制读经会使学生视野停滞不前，因此坚决反对。为此，陈济棠又是施压威吓，又是许诺送股票，企图逼他通过审查，但许崇清最终还是否决了这个议案。陈济棠一怒之下撤掉了他广东省政府委员的职务，此事当时震动华南——一介书生竟敢顶撞广东“土皇帝”。许崇清为了避祸，不得不带着家人暂时离开广东，去了杭州、南京等地。

许崇清并非只是反对传统的经学教育，对西方思想家和教育家的某些唯心主义或机械论学说同样加以批判，他始终致力于建立以辩证唯物主义论为理论基础的教育新体系。因为他通晓德文，能直接阅读马克思主义著作，成为中国最早接触马克思主义的学者之一，这对他此后教育、政治理念的形成产生了深远影响。

阮真

关注中小学语文的大教授

阮真(1896—1972),又名阮乐真,浙江绍兴人,语文教育家,中国第一位语文教学法硕士研究生导师。他在学术史上以不信权威、唯认真理著名,具有批判、独立的理论品格,科学、严谨的研究方法,崇实、致用的教育思想。

1896 年,阮真出生于浙江绍兴县东关镇一个贫苦家庭,少年时代在家乡接受私塾及初级师范教育。1916 年,20 岁的阮真考入南京高等师范学校国文部,师从陶行知先生,修习中文专业和教育专业历时 7 年,科学教育观点在思想上深深扎根。五·四运动中,阮真在南京创刊《南京学生联合会日刊》并担任主编,及时报道全国学生反帝爱国运动的情况,批判旧思想,介绍新思潮,同年成为“少年中国”学会首批骨干。

从 20 世纪 20 年代后期起,他曾在厦门集美学校高等师范文科和国学专修班任国文教员。1928 年,应广西教育厅之邀,去该厅编译处担任《教育丛刊》的编辑工作。1929 年到国立中山大学任教,在中山大学教育学研究所潜心研究中学国文教学。离开广州后,曾先后在上海暨南大学、无锡师专、无锡师范等校教授国文和国文教学法课程。阮真在认真从事教学工作的同时,结合教学实践勤奋笔耕,先后出版了《几种现行初中国文教科书的分析研究》、《中国国文课程之商榷》、《初中国文教材程度的比较研究》、《近五年来中学作文题目之统计》、《中学作文教学研究》、《中学作文题目研究》、《中学国文各学程教学研究》和《中学读文教学研究》等专著,这使他成为 20 世纪 30 年代中学语文教育研究成果最为丰硕、最具批判精神和科学态度的语文教育家,是中国现代语文教育研究的开拓者。

“白话文”革命是中国语文教育现代化的一个里程碑。白话文实现了合法的地位之后，又遇到了一个难题，即学科体系科学化的问题。现代语文教育先驱们选取了用科学改造语文之路。1923 年，胡适、叶圣陶等建立第一组较为完备的新学制语文课程标准，初步搭建起初中语文课程体系。1924 年，黎锦熙借鉴西洋语法体系，建构中国白话文语法体系。然而，大学教授研究基础教育问题，这在 20 世纪二三十年代的主流学术界是不屑一顾的。当时的现状正如阮真所说的“国文教学界容纳着各式各种人物，误认国文教学是一种浅近的知识而不是专门技术”。“语文教师在不少人心目中，似乎是人人总可以做的。”阮真却不这么看，他认为国文教学是“关切于数千万小学生、数百万中学生”的基础教育，要切实改变一方面觉得“国文教学终无办法”，另一方面却又“无人专门研究”的局面。阮真津津乐于此道。他作为中国第一位语文教学法硕士研究生导师，运用现代教育教学理论和科学研究方法考察了语文教育的方方面面，并为语文教学定下了许多切实可行的“规矩”，使现代语文教育取得了不少突破，让语文教学“有法可依”。

1936 年，阮真借鉴国外教育学的理论，撰写了《中学国文教学法》，初步建构起较为科学的语文教学方法体系。在这部著作里，阮真厘清拟订出中学国文教学目标，如初中学生要人人能自由发表思想情感；作文演说没有文法上的错误，并有层次和条理；人人有看浅近书报的能力，并养成读书习惯；人人有鉴赏国语文艺的能力及兴趣。作者还提出了教学“进程标准”以及语文教材选文原则，即“适合程度的原则”、“兴趣的原则”、“需要的原则”以及“功效的原则”，时至今日仍有重要的参考价值。

阮真是 20 世纪 30 年代中学语文教育研究最杰出的开拓者，他在作文教学的研究上尤为突出，他强调作文教学要崇实致用，倡导重视应用文教学并根据不同社会需要把应用文分为：普通、公牍、职业三类。他在作文拟题上有自己独到的见解，他认为作文题目，应给学生的良好刺激，引起他们作文的动机和兴趣，他提示了 5 种可利用的机会：利用学生实际需要事项，利用读物，利用定期刊物，利用校内服务事项，利用社会服务事项。

阮真强调教师作文命题应是“替学生拟题”。“替学生拟题，是要有计划的，所以不能毫不思索地随意写一个；替学生拟题，是要斟酌时地环境和学生的程度的，所以决不能抄袭模仿；替学生拟题，是要根据学生的学识经验与生活需要的，所以决不能根据教师的学识经验。”他指出，教师命题的一个至关重要的原则就是要能切合学生的经验，是为了让学生有话可说，而不是为了把学生逼到死角。这些推己及人的教学原则在今天依然适用。

阮真抱着“为全部研究之企图”对国文教学作过“单位之研究”，毕生投身于中学语文教学研究，几乎涉及语文教育的每一个领域。《中学国文教学法》一书是在雄厚、坚实的前期实践和理论准备基础上进行综合研究的，是中学语文教学法研究的开山之作，单凭这一点，就足以显示“阮氏的贡献在历史上的超越性”。

孙敬修

孙敬修

少年儿童喜爱的“故事爷爷”

孙敬修(1901—1990),北京人,儿童教育家、儿童故事艺术家。他以一颗真诚的爱孩子的心,用他那雄浑、醇厚、慈祥的声调,以民族化的风格娓娓动听地给孩子讲了一生的故事,成为无数人脑海中抹不去的童年印记。

1901 年 10 月 12 日,孙敬修生于北京南城一个贫民家庭中。早在他的童年时代,父亲就在胡同里摆起书摊,靠说书讲故事来维持生计。父亲所讲的故事包括传统的《三国演义》、《水浒传》、《西游记》等,也有他自己人生的经历遭遇。孙敬修常在父亲的书摊听故事,这段经历对他日后的成长有着潜移默化的影响。

1916 年,孙敬修小学毕业,考入京兆师范学校。1921 年毕业后,孙敬修先后任教于京西衙门口小学、华语学校、私立钓铒胡同小学,还做过一段时间专职家教,最后稳定在北平市私立汇文第一小学校。在这里,他任教长达 35 年,教过各门功课,担任过初级部主任、教导主任、代理校长等职务,这使他积累了丰富的教育实践经验,形成了自己的教育风格和教育理论。

孙敬修的“故事生涯”,是在他任教于汇文一小时开始的。汇文一小有住校生,有的学生离家远,周末不能回家,就常打闹滋事,让老师们头痛不已。孙敬修想起小时候母亲给自己讲故事的情景,就把这些学生集合到礼堂,给他们讲故事。孙敬修非常善于通过孩子所能理解的生动的生活细节来丰富故事的内容,有些尽人皆知的传统故事,一到他的嘴里,内容就丰富了,人物就活起来了,许多具体的细节描绘紧紧地吸引着孩子们,使他们非听下去不可。渐渐地,有些原本周末回家的学生也开始留下来听故事。

九·一八事变后，日本侵华战争的阴影越来越重地笼罩着北平。某个上午，汇文一小的全校师生在大操场上集合，学生们把平时当成宝贝的日本玩具和学习用品狠狠地扔进操场中央的大火堆里。30 分钟后，日货全部被火烧光。这个十分郑重的仪式是由学校的教导主任孙敬修发起的。孙敬修还编写了“抵制日货，消灭日寇”的歌曲，教学生们唱。北平市教育局听说汇文一小的学生会唱“抵制日货、消灭日寇”的歌，就请他们到电台去表演。当时电台没有录音，都是现场直播，孩子们的节目演完时，离预定的结束时间还有几分钟，无法安排。孙敬修灵机一动，自告奋勇地讲了一个小故事《狼来了》。那个中午，孙敬修讲的那个故事第一次通过广播，在诺大的北平市上空传播开来。此时的他完全无法想像，已经有多少人听到了他的声音。那一天成为孙敬修人生中一个重要的起点。从此，电台邀请他每周讲一次故事。孙敬修开始在社会上有了名气。在此后的 60 多年里，孙敬修的故事通过电波传遍中国大地，他成为一代又一代少年儿童心中的故事爷爷。孙敬修一生讲了上万个故事，除自己创作之外，他还广泛借鉴古今中外民间故事的优秀素材，按照儿童好奇的心理特点，缩写了大量趣味横生的故事，让孩子们从这些故事中得到乐趣，也明白了如何做一个高尚正直的人。由孙敬修播讲的系列儿童故事《西游记》，曾深受几代孩子们的喜爱，这也是孙敬修播讲的儿童系列故事中最有代表性的系列故事之一，具有永久的欣赏价值和珍藏价值。他终生把给孩子们讲故事作为自己的事业，看成是一门艺术，一门科学。

孙敬修不仅擅长讲故事，而且还是一位儿童教育家。他从 1921 年到汇文小学任教，在 60 余年的教育生涯中，继承和发展了汇文精神，积累了丰富的教育实践经验，逐步形成了一套面向儿童的教育理论。注重成人行为对儿童潜移默化的影响，尊重孩子的人格，是孙敬修教育思想的最大特色。孙敬修曾将他的教育理论归纳为以下几点：

“首先要叫学生爱，这比要学生怕要好。对学生要和蔼可亲，要有笑容，着装要整洁。

其次，对全班同学，不分男女，不分美丑，不分大小，要平等对待，一视同仁。这样同学们才能尊重你。

第三，对同学说话要讲信用，说怎么办，就一定要做到。

第四，讲课要根据儿童理解能力，说他们能够理解的语言，声音的大小快慢都要适合他们的接受能力，随时注意他们的反应，随时吸引他们的注意力。

第五，要用鼓励，少用打击，对个别学生可以单独处理，不影响全班学习时间。

第六，教学不同的科目，要多几种方式，利用同学们的求知欲，上好每一节课。也就是人们常说的寓教于乐的老话。"

孙敬修也非常注重培养儿童教育人才，很多著名的儿童节目播音员和儿童文学作家都出自他的门下，他还拿出自己的积蓄设立了"孙敬修儿童故事研究基金会"，培养了一大批儿童电视和广播节目主持人。老年时的孙敬修常说："我是个小蜡头儿，它烧了80多年了，已经没有多大亮了，但是我要用这点儿光去照亮儿童们的心。"

严济慈

中国近代物理学巨擘

严济慈(1900—1996),字慕光,浙江东阳人,物理学家、教育家,中国现代物理学研究开创人之一。中央研究院院士,中国科学院学部委员。

1923年,严济慈毕业于南京高等师范学校数理化部和东南大学物理系。20世纪20年代,严济慈两次赴法国留学。1925年在巴黎大学为完成精确测定居里压电效应"反现象"的博士论文,他曾向居里夫人借用居里先生早年用过的石英晶体片。1929年他在居里实验室帮助居里夫人安装调试过一架新购置的显微光度计,并用它做了测量研究工作,发表了有关论文。因此,当居里夫人得知严济慈将于1930年底回国时,就表示愿意送给他一些放射性氯化铅,以支持他在中国开展放射学研究工作。严济慈回国担任北平研究院物理所所长后,很快于1931年3月31日写给居里夫人一封信,就筹建放射学实验室和镭学研究所一事,向她请教购买标准含镭盐以及如何更好地开展放射学研究等问题。居里夫人很快给严济慈回信,给予热心的指导。国立北平研究院物理研究所在他主持下,学术气氛浓厚,研究成果累累,年轻人才辈出。1932年,严济慈与李书华、梅贻琦、叶企孙、吴有训教授等创建了中国物理学会。

自1927年至1938年的12年间,是严济慈科学生命力最活跃的时期,他在压电晶体学、光谱学、大气物理学以及压力对照相乳胶感光的作用等领域都作出了重要成果。他单独或与合作者一起共发表53篇论文,其中前11篇是关于他1927—1931年在法国的工作,后42篇是关于在北平研究院物理所的工作,后者中的大部分是他和他直接指导下的青年工作者合作完成的。53篇论文中,法文40篇,英文

12 篇，德文 1 篇，除 4 篇在英文版《中国物理学报》发表外，均刊登在法、英、美、德等国重要学术刊物上。其中一些重要成果广为中外学者所引用或发展。

严济慈始终深切关注中国科学事业的发展，他曾在《科学是国际的吗?》一文中疾呼："我们黄帝子孙，有悠久的历史、高等的文化，与深邃的潜势力，对于各种科学，自当有我们特殊的贡献。中华民族，不久当能异军崛起，独树一帜，在各种科学上，占它应有的地位。青年朋友们，大家努力起来建设中国的科学！"

严济慈是中国现代物理学研究的开创人和光学仪器工业奠基者之一。他在中国最早研究水晶压电效应，精确测定了居里压电效应"反现象"，发现光双折射效应；系统研究了水晶圆柱体施加扭力起电现象，发现水晶扭电定律；精确测定了臭氧紫外吸收系数，被世界各国气象学家用来观测高空臭氧层厚度的变化达 30 年之久；研究了压力对照相乳胶感光性能的影响，发现压力能减弱乳胶感光性能。八年抗战期间，严济慈在昆明领导北平研究院物理研究所全体人员，全力从事军需用品的研制和与国计民生有关的应用物理研究工作。在远郊黑龙潭龙泉观的破庙和简易平房里，他亲自动手研磨镜头，测量焦距，认真装配，严格检验，带领全所员工先后制造出 1 000 多具无线电发报机稳定波频用的石英振荡器，300 多套步兵用的五角测距镜和望远镜，供中国远征军和盟国英国驻印度军队使用，还制造出 500 台 1 500倍显微镜，200 架水平仪，50 套缩微胶片放大器等，供野战和后方医院及科研教学的需要。1946 年，严济慈被国民政府授予为抗战胜利而颁发的三等景星勋章。在中国科学界，只有严济慈和协和医学院林可胜两位教授获此殊荣。

严济慈认为，"科学研究的最大特点在于探索未知"，因此，"在学术上应有所创见，在技术上应有所创造，即在理论上或实践上应有所创新"。为此，科学工作者必须具备两个学术条件，即"能够提出问题"和"善于解决问题"，而克服困难、解决问题的过程就是创新的过程。他特别欣赏的第一流工作，就是那些"研究题目必须是在茫茫未知的科学领域里独树一帜的，解决问题的方法必须是自己独出心裁设想出来的，体现这个方法，用来解决问题的工具必须是自己设计、创造的，而不是用钱从什么地方现成买来的"。

1979年,严济慈与李政道联合发起了中美联合招考赴美物理研究生项目,培养年轻的物理学留学人才。严济慈担任中方招考委员会主席,负责在国内招考与物理有关专业的大学毕业生赴美攻读博士学位,争取到美国几十所大学的全额资助,此项目历经9届,共选拔915人。严济慈在自述中写道:“努力去做一个不自满自足地闭门幽居以科学术士自居的人,不让自己成为以老一辈的科学领导者自居的人,而是懂得老科学家与年轻科学人员联合的意义和巨大的力量的人,自愿和乐意给年轻人打开一切科学道路使他们登上科学高峰的人,承认科学的未来是属于科学青年的人。”

苏步青

蜚声中外的东方数学明星

苏步青(1902—2003),浙江平阳人,著名数学家、教育家、诗人,国际公认的几何学权威,中国微分几何学派创始人。中央研究院院士兼学术委员会常委,中国科学院学部委员。

苏步青年幼时便显示出了极强的求知欲。但他在读初中时,对数学并不感兴趣,觉得数学太简单,一学就懂。苏步青上初三时,一堂数学课影响了他一生的道路。那时,他就读的浙江省六十中来了一位刚从东京留学归来的教数学课的杨老师。第一堂课杨老师没有讲数学,而是讲故事。他说:“当今世界,弱肉强食,世界列强依仗船坚炮利,都想蚕食瓜分中国。中华亡国灭种的危险迫在眉睫,振兴科学,发展实业,救亡图存,在此一举。‘天下兴亡,匹夫有责’,在座的每一位同学都有责任。”他旁征博引,讲述了数学在现代科学技术发展中的巨大作用。这堂课的最后一句话是:“为了救亡图存,必须振兴科学。数学是科学的开路先锋,为了发展科学,必须学好数学。”苏步青一生不知听过多少堂课,但这一堂课使他终身难忘。杨老师的课深深地打动了他,给他的思想注入了新的兴奋剂。读书,不仅为了摆脱个人困境,而是要拯救中国广大的苦难民众;读书,不仅是为了个人找出路,而是为中华民族求新生。当天晚上,苏步青辗转反侧,彻夜难眠。在杨老师的影响下,苏步青的兴趣从文学转向了数学,并从此立下了“读书不忘救国,救国不忘读书”的座右铭。一迷上数学,不管是酷暑隆冬,霜晨雪夜,苏步青只知道读书、思考、解题、演算,4 年中演算了上万道数学习题。现在温州一中(即当时省立十中)还珍藏着苏步青一本几何练习簿,用毛笔书写,工工整整。中学毕业时,苏步青门门功课都异常优秀。

苏步青17岁时东渡日本留学，并以第一名的成绩考取东京高等工业学校，在那里他如饥似渴地学习着。为国争光的信念驱使苏步青较早地进入了数学的研究领域，在完成学业的同时，他写了30多篇论文，在微分几何方面取得令人瞩目的成果，并于1931年获得理学博士学位。正当日本一所大学准备聘他去任副教授时，苏步青却决定回国，回到抚育他成长的祖国任教。当时，清华大学正在招贤，用比浙大高三倍的薪金聘请他，但苏步青最后还是挑选浙大。因为，苏步青认为浙江是他的故乡。陈建功教授是他的良师益友，出国留学前就约定，回国后一起到浙大，共同把浙大数学系办好。回到浙大任教授的苏步青，生活十分艰苦。面对困境，苏步青的回答是："吃苦算得了什么，我心甘情愿，因为我选择了一条正确的道路，这是一条爱国的光明之路啊！"

七·七事变后，浙江大学被迫西迁贵州湄谭县。在湄潭的日子里，师生的生活极其艰苦，大学教授靠工资也难以糊口。苏步青买了一把锄头，每天下班或休息日，就开荒种菜。有一次，湄潭菜馆蔬菜馆供应不上，就从苏步青菜地里要去几筐花菜。还有一天傍晚，竺校长来到他住的破庙前，看见苏步青正挑水种菜。细心的竺校长见锅里全是萝卜、地瓜干，就问苏步青。苏步青解释说："我家孩子多，薪水全拿来买米也不够吃。地瓜干蘸盐巴，我们已吃了几个月了。"竺可桢惊愕了。于是，他特许苏步青两个读中学的儿子，破例吃在学校、住在家里（因为苏家拿不出被褥）的特殊待遇。由于生活条件每况愈下，苏步青的一个小儿子因营养不良，出世不久就死去了。然而，生活上的困难吓不倒有意志、有毅力的人，浙大的教学和科研依然有条不紊地进行着。苏步青也是带着困难走上讲台的。当他回身在黑板上画几何图形时，学生们就会议论苏老师衣服上的"三角形、梯形……"的补丁，还有屁股上的"螺旋形曲线"！晚上，苏步青把桐油灯放在破庙的香案上写教材，终于用自己坚忍不拔的意志完成了《射影曲线概论》一书。

苏步青在科研和教学上取得了令世人叹服的光辉业绩，除做研究生时发现的四次（三阶）代数锥面被学术界誉称为"苏锥面"外，后在"射影曲线论"、"射影曲面论”、“高维射影空间共轭网理论”、“一般空间微分几何学”和“计算几何”等方面都取得世界同行公认的成就，特别在著名的戈德序列中的第二个伴随二次曲面被国内外同行称为“苏的二次曲面”。他还证明了闭拉普拉斯序列和构造(T4)，被学术界誉称为“苏(步青)链”。因此，德国著名数学家布拉须凯称苏步青是“东方第一个几何学家”，欧美、日本的数学家称他和他的同事们为“浙大学派”。自 1931 年到 1952 年间，苏步青培养了近 100 名学生，这些学生在国内 10 多所著名高校中任正副系主任的就有 25 位，有 5 人被选为中国科学院院士，若包括解放后培养的 3 名院士，共有 8 名院士学生。在复旦数学研究所，苏步青、谷超豪、胡和生和李大潜，形成了令人欣喜的三代四位院士共事的景象。

杨石先

中国化学教育先驱

杨石先(1897—1985),安徽怀宁人,蒙古族。教育家、化学家,中国科学院化学学部委员。曾任中国化学会理事长,中科协副主席。

1897年1月,杨石先生于杭州一个官宦家庭。11岁时考入天津民立第二小学,13岁时考取了刚成立的清华留美预备学校,在这里接受了完整的中学教育及初级的高等教育。1918年,杨石先进入美国康奈尔大学最负盛名的农科学习。入校后,他发现化学在人类生活中的地位越来越重要,并且农业的进步也是和应用化学的成就分不开的,因此,杨石先决定改修化学。身在异邦,他更加深切地感受到民族危亡给海外学子带来的苦难。念及祖国的前途,他越发刻苦地学习。他经常带着简单的午餐走进课堂、图书馆或实验室,将近午夜才离去。他的各门功课总是班里的前三名。1923年,当他只差一年即可读完博士学位时,由于家境变迁,他只好接受导师的建议,用已完成的部分论文通过了硕士学位考试就启程回国。回国途中,他与清华同学李济相遇。李济介绍说,南开大学张伯苓校长办学出色,他那里正缺化学教授。杨石先经过一番考虑,选择了待遇虽微薄,但受政府势力影响较小的私立南开大学,作为他潜心追求"教育救国"道路的起步之地。

1937年8月,北大、清华、南开三校筹组更名为西南联合大学,杨石先被推选为理学院化学系和师范学院理化系主任。1943年任教务长。1945年,抗战胜利前夕,杨石先赴美考察,在印第安纳大学做访问教授兼研究员,从事一种中国植物抗疟要素的化学性能研究工作。1947年,他毅然放弃了优越的研究条件和生活待遇,踏上了归途。新中国成立后,他担任了南开大学校委会主席。1957年,出任南开大学校长。

杨石先一贯认为,"办好一个大学,主要体现在学生的质量上,而提高教育质量,必须首先提高教师的水平"。20 世纪 40 年代末,他从美国回国任教时,聘请了一批在国外已经学成或即将进修完的中国学者(其中有有机化学、无机化学、物理化学、分析化学、高分子化学诸方面的专家和教授)来南开大学任教,为南开大学化学系的发展壮大奠定了良好基础。同时,他根据自己在国外的学习经历并与国内其他高校进行对比。他认为,南开大学化学系应办出自己的特色来,争取在几年时间里赶上甚至超越其他高校的办学水平。经过缜密的分析、比较,他提出了以有机化学为重点的发展方向,并陆续从国内外聘请了多位擅长有机化学的教授来任教,为南开大学化学系形成自己的优势和特色奠定了最初的基础。通过长期观察,杨石先发现国际上农药研究有从无机农药、植物性农药向有机农药过渡的趋势,于是他首先在中国倡导并实践有机农药化学研究,开始合成一系列新植物激素。新中国成立后,杨石先为科学教育事业呕心沥血。在他的领导下,南开大学无论在规模上、教学上还是在科研水平上,都得到了空前的发展和提高,成为中国教育和科学研究体系中的骨干力量。

杨石先一向认为,高等学校应担负起教学和科研的双重任务。他经常强调,教学和科研并重是南开大学的优良传统。杨石先不仅重视基础理论的教学,而且很早就注重对学生实验操作能力的培养。他常常告诫学生,只在读书方面下工夫而忽视实验能力的培养是不行的,因为任何理论的假设都必须通过实验来验证,真正的知识是从实验中获得的。为此,他亲自从国外购买仪器,不断完善实验设备,并经常到实验室指导学生做实验。

杨石先不仅刻苦追求自身教学与科研的进步,而且还非常关心学生品德的养成。他认为品德不好的人在学术上也不会有很高的成就,更不可能对国家和人民作出较大的贡献。几十年来他总是循循善诱,鼓励学生在特定的领域发展才华,做一个品德高尚、为祖国争光的人。因此,他的学生从他那里不仅学到了建设祖国的知识技能,更受到德育的教诲,同时感受到了老师对他们的关怀与期望,从而更加尊敬和热爱自己的老师。杨石先与学生的关系,充分体现了“尊师爱生,教书育人”的理念。

杨石先服从真理,不盲从谬误。他用科学家的严谨态度从事学校的领导管理工作。新中国成立初期,大学外语课均以俄语取代英语。他认为,这是一种非常狭隘的做法,将来必定会由于语种的褊狭而造成我国科学发展上的极大缺陷。他非常赞同老南开重视教学质量管理,坚持高标准培养目标的好传统。为了继承这个传统,纠正当时忽视教学质量的倾向,他积极支持制订了《南开学则》。1980 年,为了使年富力强的同志早日走向领导岗位,他提出了辞去校长职务的请求,在全国高教战线产生了很大的影响。1981 年,中央接受了他的请求,并任命他为南开大学名誉校长。

杨廷宝

享誉世界的建筑大师

杨廷宝(1901—1982),字仁辉,河南南阳人,建筑学家,中国近代建筑设计科学的创始人之一,中国科学院学部委员。他的设计博采众家之长,兼容并蓄、勇于创新,具有稳健、凝重、严谨的风格。

杨廷宝自幼受过良好的教育,1912 年秋考入河南留美预备学校,3 年苦读之后,以河南省第一名的成绩考入北京清华学校读书。1921 年,杨廷宝留学美国,进入宾夕法尼亚大学攻读建筑专业。当时的中国,积贫积弱,中国人在国外经常受到欧美学生的白眼与讥笑。对此,杨廷宝不为所动,全身心投入于功课学习之中。他的勤苦好学引起了当时在此任教的美国建筑界古典主义代表人物保尔·克芮和水彩大师道森的注意,他们特别喜欢这位中国学生,在学习和生活上对他格外关照。两位名师的悉心教导,对杨廷宝的设计风格和绘画技巧产生了深远的影响。从大学二年级起,杨廷宝就开始崭露头角,渐渐成为全系的佼佼者,仅用两年半时间就完成了 4 个学年的课程。1924 年,杨廷宝先后获得全美建筑系学生设计竞赛的艾默生奖一等奖和美国市政艺术协会奖竞赛一等奖。两幅获奖作品被美国《建筑设计习作》选载。在这部欧美建筑系大学生的通用教科书中,中国留学生中唯有杨廷宝一人入选。“廷宝·杨”这个名字开始传向全世界。

杨廷宝的事业在美国蒸蒸日上,但他始终惦记着自己的祖国。1927 年,他途经欧洲回到阔别多年的祖国,受聘于天津基泰建筑工程公司,决心振兴祖国的建筑设计事业,为中华民族争光。之后,杨廷宝历任国立中央大学建筑系主任,南京工学院建筑系主任、副院长,中国建筑协会副理事长、理事长,国际建筑师协会副主席，江苏省副省长等职。50多年来，杨廷宝的设计作品逾百件，为中国建筑事业做出了巨大的贡献。

以木构建筑为主体的中国古代建筑体系，在世界古代建筑史上是独树一帜的。然而，在杨廷宝归国的年代，中国建筑的设计却基本上掌握在外国人手中。杨廷宝一次又一次以完美的设计方案击败对手，而获得了多项工程的建筑设计权，从此改变了自鸦片战争以来洋人长期垄断中国建筑设计权的不正常局面。

杨廷宝学习时，正值美国建筑教育从古典建筑过渡到现代建筑的时期。在当时社会建筑思潮影响下，他受到严格的西方古典建筑手法的训练与技术知识的教育。他归国后，早期的作品如沈阳车站、沈阳东北大学等，不论单体或群体，都有较多的模仿性，表明那个时代的特征。此后，他开始结合中国自己的特色，在建筑风格上致力于探索和创新。30年代初，北平地区一些重要古建筑维修工程委托基泰工程公司主持，如北平天坛、祈年殿、国子监等，杨廷宝和建筑工匠们实地修缮了北平这些著名古建筑。1929年，中国营造学社成立，他参加了该社的工作，为此他对中国古典建筑做法深为熟谙，特别对明清式建筑悉心研究，从中吸取营养。他对民间传统建筑也十分注意，同时他还密切地注视着国外现代建筑的发展。学术上深厚的造诣，使他在建筑设计中具有坚实的创作素质。30年代初期，他所设计的南京中央体育场、中央医院、金陵大学图书馆(现南京大学老图书馆)等就已作出了合理功能布局，协调的建筑体型，统一的比例和尺度，并具有中国的建筑风格。从这些建筑设计中，可以看出他的设计不是追求虚假装饰以哗众取宠，也不是抄搬现代建筑形式而求时髦。他所探索的建筑风格，不论在建筑造型上抑或在功能上，其成就高于同时代的外国建筑师。他的设计不论是从总体规划上，或是在单体建筑、内部设计，以及在细节表现上，都十分注重周围环境和现实条件，在建设的比例尺度和用材上也都要求精益求精。

1936年至1939年，杨廷宝相继主持了清华大学、北京大学、中国大学、燕京大学、辅仁大学等9所高等学校的建筑总体规划设计工作。这几所高校的建筑达到了很高的水平，受到教育界、建筑界的一致好评。杨廷宝主持设计过数以百计的建筑工程，其中，以南京民国建筑最多且最具代表性。其中，尤以中山陵音乐台集中体现了他的设计风格和建筑理念。中山陵音乐台是中山陵的配套工程，主要用作纪念孙中山先生仪式时的音乐表演及集会演讲。整体为钢筋混凝土结构，场地平面布局，呈半圆形。在半圆形圆心处为一座弧形乐坛，乐坛两侧设有台阶与花架衔接。在乐坛后面是一堵汇集音浪的大照壁，照壁坐南朝北，水平截面为圆弧形，可形成极好的回音效果。音乐台的整体造型充分吸取了古希腊建筑艺术风格，细部处理上则采用中国江南古典园林建筑艺术的表现手法，既有开阔宏大的空间效果，又有精湛雕饰的艺术风范，使自然与建筑达到了完美的和谐统一。

杨钟健

中国恐龙研究之父

杨钟健(1897—1979),陕西华县人,古生物学家、地层学家、地质教育家,中国古生物学奠基人,中央研究院院士、中国科学院学部委员。曾主持北京周口店的发掘工作,并在云南禄丰盆地发现了举世闻名的“禄丰晰龙动物群”。

杨钟健自幼敏而好学,受到了良好的教育。1916 年,杨钟健毕业于陕西省立第三中学,次年考入北京大学预科,1919 年升读北京大学地质系。1920 年,他与地质系学生共 7 人,共同组建了中国第一个地质学研究团体——北京大学地质研究会。1923 年 10 月,杨钟健赴德国留学深造,进入慕尼黑大学地质系,学习古脊椎动物学,并选修了地理学和动物学两门副科,1927 年获博士学位。

1928 年,杨钟健学业已成,外国朋友劝他留下,杨钟健回答道:“山川虽好,终非我土”,“中国穷是事实,落后也是事实。但那是我的祖国,绝不能抛弃,如同儿子不能抛弃母亲一样。”他谢绝了友人的好意,踏上归程。之后,杨钟健进入中央地质调查所工作,主持周口店的发掘与研究工作。1929 年,“新生代研究室”成立,他即负责该室工作,此后 50 年中,虽然这个研究室的体制和名称屡经改易,他一直担任这个单位的领导职务。他野外考察与参观访问的足迹几乎遍及中国各省,以及亚洲、欧洲、北美的许多国家。他一生发表的学术性文章达 500 多篇,包括 20 多种专著,是近代中国自然科学界著述最多的少数几个学者之一。杨钟健终生为中国的古脊椎、古人类学的研究呕心沥血,贡献了他的一切。

20 世纪 30 年代的中国,恐龙化石都是由外国人发掘和研究的,标本最后也成了他国博物馆的陈列品。1921 至 1930 年间,美国纽约自然历史博物馆的中央亚细亚考察队来中国考察，采到了不少的恐龙化石标本，并将其运到了美国。面对这种现状，杨钟健痛心疾首，他决心扭转和改变这种局面。1928 年，中国与瑞典合作的科学考察团来华考察，中国地质学家袁复礼在新疆准葛尔盆地采到了一条不完整的蜥脚类恐龙化石。当时国内只有杨钟健有研究恐龙的能力，所以考察结束后，这具恐龙化石便交与他研究。这便是杨钟健命名的第一条恐龙——奇台天山龙。抓住这一契机，杨钟健将他的研究重心慢慢地转移到恐龙学上来。

1934 年秋，杨钟健在山东蒙阴盘足龙的产地进行了第一次恐龙发掘，并于次年发表了相关研究文章。文中除根据新材料对盘足龙做了补充记述外，还特别提到 1913 年采自同一地点的后被送到地质调查所的三个背椎，认为它们同属盘足龙，并指出这是中国最早发现的恐龙。1936 年，杨钟健在四川荣县组织了第二次恐龙发掘，标本经他研究后于 1939 年发表，并命名了大型蜥脚类恐龙一新属种：荣县峨嵋龙。杨钟健的研究，开创了中国人独立研究恐龙之先河，结束了外国人包揽中国恐龙化石研究的历史。杨钟健是中国古生物学会创始人之一，曾 3 次当选理事长，两次担任中国地质学会理事长，并获得 1937 年度“葛氏金质奖章”。

抗日战争爆发之际，杨钟健接到友人的忠告：“日本某学者要请你及几个人在北京饭店吃饭。此绝非好意，宜早离北平。”他迅速潜行南下。1938 年，杨钟健组织云南中、新生代红层研究，开始在云南禄丰盆地进行广泛的地质调查，与同行们在禄丰盆地“红层”中采集到大量爬行动物化石，发现了举世闻名的禄丰蜥龙动物群，翻开了中国恐龙发掘史上最辉煌的一页。为方便工作，杨钟健将工作室搬到了禄丰城北 30 公里处的一个关帝庙里，白天去野外发掘，晚上就在煤油灯下整理标本和资料。他把装煤油的废木箱拼垒起来当办公桌椅。他耗时 10 年，对发掘标本进行全面研究和修复，他修复并命名了被誉为“中国第一龙”的许氏禄丰龙，并记述了 20 多个新属、种，发表了 20 余篇论文和 3 种专著，系统地介绍了这一动物群的组成内容、性质分析、形态特征、系统关系以及地质时代、科学意义等等，并据此与南非、欧洲同时代的有关动物进行对比，认为它们之间有一定的同一性，在讨论晚三叠世脊椎动物问题时，可相互补正。杨钟健的观点赢得了世界同行的认可，使中国的云南禄丰成为世界古生物界公认的晚三叠世的脊椎动物标准化石点，其化石层位被广为征引。迄今为止，禄丰盆地仍是世界上出土恐龙化石最丰富、最完整、最古老、最原始的地区之一，被写入许多国家的教科书。

1943年，杨钟健被聘为国民政府资源委员会专门委员。次年被派出国考察，经印度到美国，在美国东、西海岸各博物馆、大学参观访问，后又赴加拿大及一些西欧国家，走访了许多古生物研究中心，特别是在美国自然历史博物馆和大英博物馆，他观察了大量标本，并与各国名家共同探讨有关问题，完成了多篇重要著作，成为当时国际上最活跃的古生物学家之一。

1949年6月，杨钟健应邀到北平出席“科学技术界代表大会筹备会”，12月任中国科学院编译局局长。1959年，兼任北京自然博物馆馆长。

李济

中国考古学之父

李济(1896—1979),湖北钟祥人,人类学家,近代考古学家,被誉为中国考古学之父。1928 年至 1937 年,他主持了震惊世界的河南安阳殷墟发掘,使殷商文化由传说变为信史,并由此将中国的历史向前推移了数百年,至今仍名列人类文明史上最重大的发现。

1896 年 6 月 2 日,李济出生于湖北钟祥。11 岁时随父亲迁入北京。15 岁考入清华学堂。1917 年,美国华尔考博士在清华讲授心理学和伦理学,李济对此产生了极大的兴趣。1918 年 8 月,李济赴美留学,前往克拉克大学攻读心理学系。克拉克大学提倡学生到图书馆自由阅读,以发现自己真正的兴趣所在,学校的图书馆及书库全部对学生开放。当时,正是人类学在美国刚刚兴起之际。克拉克大学图书馆里收录了一些著名的人类学大师的著作,李济对此一下子入了迷,决定改学人类学。1920 年夏,李济转入哈佛大学攻读人类学。在哈佛人类学研究院,李济是唯一的外国留学生。在取得人类学硕士学位以后,李济继续在哈佛攻读了哲学博士学位,开创了中国人种学研究之先河。1922 年 12 月,在美国人类学会上,李济做了题为《中国的若干人类学问题》的报告,提出要从考古学、民族志等方面考察中国人类史和上古史。这次演讲反响很大,著名哲学家罗素在之后撰著《中国问题》一书中,大段引证了李济的观点,李济自此名声大震。

1923 年 6 月,李济完成论文《中国民族的形成》并获得哲学博士学位,这是中国留学生在哈佛取得的第一个哲学博士学位。同年,李济返回祖国,受聘于南开大学,任人类学和社会学教授。1926 年,李济主持中国学者第一次独立进行的考古发掘——山西夏县西阴村新石器时代遗址发掘。

20 世纪 20 年代，考古工作在中国北方一些地方陆续展开，美国、法国、瑞典等国的考古学家和学术团体闻讯，纷纷赶来“寻宝”。此间，美国史密森研究院弗利尔艺术馆的汉学家，也组织了一支“中国考古发掘队”。他们听说李济是中国第一位哈佛大学人类学博士，即来信邀请他参加他们的团队，一同从事田野考古工作。面对这份邀请，李济提出两个条件：一个是在中国做田野考古工作，必须与中国的学术团体合作；一个是在中国掘出的古物，必须留在中国。不久后对方回信：“我们可以答应你一件事，那就是我们绝不会让一个爱国的人，做他所不愿做的事。”

殷墟是中国奴隶社会商朝后期的都城遗址，位于河南省安阳市区西北小屯村一带，距今已有 3300 多年历史。公元前 11 世纪，周武王伐纣灭商，殷墟这座繁华的都城，连同辉煌的殷商文明一起被掩藏在地下。从此，中华文明史在这里发生了断痕，这一失落的王朝，只在《史记》的记载中留下了模糊的身影。它的存在与否以及所代表的中华文明却被外国史学界所质疑。1928 年 10 月，国民政府组织的安阳小屯遗址科学发掘工作拉开帷幕。1929 年初，李济应聘出任中央研究院历史语言研究所考古组主任，接手领导这一发掘工作，并将科学的考古方法应用于此。此后 7 年间，李济对此地组织了 13 次大规模的考古发掘，在小屯村、侯家庄等地共发掘到甲骨文 24 900 多片，并发现了大量殷墟都城建筑遗址和以甲骨文、青铜器为代表的丰富的文化遗存。尤其是 1936 年在小屯村北地发现的甲骨坑，出土刻字甲骨 17 000 多片，甲骨上所镌刻的卜辞内容丰富，全面展现了殷王武丁时代的社会风貌。殷墟的考古发现，展现了中国商代晚期辉煌灿烂的青铜文明，奠定了殷墟作为中国古代第一个有文字可考的古代都城地位，确立了传说中的商文明在中国历史上的地位，将中国有据可查的历史向前推进了数百年，并证明了司马迁《史记》中所记载的殷代王室的谱系几乎没有任何差错。殷墟所出土的甲骨的内容极为丰富，涉及商代社会生活的方方面面，为甲骨文和商代历史研究提供了极其宝贵的资料，被称为中国古代乃至人类最早的“档案库”。2006 年，殷墟被列入世界文化遗产名录。

1929年,李济在领导殷墟第二次发掘工作时与同仁约定:一切出土文物全部属于国家财产,考古组同仁个人绝不许收藏古物。这个约定后来逐渐成为中国考古界、民族学界的传统。乱世之中,李济还以一个中国学者的无私无畏,保护着祖国文物不被外来者掠夺。抗日战争爆发后,李济护送着1 000余箱文物向西南迁移,一路颠簸,受尽磨难。途中,两个随他一起迁移的女儿,因患病得不到及时治疗而先后夭折,而他所护送的文物却安然无恙。清点李济先生的遗物时,只有台北"故宫博物院"赠予的几件仿古工艺品,李济一生没有收藏过一件古董,他的2.2万本藏书,也没有一件珍本、善本。

当后人在铭记李济对中国考古事业的重大贡献时,更要缅怀老一辈科学家爱国报国的高风亮节。

李方桂

非汉语语言学大家

李方桂(1902—1987),广东广州人,中央研究院院士,语言学家,国际语言学界公认的美洲印第安语、汉语、藏语、侗台语权威学者。他还精通古代德语、法语、古拉丁语、希腊文、梵文、哥特文、古波斯文、古英文、古保加利亚文等。

1921 年,19 岁的李方桂考进清华学校就读预科。1924 年,以优异的成绩赴美深造,进入密歇根大学攻读医科。从清华大学医学预科到密歇根大学医科的履历,李方桂的医学人生道路似乎已经确定,可谁曾想到,一本书却彻底改变了他的人生轨迹。这是一本介绍美国热带雨林中土著人的书。他们说着一种外来人不懂的土话,而那些土话就是语言的活化石,是解读人类早期活动的密码。从这本书里,李方桂了解到语言也是一门科学,并且与历史文化的关系十分密切。通过词语的语源和变迁可以看到文化遗存和流变;从造词心理可以看到民族文化,从借词可以看到文化接触,从地名可以看到民族迁徙的踪迹,从姓氏别号可以看到民族来源和宗教信仰,从亲属称谓看到婚姻制度……

1925 年,李方桂毅然脱去身上的白大褂,转而攻读语言学,成为中国在海外攻读语言学的第一人。1926 年取得语言学学士学位,随即进入芝加哥大学语言学研究所攻读研究生。在这里,李方桂专门接受了无文字语言的调查训练,然后以极大的热情和崇敬走进了印第安人。在他的第一次田野调查中,他就发现了一个大家以为已经灭绝了的重要的印地安语。根据所收集的资料,他完成了硕士论文并于 1927 年获得硕士学位。这篇硕士论文在 3 年后公开发表,成为了阿萨巴斯卡语言研究中众所周知的里程碑。1928 年,李方桂凭借起步论文《马朵尔——一种阿塔巴斯堪语》，获得芝加哥大学语言学博士学位。现在，这个说着马朵尔语的小民族已消亡了，但这种语言却由于李方桂的研究而留存世间。

1929年，李方桂学成回国，担任中央研究院历史语言研究所研究员。之后历任中央研究院研究员，哈佛、耶鲁、华盛顿、夏威夷、普林斯顿、成都、燕京等大学访问教授。他对侗台语系、上古汉语、古藏文及泰国泰语之研究，著作等身，成就卓著。

李方桂回国后，将主要研究方向放在侗台语系的研究之上。侗语是指贵州东南部的四种方言，包括临高、仡央、侗水、黎、台五个语支语族。为做好这一研究，李方桂的足迹踏遍中国的西南部，付出了大量艰辛的努力。当时的贵州东南部，偏僻贫困，对外交流少，很多村落都形成了语言孤岛。由于语言不通，他们的考察采用随机的方法，实指现问。从身体的器官，室内的陈设，到门外的花鸟虫鱼、飞禽走兽、瓜果蔬菜、山川人物等，边问边用国际音标记音。每天晚上，要把记下来的卡片再请发音人重新核查一次。每一次考察都会持续月余，经常累得体重下降。而李方桂亲手调查的侗台方言至少在20种以上，

除去亲手调查的方言以外，李方桂还参考或引用他人研究的方言材料。以三四十种方言为基础，1940年、1941年、1943年，李方桂连续完成3本专著：《龙州土语》、《武鸣土语》及《莫话记略》，并发表了描述性的论文十几篇。他根据丰富的材料，比较异同，从音韵特点、语汇分布及某些语汇中语音演变上的特殊现象把台语分了类，根据现代各种台语声母及声调的关系，推定古台语的声母分成一清一浊两类，4个声调演变为后來的8调，纠正了早年法国人马伯乐关于台语声母分3类的旧说。

李方桂的这一研究成果对于古台语的拟测作出了极大的贡献，直接影响到如何解释现代各台语方言分歧现象的问题，同时也从这些方面提供台语方言类的依据，对汉语与侗台语的关系以及汉藏语族各语言间的亲疏关系及语言的形成演变等方面的研究，都产生了重大的影响。

抗日战争爆发后，中央研究院历史语言研究所迁到昆明。1940年，中央研究

院拟设立民族研究所，院长朱家骅通过总干事傅斯年请李方桂担任所长。李方桂坚辞不就，不耐烦地对傅斯年说：“我认为，研究人员是一等人才，教学人员是二等人才，当所长做官的是三等人才。”傅斯年听后非但不恼火，反而躬身作了一个长揖，边退边说：“谢谢先生，我是三等人才。”在傅斯年执着地劝说下，李方桂勉为其难地接过史语所语言组代理主任的担子。

新建的史语所条件十分艰苦，没有听音室和听音设备，也没有系统的科研计划和课题。李方桂深知即使身逢乱世，也决不能中断史语所的科研，因为这直接关系到这门学科的传承。李方桂坚持每月召集年轻的研究人员练习记音。他告诫学生：“记音的技巧和准确性是语言研究的基础。”李方桂还专门请一位少数民族的文化人发音，大家像人体模特儿一样四下围坐，集体记音，然后听辨审评，问难质疑。正是在他的严格要求和悉心教导下，史语所里的一批年轻学者，在战乱之中成长起来，成为了中国后来语言学研究的中坚力量。

李四光

中国近代地质学巨匠

李四光(1889—1971),湖北黄冈人,著名的地质学家、教育家和社会活动家,中国现代地球科学和地质工作的奠基人之一。他独创的地质力学理论,为中国的地质、石油勘探和开发做出了巨大贡献。

1889年10月26日,李四光出生于的一个贫寒人家。1903年,李四光告别父母,独自来到武昌报考高等小学堂。在填写报名单时,他误将姓名栏当成年龄栏,写下了“十四”两个字,随即灵机一动将“十”改成“李”,后面又加了个“光”字,从此便以“李四光”传名于世。由于每次考试成绩都名列前茅,学习未满两年,尚未毕业的他就被湖北省选派官费留日深造。1904年7月,李四光抵达东京,进入宏文书院学习日语。在日本,李四光受到了反满革命思想的影响,以“驱逐鞑虏、恢复中华”为己任,成为同盟会中年龄最小的会员。孙中山赞赏李四光的志向:“你年纪这样小就要革命,很好,有志气。”还送给他8个字:“努力向学,蔚为国用。”

1910年,李四光从日本学成回国。武昌起义后,他被委任为湖北军政府理财部参议,后又当选为实业部部长。袁世凯上台后,革命党人受到排挤,李四光再次离开祖国,到英国伯明翰大学学习。1918年,获得硕士学位,并再次决定回国效力。1920年,李四光担任北京大学地质系教授、系主任,之后,历任中央研究院地质研究所所长、中国地质学会会长、武汉大学建设筹备委员会委员长。新中国成立后,担任地质部部长、中国科学院副院长、全国科联主席、全国政协副主席,为中国的地质、石油勘探和建设事业做出了巨大贡献。

冰川分布是研究地质构造的重要依据,从19世纪以来,就不断有德国、美国、法国、瑞典等国的地质学家到中国来勘探矿产，考察地质。但是，他们都没有在中国发现过冰川现象。因此，在地质学界，“中国不存在第四纪冰川”已经成为一个定论。1921年，李四光在研究蜓科化石期间，在太行山东麓发现了一些很像冰川条痕石的石头。他继续在大同盆地进行考察，越来越相信自己的判断。在中国地质学会第三次全体会员大会上，李四光大胆地提出了中国存在第四纪冰川的看法。对此，到会的农商部顾问、瑞典地质学家安特生轻蔑地一笑，予以否定。李四光并没因权威人士的否定而失去信心，他继续带领学生在太行山、九华山、天目山、庐山等地考察，又发现了许多有力的证据。经过10年的考察研究，他不仅得出庐山有大量冰川遗迹的结论，而且认为中国第四纪冰川主要是山谷冰川，并且可划为3次冰期。1933年，李四光以《扬子江流域之第四纪冰期》为题，在中国地质学会第十次年会上作了学术演讲。他的观点，引起了1934年著名的庐山辩论。在半封建半殖民地的旧中国，中国的科学家低人一等，外国学者中有相当一部分人是带着民族主义和种族歧视情绪到中国来的。因此，尽管大量事实摆在眼前，几位外国学者并没有改变他们的观点。1936年，李四光发表了“安徽黄山之第四纪冰川现象”的论文，引起了一些中外学者的注意，德国地质学教授费斯曼到黄山看罢回来赞叹道：“这是一个翻天覆地的发现。”李四光多年的艰苦努力，第一次得到外国科学家的公开承认。之后，李四光加紧了对第四纪冰川的考察，先后在扬子江流域、黄山等地发现了大量遗迹，最终推翻了外国人的错误结论。

1914年美国的克拉普率领的一支打井队，在他们认为最有希望找到石油的陕北到处打井找油，结果一连打了7口井却一无所获。1938年美国美孚石油公司的经理富勒等人又来到中国，到处钻探打井，结果也是徒劳而返。于是，他们得出了“中国贫油”的结论。为了使人们相信这一结论，他们还搬出了唯海相地层生油的理论，认为中国大地多为陆相地层，从岩石的种类和生成年代来看，不存在具有商业价值的石油矿藏的可能性。从此，“中国贫油”的论调甚嚣尘上，鼓噪中华大地。1928年，李四光根据自己对地质构造的研究，提出了“美孚的失败，并不能证明中国没有油田可办”的观点。之后，他在《中国地质学》一书中，又一次提出：新华夏构造体系沉降带有“可能揭露有重要经济价值的沉积物”。1934 年到 1935 年李四光在欧洲讲学的时候，曾多次提到在中国新华夏系的沉积带中“含有有经济价值的沉积物”(即石油)。经过多年的研究，李四光摸清了中国的地质构造，得出了“中国陆相地层广泛分布，但从其沉积环境来看，具备生油条件”的结论，并指出了日本海—黄海—东海—南海，松辽平原—华东平原—江汉平原—北部湾两个石油构造带。

1955 年，李四光率领普查队伍开往第一线，几年里，就找到了几百个可能的储油构造。1958 年 6 月，喜讯传来：规模大、产量高的大庆油田被探明。地质部立即把队伍转移到渤海湾和黄河下游的冲积平原，大港油田、胜利油田、其他油田相继建成，终于摘掉了中国贫油的“帽子”。

李书华

砥身砺行的生物物理学家

李书华(1889—1979),河北昌黎人,物理学家,教育家。证实了离子通过生物膜的渗透过程和有机体内细胞壁对湿润它的介质的分离过程有类似性。这一研究对生物物理、生物化学以及了解生物体内发生的物理化学过程有重要意义。

李书华自幼即受到传统文化的熏陶,6 岁开始入家塾就读,师从名师,接受旧式教育。十年寒窗苦读,既奠定了深厚的国学根底,又培养了他严谨的治学态度和孜孜不倦的钻研精神。1908 年,李书华从永平府中学堂考入保定直隶高等农业学堂。在校期间,受“西学东渐”的影响,又目睹晚清政府的腐败无能,李书华逐步接受了资产阶级民主革命思想,笃信实业救国论,更加发奋攻读。1912 年以农科第一名的成绩毕业,经蔡元培等人的推荐,获准直隶官费赴法留学。当时,全国仅有 30 余人获此资格,每年得公助大洋 600 元。李书华在北京留法预备学校补习法语七八个月后,由北京乘火车到巴黎,开始了他长达 10 年的留法生活。在法时期,随着学识的增加,视野的拓宽,李书华逐步认识到实业救国的道路过于狭隘,要改变祖国贫穷落后的面貌,实现国富民强,就得依赖科技进步。

1915 年,李书华考入图卢兹大学攻读农科,师从诺贝尔奖获得者保尔·萨巴梯埃教授。1918 年毕业,留校继续攻读物理学。翌年暑假,李书华转入巴黎大学,跟随李普曼、居里夫人研究物理学,此时,李书华的学业兴趣已从农学转到物理学,他紧跟着当时世界科学发展的前沿,决定以物理学为专业攻读法国国家博士学位,并于 1922 年获得法国国家博士学位,成为中国涉足生物物理研究领域的第一人。

获得博士学位后,李书华受蔡元培之邀担任北京大学物理系教授。之后,历任北京大学物理系系主任，中法大学教授、代理校长，北平大学副校长兼代理校长，国民政府教育部政务次长、部长，北平研究院副院长、中央研究院总干事。1948年被选为中央研究院院士。为建设北京大学物理系、创建中法大学和北平研究院、创建中国物理学会做出了重要贡献。

1920年下半年，李书华进入佩林研究室从事极化膜渗透性的研究。处于酸或碱溶液中的有机体薄膜会在薄膜两面吸附着不同符号的电荷，物理上称之为发生极化现象。在本世纪初及其之前，科学界常以这种现象解释胃腺分化的细胞所以生成盐酸的过程。但是，这个化学反应过程在玻璃试管内绝不可能出现，并且无法得到任何物理化学上的证明。面对这一问题，李书华试图在试管内建立一种物理模式，以便对活细胞的物理特性作出大致的描述。在两年时间里，他徜徉在物理学的海洋中，连假期也泡在实验室，进行了大量的系统实验，不仅完成了对活细胞物理特性的试管模拟，而且对于胃酸形成过程中胃腺细胞的作用也找到了实验室证据。他的研究，对生物物理、生物化学以及了解生物体内发生的有关现象有着重要意义。1922年4月，李书华的研究成果在《法国科学院周刊》发表，论文全文在法国《物理学报》刊载。

留法期间，李书华就曾发表文章指出，留学生回国后并没有承担起应有的建设国家的重任，他说："比及回国，一入腐败空气范围中，不但不能转移恶社会，且为恶社会所转移。"因此，他呼吁同辈要担当起对国家的"转危为安之责"、对社会的"维持改良之责"，对国家社会及个人庶几有所贡献。李书华回国任教之初，国内物理学根本没有任何研究基础，大学里没有研究所，物理系也只是一个名称而已。李书华从1922年到北大直至1929年离开，在北大物理系整整7年，教过预科及本科各年级物理课，讲授普通物理、近代物理，并担任普通物理实验教学。这几年，他把全部身心献给了物理系，除授课外，终日不在办公室就在实验室。正是在李书华及其同仁的努力下，北大物理系提高很快，1925年能开出62个预科实验、69个本科实验和两学年的专门物理实验。1927年中华教育文化基金董事会报告中曾称北大物理系"洵为全国名校之冠"。毕业的学生中许多留学国外，不少获得欧美大学博士学位。

工作之余，李书华广泛联系学界同仁，积极组建中国物理学会与天文学会，并相继担任两会理事会理事长。为提高国民的整体科技水平，李书华与他人一道主持编辑《科学周刊》，相继发表了《相对论及其产生前后状况》、《原子论浅说》、《各国物理学家对于物理学的贡献》等一系列内容通俗生动、阐理深入浅出、文笔凝练的科普文章。为普及和提高民众特别是青年的科技常识，作出了极大的贡献。

李先闻

中国植物细胞遗传学奠基人

李先闻(1902—1976),四川江津人,中国著名的植物遗传学家、植物细胞遗传学的奠基人。他长期从事禾谷类植物的细胞、遗传、进化和育种研究与稻麦改良工作,成果丰硕。1948 年当选为中央研究院首批院士。

1902 年 10 月 10 日,李先闻出生在的一个小农家庭。1915 年,在其叔父的鼓励下,李先闻考取了四川省保送生名额进入清华预备学校读书,并立下了学农的志向。1923 年,李先闻从清华毕业,并获得学士学位,之后赴美国印第安那州普渡大学园艺系继续求学。1926 年,李先闻获得硕士学位,并进入康乃尔大学研究生院,师从国际著名的玉米遗传学大师埃默森,研究玉米一种矮生性状的遗传。每年夏季,他都要和玉米遗传研究小组 10 多位师生,身着田间劳动的服装,满身携带着一大堆授粉用的纸袋、刀等用具,既要在玉米开花盛期抓紧完成授粉工作,又要进行细致的田间观察,做好详细记录,完成繁重的劳动。

康乃尔大学内设有设备优良的实验室和藏书甚丰的图书馆,这所学校科学研究中的精诚合作精神和经常对科学问题开展热烈讨论的浓厚学术氛围,深深感染和激励着李先闻,坚定了他以后在自己祖国营造这种学术研究氛围的信念,给他以后从事植物细胞遗传学研究的学术生涯打下了一个扎实的基础。1929 年,李先闻获得博士学位,旋即回国。回国后,李先闻的工作岗位因学用不一致而多次变动。先是受聘于中央大学蚕桑系,继而自费留日,到九州帝国大学从事蚕体细胞遗传研究。回南京时他原想仍在中央大学任职,却又不得不改受东北大学生物系之聘,前往教植物学。不久,九·一八事变突起,李先闻携家眷转迁北平,临时谋得北平大学农学院兼职,一度曾至难以糊口的境地。他经常自叹国难当头却用非所学。1932 年 2 月,李先闻应河南大学农学院之聘,赴开封任职,才终于找到了他安身立命之所。之后,李先闻先后担任了武汉大学农学院、台湾大学等高校教授,主要执教植物细胞遗传学等课程。

李先闻素有吃苦耐劳的作风,并以学术渊博、态度严肃、治学严谨,并善于因材施教而著称。他要求他的助手和学生们亲自动手,手脑并用。他从导师埃默森那里学到的优良作风,深深地影响了他的助手和学生。在武汉大学执教时,同校的冯肇传教授曾向李先闻推荐李竞雄去当他的水稻方面的助教,一听说李竞雄是苏州人氏,他就一口拒绝了,认为来自文弱之乡的青年一定不能吃苦耐劳。经冯肇传教授的一再解释,他才愿意试用。等到数年之后,李先闻重提此事时直感叹说,人不可以貌相。

李先闻为人坦诚直率,有正义感,乐于助人。有时不容易为人们所理解。几十年教学与研究生涯中,由他直接培养并推荐出国深造、获得博士学位的学子就多达 27 人以上,分布在分子生物学、细胞遗传学、群体遗传学等诸多研究领域。

1932 年,李先闻到河南大学农学院任教,他在这里开设了细胞遗传学课程,并从事粟类遗传研究,相继在国内外杂志上发表 10 多篇论文,这使默默无闻的河大农学院蜚声中外。他做过小麦、玉米、粟等农作物的性状遗传和种间杂交试验,也做过番南瓜与南瓜的杂交实验。在小麦育种工作中,他亲自播种,亲自掩土,把育种的田间工作弄得清清楚楚。在研究粟的开花时,他白天每隔 1 小时,晚上每隔 2 小时,就要到田间去察看一次。夜间是用马灯照明数花朵,做记录。他最初应用统计学方法做研究,接着做植物细胞遗传的研究。

1935 年 8 月,李先闻来到武汉大学任教,他和助手们首先发现了玉米不正常花粉发育的突变体,并对其进行了细胞学观察。他们第一次试验成功了小麦与黑麦的远缘杂交,由于准备迁川,他只好把这株杂种苗从地里移到小花盆,随身带着,路经宜昌、江津、重庆到达成都,然后栽到温室里。到开花前,采取幼穗固定,进行细胞学分析,明确了染色体异常行为与花粉、胚珠败育的关系。在武汉大学,尽管担任农学系主任工作繁忙，李先闻仍常常一人下田，穿着短裤，水深没胫，在气温酷热、蚊虫叮咬的环境中，进行水稻遗传育种的田间观察和选择。也就是这样的身体力行，使他在继续粟的种间杂交实验时，从一种珍珠粟中发现了“四倍体”。

抗日战争爆发后，李先闻应邀主持四川省农业改进所稻麦试验场的工作。虽然他几乎全为行政事务和外出巡视所缠身，但只要有时间，就跑到他那仅有六七平方米的简陋实验室，继续专心致力于麦类、粟类等作物细胞遗传学的系统研究。他在秋水仙素引变植物多倍体、粟类远缘种间杂交及其进化、小麦染色体联会消失基因、小麦矮生性状的遗传分析等方面，做出了许多独创性的研究成果，为农作物遗传育种提供了大量的原始材料。

李宗恩

笃志攻克热带病的医学家

李宗恩(1894—1962),字伯纶,江苏武进人,热带病学医学家、医学教育家。李宗恩历任贵阳医学院院长、协和医学院院长、中华医学会副会长、英国医学会及远东热带医学会会员。李宗恩在20世纪30年代从事寄生虫病,尤其是丝虫病、血吸虫病、疟疾和黑热病研究工作,先后在国内外医学杂志上发表18篇论文。他曾在华北、华中地区设立血吸虫病及其他多发性热带病的病情观察站,是中国热带病学研究的创始人。后期投入医学教育事业,培养大批医学界人才,1948年获选第一届中央研究院院士。

李宗恩出生时正值中日甲午战争爆发。慈禧太后为了庆祝60大寿,特开甲午恩科。李宗恩的父亲就是这一科的进士、翰林。李宗恩从小就读于其父所办的新式小学,后来随着父亲的调任,进入上海震旦学校学习法文。他18岁那一年,七叔官费留英,省吃俭用攒了一笔钱,愿意资助一位子侄去英国读书。于是,只读过一点法文而对英文一窍不通的李宗恩剪掉了辫子,踏上了留学之路。刚到英国时,李宗恩语言不通,很不习惯,曾多次写信要回家。而他的父亲要求他一定学有所成才能回国。无奈之下,他只好遵从父命,安下心来读书了。李宗恩读完预备学校后,考进了格拉斯哥医学院,毕业后在伦敦大学卫生与热带病学院担任蠕虫病助理研究员。1922年1月,他获得伦敦热带病学院卫生及热带病学文凭。对英国的医学生来说,考一个热带病学的文凭是为了多一条出路,因为英国在热带和亚热带地区有着大片的殖民地,而李宗恩的目的却是回国参加防治和消灭华南的热带病。

1923年,李宗恩学成归国,任职于北京协和医学院。在那里,李宗恩拥有一个很大的实验室，他将自己的研究重点，放在了当时危害严重的血吸虫病和其他多发性热带病上。李宗恩在河北南苑到江苏清江浦之间的大片区域，设立了许多血吸虫病及其他多发性热带病的病情观察站。每年暑假，他几乎都要去江南考察热带病疫情，开展防治工作。江南水乡的痢疾、丝虫病、黑热病猖獗，李宗恩整天都在又湿又热的地方钻芦苇塘。白天，他穿着厚帆布的衬衣和马裤，带着有纱罩的铜盆帽，在密不透风的苇丛中采集蚊子标本；晚上，他要把自己浸在澡盆里，才能够入睡。即使在路过父母老家稍事休息的一天半宿，他也不忘采集标本。家里的园子和暗巷、几十只接“天落水”的大缸，都成了他捉蚊虫的地方。即使这样，他还时常责备自己“离乡土太远了，吃不了苦，影响了研究工作的深入”。

李宗恩坚信医学应该以造福人群为宗旨。北方时局不稳的时候，不少亲朋劝李宗恩去上海开业。每当遇到这种场面，他常常用一个笑话把话题岔开：“我在给人治病时总是这么办的：如果来了个伤风病人，我会告诉他，如果我开药给你，你按方服用两个星期，一定会好；如果我不开药方，要你多喝白开水，半个月也会好。这样，找我的病人还会多吗？”在开业的厚利和协和为他提供的研究条件中，他选择的是后者。他说：“只有在协和挂上日本旗的时候，我才会离开协和，离开我的实验室。”

这一天还是到来了。1937 年芦沟桥事变爆发，虽然协和医学院可以在美国国旗的荫庇之下继续办下去，但李宗恩决不愿在日军的铁蹄下工作。这一年，他把妻子和 3 个孩子托付给朋友，只身南下。初冬，李宗恩到达武汉，准备筹建武汉医学院。此时，南京已经沦陷，武汉也岌岌可危。为收容来自战区的失学青年，为他们继续完成学业，成为国家急需的医务人员，国民政府教育部紧急决定，让李宗恩去贵阳筹备创建贵阳医学院，原来给武汉医学院的拨款，转给贵阳医学院筹委会，要求开办五个年级、九个班级，课程照旧，按时毕业。从作出决定之日到招收新生，时间只有 5 个月。李宗恩毫不犹豫地接受了这一任务，决心为抗战事业，为发展西部医药卫生事业，贡献自己的力量。

李宗恩聘请了协和医学院 1926 至 1934 年间的各级毕业生担任了医科、药科以及某些前期或后期临床的课程，并请到了自北方南撤的几位名教授担任前期的基础课。3 月 1 日，各科系、各部门的教职工就大致到齐了。阳明路上的一处会馆和一座名为“三圣宫”的破庙，成了贵阳医学院的临时教学基地。所有教学设备，包括课桌椅、因陋就简的实验仪器、图书等等的定制、调拨和采购工作，以及招生工作，在李宗恩的统筹安排下繁忙而有序地展开。1938 年 6 月 1 日，贵阳医学院如期开学了。

新中国成立后，李宗恩历任协和医学院院长、中华医学会副会长、英国医学会及远东热带医学会会员。1949 年 9 月受全国科协推举，担任全国政协委员并兼任欧美同学会理事长，1955 年至 1956 年任欧美同学会主任委员。

吴宪

中国近代营养学奠基人

吴宪(1893—1959),福建福州人,生物化学家、营养学家、医学教育家。他在临床化学、蛋白质化学、免疫化学以及营养学等领域都有许多创见和论述,提出了符合中国实际情况的改变国民营养的膳食方案,培养了中国第一代的生物化学家和营养学家。他的血液系统分析法至今仍在临床诊断方面起着重要作用。

1906年,吴宪考入全闽高等学堂预科班接受新学教育,4年的学业结束后,于1911年春考入留美预备班。经过一学期的赴美培训,吴宪进入麻省理工学院学习。吴宪在美国最初学习的是海军造船工程专业,当时他立志造船,以帮助中国重建海军。然而,在学习过程中,他的兴趣和志向却发生了改变,开始关注起生物化学。1913年9月,吴宪将专业转为化学,辅修了生物学,并于1916年6月获得学士学位。之后,吴宪继续在麻省理工学院进修有机化学,并兼任实验助教。翌年秋,他被哈佛大学研究生院录取,专攻血液化学。不到两年时间,吴宪便完成了博士论文《一种血液分析系统》。文章发表后,立即引起了生化与临床化学界的重视,被认为“引发了一场血液化学方面的革命”。1919年,吴宪获得博士学位后,又从事了为期一年的博士后研究,进一步完成了一系列血液化学分析的研究。他独自完成了血糖定量分析的改进方法,该方法用血量少,操作简便,数据准确,大大优于当时常规的测定法。当他把写好的论文请导师过目时,导师兴奋地说:你这个研究应当得到第二个博士学位。如果没有吴宪改进的血糖测定法,后来的胰岛素发现便会大受阻碍。

1920年春,吴宪回国,任职于北京协和医学院,之后历任中央卫生实验院北平分院院长兼营养研究所所长、美国哥伦比亚大学客座教授及研究员、亚拉巴马大学客座教授。他的研究领域主要包括有临床生物化学、气体与电解质的平衡、蛋白质化学、免疫化学、营养学以及氨基酸代谢等方面。吴宪对国际生物化学和中国科学事业贡献卓著。

在近代中国,救亡图存一直是社会的主旋律。然而,在救亡图存的大合唱中,仍能听到一种微弱的声音,那就是“强身救国”。在一些人士的眼里,中国之所以贫弱,很重要的原因就是东方人的体质不如西方人,因此,要救国首先要从增强国人的体质入手。吴宪虽然不是“强身救国”论者,但是,他从 1927 年起,就开始关注起中国人的营养问题。他对中国食物进行了大量而系统的分析研究,并对素膳和荤膳大鼠进行了一系列实验,通过数十代大白鼠遗传、饲养实验,比较了纯素膳与荤杂膳的营养价值及其对动物的生长、生殖、基础代谢、自发性活动以及寿命的影响。他还对中国人和西方人在吸收人体所需营养素上的差距进行了比较,发现国人从食物中所获得的热量、蛋白质、维生素和微量元素均不如西方人。吴宪终于得出结论:与西方相比,中国一般民众体质弱、身材矮的主要原因不是种族和遗传的差异,而是由于长期的膳食质量差而造成的。只要加强营养,完全可以得到改善。这就从理论上澄清了西方人对中国人体质的种种偏见。针对中国营养现状,吴宪编著出版了中国现代最早的营养学专著《营养概论》,并在对中国食物系统分析的基础上编著了全国第一部《食物成份表》。吴宪主张国人应该改善自己的膳食结构,增加动物性营养的摄入,特别是多喝以往国人不爱喝的牛奶,儿童、产妇尤应如此。他的研究,为中国营养学事业的开拓和奠基作出了重要贡献。

早在 1924 年,吴宪就用各种方法使天然蛋白质变性和凝固,从而得出一项理论的学说:天然蛋白质的结构是由分子中键将肽键联系而形成的,所以容易被物理和化学的力所破坏,会从有规则的排列形式变成不规则及散漫的形式,蛋白质分子由折叠而变为舒展。这个学说对于研究蛋白质大分子的高级结构有重要的价值。在 1929 年第 13 届国际生理学大会上,吴宪首次提出了蛋白质变性理论,认为蛋白质变性的发生与其结构上的变化有关。以后,在进一步深入研究的基础上,他于 1931 年在《中国生理学杂志》上正式提出了“变性说”，用种种事实表明，天然可溶性蛋白质(即球蛋白)的长肽键一定是由氨基酸的各种极性基团被分子内的某种次级键按一定方式连接而形成有规律的折叠，使蛋白质分子具有一种紧密的构型。蛋白质的这种次级键一旦被物理、化学的力破坏，构型就被打开，肽键则由有规律的折叠而变为无序、松散的形式，即发生了变性。蛋白质变性学说赢得了国内外学者的验证和好评。

美国学者里尔顿·安德森将吴宪誉为“中国化学的巨人”，并评价道：“毫无疑问，吴宪是 20 世纪前半叶中国最伟大的化学家，或者说是最伟大的科学家。当他在 1919 年发表他的第一项研究时，在中国还没有任何一类的化学研究。”到 1949 年，“化学研究已发展到全国时，对这一事业，没有人比吴宪贡献得更多”。

吴大猷

物理学泰斗

吴大猷(1907—2000),广东高要人,著名物理学家,北京大学、西南联大教授,密西根大学客座教授,中央研究院院士、院长。1939 年获中央研究院丁文江奖金,1943 年获教育部一等科学奖金。毕生献身科教事业,在世界物理学界享有盛誉。

1907 年,吴大猷出生于广东省番禺县的一个书香门第。他刚上学时,中国教育制度正处于混乱状况。所幸吴大猷伯父是广东旅津中学校长。这样,吴大猷和堂兄弟一起前往天津,就读于南开中学。1922 年,吴大猷先入南开大学矿科学习,后因矿科停办,又转入南开大学物理系,成为物理名师饶毓泰的得意门生。四年级时,学校便聘吴大猷给一年级学生上实验课。他认识了刚入学的女生阮冠世。毕业前夕,学校希望吴大猷留校任教。阮冠世却鼓励他报考清华公费留美。吴大猷先没考上,后经饶毓泰、叶企孙两位教授推荐,获得了中华教育文化基金会的奖学金。1931 年,吴大猷与阮冠世同行,到美国密歇根大学留学。当时,亲朋好友劝吴大猷三思而后行,师长们也担心他的学业会受到影响,吴大猷却执着地表示:“生活没有她就不会幸福!”

密歇根大学当时是美国研究量子力学的中心。在这里,吴大猷又认识了一位恩师——物理系主任雷道耳。吴大猷参与了他所从事的红外线光谱实验,随后又从事原子和原子核物理学方面的研究。1933 年,吴大猷获博士学位。吴大猷、阮冠世二人共用一份奖学金。阮冠世样样都好,惟独身体欠佳,经常生病,医药费是一笔很大的开支。当时的美国,经济大萧条,工作十分难找。正好有个单位要突击完成一项工程研究,吴大猷便利用夜晚时间做实验,挣钱增加收入。到了假期,同学们去避暑、旅游，吴大猷仍得打工。吴大猷获博士学位后，北京大学发来聘书。此时，阮冠世因病仍住在纽约郊区的疗养院。吴大猷只好一人赶回北大工作，直到第二年二人才在北平团聚。

当时的北京大学物理系，聚集了该领域的一批精英，系主任饶毓泰更是吴大猷多年的恩师。吴大猷在北大的工作十分顺利。他通过在美国结识的教授替北大购买了当时中国最先进的实验器材，与同事们一起从事原子光谱及相关领域的研究，仅3年时间，他就在国际学术期刊上发表了18篇论文，吸引了许多国际学者来到北京做访问、演讲。

吴大猷的学术生涯大致分为3个时期：北京大学时期(1934—1946)、北美时期(1946—1978)和台湾时期(1978年起)。他的研究领域涉及原子和分子理论、相对论、经典力学和统计力学的各个方面。尤其在原子和分子理论、散射理论和统计力学方面具有独创性。

20世纪30年代，吴大猷研究了多种原子分子光谱，研究了苯及其衍生物的喇曼光谱，发现并证明了苯的同位素移动，并对此作了正确的解释。三四十年代，在我国最早进行了原子多重激发态的研究，较早计算了氦原子双激发能态；计算慢中子与原子碰撞的散射截面；提出原子碰撞的理论模型和计算方法；研究了氯化乙烯的同分异构体的红外光谱及分子对称问题；讨论了由分子或电子激发的分子振动、分子振动与转动的交互作用、分子简正振动等问题。

吴大猷在原子和分子的一般理论方面做出了重大贡献。他的两项研究为后来的工作开辟了道路，一项是关于重原子f态的计算，另一项是闭壳层电子激发态的计算。1933年他在《物理评论》上发表了两篇文章。第一篇题为《重元素的低态》，报告了他关于铀原子和铀离子低态能级的计算结果。他认为，铀离子能级的相对位置应该很类似于钋、钍和锕的相应的离子能级。这就等于给出了锕、钍、钋和铀4个重要元素最低态的电子组态的信息。他肯定，93号以后的元素必定以5f电子为最低态。于是他预言，中性的93号原子的正常态至少包含一个5f电子，因而有可能存在一个类似于周期表中稀土族的元素系，从铀开始的化学性质类似的14个元素。这就是说，吴大猷通过 f 态的计算，预言了铀后元素的存在。他的这一工作为铀后元素的发现和麦耶尔对同类问题的计算开了先河。从 1940 年开始，铀后元素分别以各种方式被发现。他的第二篇论文题为《两个最低点的特征值问题和重原子 f 态的量子亏损》，讨论了前人没有讨论的具有两个不对称的最小值位势的量子力学问题。他用近似法求解了波动方程的本征值，并将结果用于某些原子能态的计算，特别是用以说明量子亏损。学术界高度评价了吴大猷的这一工作。

吴大猷一生共发表了 120 多篇重要论文和 5 本专著，他的两位学生李政道、杨振宁在获得诺贝尔物理奖时，曾不约而同地向吴大猷老师报喜并致谢。

吴有训

中国近代物理学奠基人

吴有训(1897—1977),字正之,江西高安人,物理学家、教育家,中国近代物理学奠基人之一。20 世纪 20 年代,他以精湛的实验证明了“康普顿效应”的广泛适用性。他历任清华大学理学院院长、中央大学校长、中国科学院副院长等职。

1897 年 4 月 26 日,吴有训出生在江西高安荷岭乡的一个小村庄。幼时的他虽然读的是私塾,但塾师是一位比较新派的人物,不但精于文史,而且也兼通数理,授课之余,还会讲些诸如“物竞天择,适者生存”的话题。吴有训听得似懂非懂,却兴趣盎然。1916 年 7 月,吴有训考入南京高等师范学校。

在南高师,吴有训有幸遇到从美国哈佛大学获博士学位回国任教的胡刚复,胡先生是中国最早从事 X 射线研究的学者,具有较高的学术水准。吴有训在他引导下得以接触到 X 射线的有关基础知识,由此培养起对 X 射线研究的浓厚兴趣。从南高师毕业后,吴有训曾在中学教了一段时间书。1921 年,他参加江西省赴美国官费留学生考试,并以优异成绩考取美国官费留学。当年秋天,吴有训赴美国芝加哥大学物理系学习,迈出了科学报国理想的第一步。

芝加哥大学是美国历史悠久的著名学府之一,也是当时美国物理学研究与教学的一个中心。吴有训进入芝加哥大学的第二年,年轻的物理学家 A. H. 康普顿来到芝加哥大学任教。这时,康普顿刚刚发现以他的名字命名的“康普顿效应”,吴有训便参与到了“康普顿效应”的研究中来。当时,由于经典物理观念根深蒂固,“康普顿效应”遭到了许多的怀疑和非难。有人认为实验证据不够充分,需要提出新的实验结果,作出新的解释。为了实现对“康普顿效应”的证明,吴有训将所有业余时间都用在研究X射线上，他整天泡在图书馆、实验室里，经常废寝忘食，其间有4个多月没给家里写信。这一下可急坏了家人，父亲一连发了4封加急电报，声称再见不到儿子的书信，将前往芝加哥探望。康普顿得知这一情况后很生气，他将吴有训赶出实验室并下令，在没有证实吴有训给父亲写信的情况下不得再进实验室。吴有训这一下可着急了，他一口气给父亲写了3封信说明原因，这才被允许重返实验室。经过持久而细致的工作，吴有训陆续使用了多达15种不同的样品材料进行了X射线的散射实验，创造出一张被15种元素所散射的X射线光谱图。这张非常重要的光谱图，成为了康普顿证实其理论的主要论据。1925年，吴有训以《康普顿效应》为题完成了自己的博士论文，并获博士学位。这篇轰动世界的论文至今仍保留在芝加哥大学的图书馆里，成为世界物理史上光辉的一页。他的研究成果使"康普顿效应"很快得到了国际学术界的承认，而康普顿则凭借这项成果在1927年获得诺贝尔物理学奖。康普顿曾多次表示，"康普顿效应"应该称为"康普顿一吴有训效应"。

1926年秋，已近而立之年的吴有训，经过5年的一流科学研究工作的磨练，成长为一名出色的实验物理学工作者。在获得博士学位后不久，吴有训准备踏上归途，康普顿极力挽留，而他只是平淡地说道："老师，毕竟我是一个中国人"。

20世纪20年代末，虽然中国的物理学工作者已先后做出了一些具有国际水准的研究工作，但这些都是在国外借助外国的某些工作条件完成的。当时，真正立足于国内的研究工作，仅仅还处于起步阶段，而吴有训关于X射线的气体散射问题的研究是一个重要转折，开创了中国物理学研究之先河。

回国后的吴有训，受到当时中国国内落后实验条件的限制，未能充分发挥他擅长的精密实验的特长。吴有训在科学研究和教学工作中，十分注重实验，当时的清华大学物理系可能已是全国条件最好的地方了，但真的要开展具有国际前沿水准的实验物理学研究，依然存在着许多困难。所以，吴有训总是亲手制作仪器。在清华大学工作期间，学生们常常看见这位知名教授身着粗布工服，时而用锯、斧加工木材，为X光装置制作栏杆，时而用煤气和氧气的火焰拔制石英丝，安装康普顿静电计。1935 年他开出“实验技术”选修课，手把手地教学生掌握烧玻璃的火候和吹玻璃技术的关键所在。他鼓励学生要敢于动手，多做实验，教育学生说“实验物理的学习要从使用螺丝刀开始”。

吴有训不仅是一位杰出的物理学家，而且是一位杰出的教育家和科学研究的组织者。自 1926 年秋学成归国起，吴有训辗转任教于上海大同大学、南京中央大学和北平的清华大学等校，前后长达 20 余年，不但为中国培养了大批优秀人才，而且他的教育实践也为后辈留下了许多可资借鉴的宝贵经验。吴有训在物理教学中有几个显著的特点：第一，注重基本概念，启发学生从一些简单的事实中领悟出深刻的道理；第二，提倡自己动手，重视培养学生的实验技能；第三，鼓励自学，培养学生的自学能力；第四，重视拓宽学生的知识面，鼓励学生适当选修外系课程。他还强调教师不能脱离科学研究前沿，并且身体力行，边教书边做研究，使教学有丰富的新内容。

吴定良

中国近代人类学开创人

吴定良(1893—1969),字均一,曾用名士华,江苏金坛人。人类学家、教育家。中国人类学的主要奠基人,中央研究院院士。

吴定良幼年丧母,继母不准其上学,后经父亲力争,才得以进私塾读书。12 岁时父亲病故,吴定良不得已离家独立生活。他先后在江苏省立第五师范学校、南京高等师范学堂学习。1926 年,江苏省招收“乡村教育”和“教育行政”官费留学生各一名,他考取了“乡村教育”的名额。同年 8 月赴美国纽约哥伦比亚大学,在心理学系攻读统计学。次年,转学到英国伦敦大学文学院,继续攻读统计学,师从英国著名的统计学与人类学家卡尔·皮尔逊教授。学习期间,发表了《相关率显著性查表》等多篇统计学方面的论文。他踏实严谨的学风、刻苦钻研的精神,深得导师和同事们的赞扬。1928 年获统计学博士学位。1930 年,吴定良成为“国际统计学社”第一个中国社员。

20 年代下半期到 30 年代上半期这 10 年间,吴定良在统计学的学习与研究方面发表了很多论文。其中较为突出的是他创造的相关系数计算法和相关率显著性查表,该表是他花了数月的时间,用手摇计算机计算出约 7 万个数据才得出的。该表的问世对当时统计学上相关分析的发展起了一定的推动作用,并为各学术领域的学者在用相关率来分析事物间的相关程度时提供了方便。

1929 年,北京周口店发现了北京猿人第一个头盖骨化石,对比正在皮尔逊教授手下从事“生物测量与优生学实验馆”工作的吴定良十分兴奋,同时也为自己国家的宝藏却要由外国人来主持研究而深感遗憾,由此下决心钻研人类学。他申请到中华教育文化基金董事会的研究补助费，继续留在英国，跟随皮尔逊教授学习人类学，成为中国第一个学习人类学的留学生。当时，“生物测量与优生学实验馆”是国际上研究生物学与人类学的中心。吴定良与导师皮尔逊合作，或与著名人类学家莫兰特合作，或自己单独发表统计学和人类学方面的论文 50 余篇，并获得了人类学博士学位。1934 年由牛津大学人类学教授马斯介绍加入“国际人类学社”。同年夏，吴定良到瑞士楚列须大学留学，从事埃及 9 世纪头骨的研究，并发表了论文《对埃及九世纪七十一个头骨的研究》。在这些论文中，吴定良对头骨的形态学特点、人种学特征、测量方法等作了详尽的阐述，特别是在面骨扁平度的测量方法上有所创新，被各国人类学家所采用，一直沿用至今，并被列为人类学学生的参考书目和有关论文的参考文献。

1935 年夏，吴定良回国，任中央研究院历史语言研究所人类学组主任兼专任研究员。同年，与刚从南京中央大学生物系毕业、留校当助教的史久庄女士结婚。怀着创立与发展中国人类学壮志的吴定良，在设备差、助手少的条件下，克服重重困难，长期深入贵州、云南山区的少数民族地区作体质调查。在中央研究院工作期间，吴定良发表了 10 余篇体质人类学方面的论文，并创刊和主编了《人类学集刊》，对中国体质人类学的发展起了奠基性的作用，是中国体质人类学和人种学研究的开创者。

1945 年抗日战争胜利后，吴定良应浙江大学校长竺可桢的邀请，任该校史地系教授，开设普通人类学及统计学课。在他的努力下，1947 年 9 月浙江大学成立人类学系与人类学研究所，他任系主任兼所长。在 1946 年到 1948 年期间，他还兼任国立暨南大学人类学系的教授。他为中国培养了第一批体质人类学的科研人员与师资力量。

1952 年，全国大专院校院系调整，浙江大学与暨南大学人类学系均并入复旦大学生物系，吴定良任人类学教研室主任，为全系学生开设人体解剖学课。1957 年，生物系设立人类学专业。20 世纪 50 年代是吴定良在人类学研究方面的一个丰收期，研究内容很广，涉及人类进化、现代人体质、测量仪器的改进等诸方面，并开始了对人类工效学这一新领域的探索。他在搞科研、带研究生的同时，承担了体质人类学、古人类学、人体形态学、生物统计学等多门专业课的教学任务。在复旦大学任人类学教研组主任时，他带领组内同事，对南京、丹阳等地少年儿童的身体形态、机能、素质的现状，特点和生长发育的规律性进行了调查研究，并与20年前的资料进行对比分析，从而证明了新中国成立后，由于生活条件的改善，儿童的体质状况普遍得到提高。这一时期，他还对上海市新生儿的色素斑从形态学和组织学方面作了深入研究，并与世界各种族的资料加以对比分析，阐明它在人种学与遗传学上的意义。他与教研组的人员一起，调查与收集汉族、壮族、蒙族、回族、维吾尔族等的血型资料，为阐明我国各民族的起源、迁徙及相互关系积累了数据。1962年，吴定良最终积劳成疾，中风后半身瘫痪，卧床不起。即便躺在病榻上，他还在指导研究生，操心教学科研工作，并坚持整理科研资料，其高尚品质感人至深。

吴学周

中国近代物理化学奠基人

吴学周(1902—1983),谱名同棠,字萼晖,号化予,江西萍乡人,曾任中国化学会物理化学委员会主任委员,中央研究院院士,中国科学院学部委员。

1902 年,吴学周出生于一个塾师家庭。14 岁时考入萍乡县立中学,接受新式教育,对数理化各科兴趣浓厚。1920 年,考入南京高等师范学校化学系,毕业后经张子高教授推荐,留校任化学系助教。1927 年,吴学周参加了江西省教育厅公费留学生考试,并以全省第一名的成绩获得留美资格,同年进入美国加里福尼亚州理工学院,攻读物理化学。这所大学的校长是 1923 年荣获诺贝尔物理奖的密立根教授,很多有造诣的科学家云集该校,开展前沿课题的研究工作。吴学周学习刻苦、善于实验,不到 3 年就提前完成了学业。1931 年,吴学周获得美国加州理工学院博士学位、化学博士学位。

20 世纪 30 年代初期,量子力学蓬勃发展,并推动了相关学科的发展,原子光谱曾经为量子力学的发展奠定了实验基础。吴学周锐敏地感到,分子光谱研究将是未来重要的前沿领域。因此,他在做博士论文的同时,自学了量子力学,并调整研究方向,逐步把目标转到分子光谱领域。他先后在《美国化学会会志》和《物理评论》上发表了《气态卤化氰的吸收光谱、结构和解离能》、《近紫外区氰的吸收光谱》和《从光谱数据计算几种简单多原子气态分子的熵》等一系列研究论文。他找到了 CICN、BRCN 和 ICN 连续吸收光谱的长波极限,从它们的光谱类似推断出 3 种分子具有相似的几何结构,由热化学和光谱数据确定了常态卤化氰由常态卤素原子和常态 CN 基构成,第一激发态则由常态卤素原子和处于激发态 2π 的 CN 基构成。他把光谱数据与分子结构及热力学参数关联起来，开拓了分子光谱的研究和应用领域。利用该校良好的条件，他动手设计实验装置，测定了乙炔、乙烯、乙氰、丙烷、氨、碘甲烷和乙醛等14种气体的远红外光谱，其论文《气态的远红外光谱》后来发表在《物理评论》上。

1933年夏，吴学周应中央研究院化学研究所的邀请，回国担任化学所专职研究员。他肩负起把走在世界科学前沿的分子光谱研究继续下去，以带动理论化学研究的重任。尽管困难重重，他还是与柳大纲、朱振钧等一起完成了《丁二炔的紫外吸收带》、《氰酸和某些异氰酸酯的吸收光谱和解离能》、《乙氰分子的基频》和《乙氰分子在近紫外区的新吸收带系》等10多项研究工作，论文先后在美国著名的《物理评论》、《化学物理杂志》和德国的《物理化学杂志》上发表。双氰是对称的简单四原子线型分子，其对称性质与几何形状和当时研究得相当成熟的同核双原分子非常相似。吴学周认为，以这种分子作为模型化合物，考察原子数目增加给光谱带来的变化规律以及怎样由这些变化了的复杂光谱中提取有用的分子信息，对于复杂分子的光谱研究具有理论与实践上的指导意义。他几经寒暑，实验上精益求精，紫外吸收池从50厘米最后增长到3 000厘米。摄谱装置的分辨率也一再提高。在整个203～302 nm的光谱区内，鉴认了900多条吸收带，实验之精细令行家无不惊叹。吴学周等根据红外与拉曼光谱的数据，第一个确定了双氰分子的基频振动频率，他从电子光谱发现，C—N键伸缩振动频率在电子激发态时变小，而C—C键伸缩振动频率在激发态时增大，从而推出电子激发态中的双氰具有型结构。他率先阐明了电子吸收光谱在研究分子激发态时的意义，尤其是对激发态分子结构的推断，为后来利用共振拉曼光谱研究激发态位能面提供了思想基础。关于双氰分子的振动基频归属，在这个时期是有争论的。为此，他与柳大纲、朱振钧在1935年的《中国化学会志》上发表有关XCN和XCCX线型分子的力常数计算公式时，修正了一个基频。对奥耶肯和贝尔夫拉姆由比热给出的力常数值与归属，吴学周曾在德国《物理化学杂志》上载文评述，由变形振动及其相互作用力常数的计算，指出他们的归属是错误的。

七·七事变后，中央研究院化学所决定迁往云南昆明。1938 年夏，吴学周随所搬迁，辗转万里，千辛万苦地保存好图书和仪器。鉴于在迁所过程中表现出的组织管理才能和献身科学的精神，中央研究院蔡元培院长委任他为代理所长，主持筹建科学实验馆。在短短的 6 个月内，建成了临时实验馆。一年以后，永久性实验馆又告落成。这一时期，吴学周为建馆呕心沥血，勘察设计、四处联系、多方奔走，大部分精力消耗在事务性的工作中，这种精神倍受同行友好赞誉。由于经费、试剂和仪器等原因，气体吸收光谱研究无法进行，吴学周改为从事溶液和液体光谱研究，同时开展反应动力学研究，着重矿产资源的开发利用。抗日战争胜利后，中央研究院化学所迁回上海，吴学周担任该所代所长，兼上海交通大学和上海医学院教授，讲授物理化学，直到上海解放。

吴贻芳

中国第一位女大学校长

吴贻芳(1893—1985),祖籍江苏泰兴,生于湖北武昌。近代中国杰出的女教育家,中国第一位女大学校长。

吴贻芳出生书香世家。姨夫是杭州名士陈叔通,思想开放,知识渊博,对吴贻芳的成长影响很大。1904 年,11 岁的吴贻芳到杭州弘道女子学堂接受启蒙教育,两年后又在姨父支持下先后考入上海启明女子学校、苏州景海女子学校。吴贻芳的学习成绩很好,特别是英语。1912 年,吴贻芳接连失去父母和亲人,幸得姨夫陈叔通收养。1914 年,陈叔通到北京任职,吴贻芳也迁居北京,到女子高等师范学校和附属小学担任英文教员。1916 年,吴贻芳作为插班生进入金陵女子大学学习,因成绩优秀,当选为学校第一届学生自治会会长。五四运动爆发后,吴贻芳作为金女大学生会会长,带领同学走上街头。同年,吴贻芳获得学士学位。

1921 年冬,美国蒙特霍利克女子大学校长到北京女高师参观并讲演,吴贻芳担任翻译。她对吴贻芳流利的口语很满意,推荐她到美国密执安大学研究生院深造。1922 年 5 月,吴贻芳获巴勃尔奖学金,赴美国密执安大学留学,攻读生物学学位。她先后被推举为北美基督教学生会会长、留美中国学生会副会长。1926 年,澳大利亚总理在访美演讲中诬蔑“中国不能算一个国家”。吴贻芳连夜奋笔疾书,严辞驳斥。第二天,《密执安大学报》上就刊登了她写的檄文。

北伐时期,中国提出收回教育权,吴贻芳被推选担任金陵女子大学校长。此时,吴贻芳正在写作博士论文,收到信函后她非常激动。她回函表示,自己与母校有存亡关系,倘若母校需要,她愿意放弃学位回去效力,但校长一席不敢接受。金女大立即给吴贻芳发出聘书，并告诉她不必急着回国，可先往纽约接洽事宜，参观考察美国女子大学，作为以后办学之参考，待完成博士学位后再履任。1928 年，吴贻芳完成了博士学业，得到了密执安大学校长颁发的生物学博士学位证书，同时完成了对美国女子大学的考察，随即回国履任。

从主持金陵女子大学开始，吴贻芳一贯坚持她的办学宗旨——培养为社会献身、为社会服务的人才。她将“厚生”定为金陵女子大学的校训。“厚生”的具体含义是：人生的目的，不是为了自己活着，而是要用自己的智慧和能力来帮助他人和社会。这样不但有利于别人，自己的生命也因之更为丰富。金陵女子大学规定每个学生在学期间都要从事一定的社会服务工作。在南京，学校组织学生成立了农村服务部，每逢农忙，他们就培训当地乡村十几岁的女孩子办幼儿园，还开办妇女部，教妇女们识字，学习卫生常识等。经过这样的教育培训，一批又一批的金陵女大学生带着吴校长的“厚生”精神走向社会，在各自的工作岗位上无私地献身于国家的建设事业。这种精神被誉为“金陵精神”。

吴贻芳根据她几十年的从教经验，总结并提出两种主要教学方法——直观教学和实际应用相结合的教学方法，循序渐进和快速教学相结合的教学方法。第一种教学方法的优点在于不仅让学生学懂，还使学生学会运用，有效改变书本理论知识和实际操作能力两者之间脱节和分离的状况。第二种教学方法既符合普遍性的学习规律，又能适应少数学生在学习上的需求，真正实现了因材施教。

吴贻芳还是一位杰出的爱国者。1943 年 3 月，吴贻芳组织“中国六教授团”，赴美宣传抗日，争取美国朝野对中国抗日战争的支持，使美国各阶层人士看到中国人民抗击外国侵略者的坚定决心。美国总统罗斯福称颂吴贻芳是“智慧女神”。1945 年 4 月在美国旧金山召开了联合国制宪大会，吴贻芳作为中国无党派代表与国民党代表宋子文、中共代表董必武等出席了大会。在大会隆重的开幕式上，吴贻芳作为中国代表发言。她从中国遭受日本帝国主义侵略讲起，讲到了维护世界和平的重要性。代表们被她的精彩演讲所吸引，情不自禁地鼓起掌来。此事在美国引起广泛注意，吴贻芳被邀请至各妇女团体大会发表演讲。会议期间，旧金山米尔斯学院在其第八十八届毕业典礼上，授予吴贻芳哲学博士学位。吴贻芳等代表中国在大会制定的联合国宪章上签字。她是世界上在联合国宪章上签字的唯一女性。

抗战胜利后，她出席联合国制宪会议归来，司徒雷登推荐她任国民政府教育部长。蒋介石派宋美龄去劝她出来任职，她干脆地回答："我不会做。"1949 年初，张治中又推荐她做教育部长，正在组阁的何应钦亲自找上门来，她同样谢绝了。新中国成立以后，吴贻芳担任了江苏省教育厅长、副省长、政协副主席等职。

吴敬恒

享誉世界的文化名人

吴敬恒(1865—1953),原名吴朓,字稚晖,江苏武进人,中央研究院院士。20世纪60年代,被联合国科教文组织认定为“20世纪世界100个文化名人之一”。

吴敬恒自幼家境贫困,6岁时母亲病故,外祖母将他带到无锡抚养成人。于是,吴敬恒讲的一口无锡话,至老未改,许多人把他当作是无锡人。吴敬恒总是笑着说:“说我武进人可,无锡人可,总之,是中国人也。”

吴敬恒外祖母家境亦艰苦,18岁那年,吴敬恒应聘做塾师,可连一件像样的衣服都没有。外祖母只好把自己的外衣典当了,给他做了一件布袍,这才消除了他的难堪。此后,吴敬恒白天教私塾,晚上常到无锡崇安寺春源茶社,与人喝茶聊天。他的文章长于史论,研究《皇清经解》颇有功力,时而也写诗作赋。1892年,27岁的吴敬恒在“加乡试”时中了举人。次年赴京会试未中,仍回到江阴南菁书院。后因得罪江阴知县而被劝离书院,转读苏州紫阳书院肄业。

1901年,吴敬恒东渡日本,进入东京高等师范学校读书。不久,清政府开始实施“新政”,其中之一就是兴办新学。吴敬恒从东京回到广东办学招生,由于厌恶官场的黑暗,1902年,他带了26名少年再赴日本,自己仍入东京高等师范。吴敬恒请求驻日公使蔡钧保送9名自费学生入成城学校。那是一所日本陆军士官学校的预备学校,一年后即可升入士官学校。但蔡钧拒不答应。吴敬恒等人带着26名学生赴使馆与蔡钧争论,在东京的中国留学生亦广为声援,相持了一星期之久。蔡钧恼羞成怒,竟叫日本警察驱逐吴敬恒等人出境。吴敬恒气愤地写下绝命书,投水自杀,幸被警察所救。正在日本的蔡元培闻讯后赶到船上护送他回国。吴敬恒由此事件，看清了清政府的腐败，革命思想由此引发。

回国后，吴敬恒与蔡元培等人在上海发起成立爱国学社，吴敬恒任学监兼国文教员。1903 年夏，吴敬恒因在《苏报》上发表文章宣扬革命，遭清政府通缉，被迫流亡英国。他在英国积极为当地中国留学生排忧解难，在留学生中声望很高。1905 年春，在欧洲从事革命活动的孙中山拜访了吴敬恒。同年夏，孙中山在日本成立了中国同盟会，以实现民族、民权、民生三大主义为奋斗目标。消息传来，吴敬恒抱着“我不入地狱，谁入地狱”的决心在伦敦加盟。1907 年，他与张静江、李石曾在巴黎组织世界社，发行《新世纪》。《新世纪》成为革命党的一大喉舌，与在东京出版的《民报》东西相辉映。

辛亥革命爆发后，孙中山从英国返回国内。吴敬恒在伦敦为孙中山处理各种函电，共商建国大事，定青天白日旗为国旗，并于伦敦唐人街首先悬挂。民国肇建，孙中山要他出任教育总长一职，吴敬恒坚决推辞。但他仍然致力教育、科学事业。1913 年，他担任国语读音统一会会长，主持制定了注音字母。1917 年在此基础上取 6 000 余字编定《国音字典》。1919 年起，他主持国语统一筹备会(后改为国语推行会)，以毕生精力推行国音统一工作，奠定了民国时期国语同音的基础。他发起俭学会，设立北京留法预备学校，倡导组织青少年赴法勤工俭学。1919 年，与李石曾等人发起组织留法勤工俭学会，不久又筹建了中法里昂大学并出任校长。吴敬恒致力国音统一和倡导勤工俭学，在中国现代史上具有重大意义，前者有利于提高全国平民的识字能力和文化水平，后者培养了科学技术和政法人才，中国现代史上许多重要人物都受到他的教育和影响。

1913 年春，袁世凯派人在上海火车站刺杀了国民党重要领导人宋教仁。吴敬恒愤然离开北京，回到上海，与蔡元培创办《公论报》，抨击袁世凯的专制统治。后来，袁世凯镇压了讨袁运动，孙中山流亡日本，吴敬恒出走欧洲。袁世凯为了巩固地位，曾授勋位于吴敬恒，但他立即写信回绝，其中有言：“切盼公等宝贵精神，专注于国难勿更以揶揄为消闲，侮辱书生。公民吴敬恒敬上。”这一封信诙谐而讽刺，传颂一时。

1922年,孙中山组织二次护法运动中发生了陈炯明叛变,孙中山乘永丰舰返回上海。吴敬恒得知后,从法国回国,奔走于京沪奥之间,劝陈炯明悔过讨贼,虽未达成目的,但吴敬恒的爱国热忱和凛然正气让人钦佩。

吴稚晖自幼学习大篆,是当代著名的篆体大家。他中举人后曾对朋友说:我这个举人是骗来的,因为我的文章虽然不长,但是全部用大篆写成,科举考官看不懂篆字,只觉得字写得很好,就把我录取了。抗战后期,吴稚晖因生活困难,便在重庆《中央日报》上刊登广告,表明开始“鬻字”。直到抗战胜利后回到上海,卖字的生意还十分兴隆,被人戏称为“书画托拉斯”。

余嘉锡

中国近代目录学大师

余嘉锡(1883—1955),字季豫,号狷庵,湖南常德人。曾任辅仁大学文学院院长,国文系教授,中央研究院院士。

余嘉锡出生于进士之家,幼年起就广泛阅览了大量经史典籍,加上勤于记诵,悟解超拔,青年时就有志于撰述。14 岁作《孔子弟子年表》,15 岁注《吴越春秋》,1901 年中乡试举人,由此得到史学家柯劭忞的赏识,被选为吏部文选司主事。

辛亥革命以后,余嘉锡在常德师范学堂任教。1927 年,经柯劭忞介绍来到北京,授馆于《清史稿》主编赵尔巽家,在教授赵氏子弟的同时,还辅佐审读《清史稿》初稿。1928 年后,余嘉锡到北京大学等学校任讲师,讲授目录学。1931 年,辅仁大学校长、著名史学家陈垣先生聘其为辅仁大学教授、中文系主任。其后在辅仁大学任教达 18 年之久,1942 年起任文学院院长。在辅仁期间,余嘉锡先后开设了目录学、秦汉史、古书校读法、《世说新语》研究、《汉书艺文志》理董、经学通论、骈体文讲读等课程,内容涉及经学、史学、文学和文献学等诸多领域。

余嘉锡生活在中国近现代学术思想发生巨大变革的时代。他虽幼承家学,早习举业,一生治学的主要格局也是继承乾嘉文献考据学的传统,他平生服膺前人以目录学为治学之钥的说法,重视目录学的研究,重视掌握目录以求博通群籍。一生读书涉猎极广,自称“史、子两部,宋以前书未见者少;元明以后,亦颇涉猎”。他读书不以孤本僻书炫世,自号书室名“读已见书斋”,自购书也以明清精刻本为主,不以宋元刻本为奇。然而他对传世典籍阅读之广博,钻研之深契,分析之细微,考辨之切当,都是超迈前人的。他的研究方法,从形式来说,是非常传统的,即从读书校书开始，在读书中发现问题，先将所见批注于书中，积累渐多，再将批注录出，写成读书札记，再经推敲充实，形成论著。

从《余嘉锡论学杂著》所收论文可以看到，他的学术视野和研究方法，与传统旧学已有着很大的不同。如《宋江三十六人考实》、《杨家将故事考信录》等文，将传统经史考据的方法用于通俗小说的研究。《杨家将演义》虽多虚构故事，但并非全无事实依凭。余先生从宋元史籍、地志、笔记、文集中广稽史料，指出孰为史实，孰出虚拟，并进一步推论其在民间广泛流传的文化背景，揭示了因其弘扬民族正气而得广传民间的原因。在抗战后期的沦陷区能有这样的论文，尤足见作者感时愤世的情怀。《宋江三十六人考实》则将《水浒传》前身《宣和遗事》所述宋江等 36 人横行河湖的故事，追迹文献，弄清了《水浒》主要人物的历史原形，并从文本、制度、地理、民俗等多方面，还宋江起义以历史真实。另《寒食散考》，研究魏晋人服食寒石散的独特行为，从魏晋史籍和小说中，指出这一风习的种种表现，又充分利用道教典籍和中日古医籍，揭示所服药物的成分，服食后的发病原因和病状，将息节度的方法及引致百病导致痼疾的结果，结论是服食的危害远胜于鸦片。不难看出，他的研究极富现代学术意识，已非传统意义的考据之学所能牢笼。又因其探讨的深入和结论的精辟，他的许多看法至今仍为学界广泛称道。

余嘉锡一生中最具代表性的著作是《四库提要辨证》，这本书同时也是中国现代学术史上最具影响力的著作之一。《四库全书》是清乾隆时纂修的一部空前庞大丛书。纂修期间，馆臣为每部书撰写提要，然后由总纂官纪昀等汇编而成《四库全书总目提要》。《提要》共 200 卷，一万余篇，囊括乾隆以前历代典籍，不仅目录体制完备，而且每书能详述其原委，条别其内容，论述其篇旨，明了其成书，实与学者莫大之便利。《四库全书总目提要》是《四库全书》的解题目录，阐明学术，考镜源流。1900 年，17 岁的余嘉锡得到这部书，日夜攻读，有所疑问即引书考证，有所发见即写于书端。经过 30 多年，最初有 700 多篇。40 年代曾取史、子两部 200 多篇付印。此后又经多次修改增写，直到 1954 年 10 月，也就是他去世前 3 个月，才最后写定 490 篇，并撰写序言。这本书的撰写先后历时 55 年，倾注了他一生的全部心力。

《目录学发微》也是余嘉锡的主要著作之一，本书以“辨章学术”为核心，建立了自己的目录学体系。对目录书的体制、目录学的源流、历代目录书的类例沿革阐述甚详，举出目录学的体制有4种类型：一为篇目，考一书之源流；二为叙录，考一人之源流；三为小序，考一家之源流；四为版本序跋，考一书之源流。

《古书通例》是余嘉锡的又一部代表作。前人阅读古书，大都着眼于文句和词语的解释，余嘉锡则注重古书的体例问题，以为“一时有一时之文体，一代有一代之通例。参互考校，可以得其情；排比钩稽，可以知其意”。“当知古书著作之体，然后可以读古书。”他对古书所阐发的这个重要论点，已在出土简帛书籍中一再得到证实。

张伯苓

南开大学校长

张伯苓(1876—1951),原名寿春,字伯苓,天津人。曾任南开大学校长、国民参政会副议长、中央监察委员、南京国民政府考试院院长。

张伯苓出生于一个秀才家庭,13 岁时考取了北洋水师学堂,因为国文成绩好,他被取入航海班。他极其用功并且常常考试得第一,在水师学堂 5 年之后,1894 年,张伯苓以全班第一名的成绩毕业。可就在这一年,中国海军在中日甲午海战中大败,再也没有军舰供毕业生继续受训。他回家等候了一年,才被安排到海军练习舰"同济"号上当了 3 年学兵军官。然而,在"同济"舰上亲身经历的一次意外事件,使他最终决心脱离海军而献身教育事业。山东的威海卫——中国海军根据地,在 1895 年被日本占领,这时由日本交还中国,而随后又转让给英国。"同济"舰刚从日本人手里收回军港,第二天就又转交给英国。张伯苓亲眼看见两天之内 3 次换旗的一幕,悲愤之后,他坚定了一个信念:中国要想在世界上生存,唯一的出路,是创办培育一代新国民的新教育。

1898 年,南开创始人之一的严修(严范孙),为了教育自己的及友人的子弟开办家馆——"严馆",聘请张伯苓为教师。1903 年,严修和张伯苓去日本考察教育。日本教育发达,给他们留下深刻的印象。返国后,他们决定把家馆改为正式中学。1904 年"第一私立中学"开学。1907 年改名为"南开中学"。1919 年创办了南开大学,拥有文、理、商 3 个学院。1920 年设矿学院。1931 年增设经济研究所。1932 年设化工研究所。1923 年设南开女子中学。1928 年设南开小学。1932 年南开学校共有 5 个部分:南开中学、南开女子中学、南开小学、南开大学及南开经济研究所。学生总人数达 3 000 人。

张伯苓认为中国有 5 大弱点,即愚、弱、贫、私、散。针对这些弱点,张伯苓采取的对策是: 增强学生体质;教育学生以现代科学知识及方法;训练学生使之有组织及参预群体活动的能力;教育学生有道德修养;训练学生有本领为祖国效力。今天看来,这些或许都很平凡,但张伯苓的最大成功在于他把这些活动融入学生的生活之中。

张伯苓对体育事业的发展相当重视。在 1907 年天津第五届学校运动会颁奖仪式上,他就曾发表演说指出:“此次运动会的成功,使我对吾国选手在不久的将来参加奥林匹克运动充满了希望。”“我国应立即成立一奥林匹克运动会代表队。”他最早参与了“远东奥林匹克运动”(后改称远东运动会)的创建和组织工作。张伯苓是远东体协成员之一,参加过第 2、3、5、8、9 届远东运动会,担任过第 2、3、9 届远东运动会的中国领队和第 3、5 届远东运动会的大会总裁判。远东运动会于 1920 年被国际奥委会承认,这是世界上第一个与国际奥委会发生关系的区域性体育组织。同时,张伯苓还最早发起创建中华全国体育协进会。中华体育协进会努力推进与国际奥委会的联系,积极参加国际体育组织,先后加入了国际足球协会、国际游泳协会、国际草地网球协会、国际技巧协会等,并选派观察员出席在荷兰阿姆斯特丹举行的第九届奥运会。1931 年中华全国体育协进会被国际奥委会正式承认为团体会成员,标志着中国正式成为国际奥委会一员。

南开学校创办后,他将这一精神带到了南开。当时,除了教会学校外,体育办得最好、最出名的就是南开学校。南开学生在华北、全国及远东奥林匹克体育运动会上都获得过奖牌。1932 年,张伯苓还与张学良及体育协进会领导一起,积极推动著名短跑运动员刘长春赴洛杉矶参加第十届奥运会,并亲自为刘长春向国际奥委会报名,刘长春参加了百米比赛项目,从而开启了中国运动员正式参加奥运会比赛的历史。

张伯苓是教育家,也是爱国者。1927 年,他去东北考察,返校后在南开大学成立“东北研究会”并派出 8 名教授去东北作实地考察。九·一八事变后,日本侵略军继续南下北平、天津。在南开大学与南开中学之间的海光寺就驻扎了日本军队，南开师生为此不时和日军发生直接冲突。七·七事变之前，华北地区的抗日救亡游行几乎都是南开组织的。1937 年 7 月底，日本飞机轰炸南开大学，把图书馆及教学楼夷为平地。早在 1935 年张伯苓就预感到日军摧毁南开学校的可能。于是，他到四川去进行考察，决定在重庆沙坪购地建立中学，名为“南渝中学”。1938 年改为重庆南开中学。1937 年北平和天津沦陷后，南开大学和北京大学及清华大学在湖南长沙组成联合大学。长沙校址被日本空军飞机炸毁后，联合大学迁至昆明，定名为“西南联合大学”。抗战时期，张伯苓住在重庆南开中学，并于 1939 年恢复了南开经济研究所，1940 年在重庆开办了南开小学，坚持了南开的教育基地，培养了大批人才。

1946 年 6 月，美国哥伦比亚大学授予其名誉文学博士学位。1949 年，他参加了新中国的建国工作。

张景钺

张景钺

中国植物形态学奠基人

张景钺(1895—1975),字岘侪,祖籍江苏武进。曾任东南大学生物学系教授兼主任,北京大学植物学教授兼生物学系主任、理学院院长,中央研究院院士,中国科学院学部委员。

1895年10月29日,张景钺出生在湖北省光化县一个知识分子家庭,年幼丧父,家道中落,从小养成了刻苦好学的作风。1916年,张景钺从安徽省芜湖圣雅各中学毕业,同年考入北京清华学堂。1920年公费赴美留学,初入得克萨斯农工学院学习,1922年转入芝加哥大学植物学系,选择植物形态学作为终身的研究方向。1923—1925年,他在芝加哥大学研究生院学习,师从著名形态学家C. J. Chamberlain,1925年以优异成绩获该校科学博士学位,并荣获美国Sigma Xi科学荣誉学会会员称号。1925年加入美国植物学会,成为终身会员。

张景钺在芝加哥大学的论文选题是蕨类植物生长点顶端细胞的分化和组织发生。他选择了一个好的实验材料,因为所有蕨类植物的组织都来自一个单独的顶端细胞。他率先从顶端分生组织细胞的分裂分化追踪成熟组织的形成。他揭示了蕨类顶端细胞形状和排列方向决定地下茎的各种组织分化的过程和来源,包括韧皮部、木质部及不定根的起源,并指出了过去对蕨类植物的内皮层和不定根的起源的认识是不全面的。1926年回国后,张景钺将博士论文的部分内容以《蕨根状茎组织的起源与发育》为题发表。这是最早研究植物顶端细胞和组织分化的论文之一,代表了当时植物解剖学发展的新趋向。它使人们认识到高等植物生长锥是植物各种组织的原始区域,后来发展为一个专门的研究课题。同时,张景钺的从分生组织追踪成熟组织的设计思路，成为研究植物解剖学的基本方法，一直影响到植物解剖学近半个世纪的工作。

张景钺回国后，应聘于南京东南大学，任生物学系教授，次年兼任生物学系主任。他在校6年，开设植物形态学、植物解剖学等多门课程，在中国最早传播植物形态学知识，著名植物学者严楚江、陈华癸、吴素萱等都是他的第一批学生。

1930—1932年，张景钺获中国教育及文化促进基金会的资助赴欧洲考察研究。1930年8月至1931年7月他在英国利兹大学普里斯特利教授的实验室从事被子植物韧皮部分化的研究。1931年10月至1932年6月又至瑞士巴塞尔植物研究所薛卜教授的实验室进行实验形态发生的研究工作。他在欧洲的两年深入了解到欧洲教育制度和研究概况，而他所在的两个实验室都是植物形态学前沿研究的中心。他的欧洲之行，对他回国后的教学和研究工作都有深刻的影响。

1932年9月，他回国后受北大校长胡适聘请，任北京大学植物学教授兼生物学系主任，后曾担任过理学院院长，教育部部聘教授。他深知办好高等教育，要有一批高水平的师资力量。那时，即便像北京大学那样的著名大学，也没有教会学校那样优越的经济条件，他更着重于挑选优秀学生留作助教和推荐出国深造。张景钺重视实验课，他有计划地逐步建立各门基础课和专业课的实验室、标本室，经常组织学生野外采集。即使在北平城内沙滩这样的闹市，也争取开辟了一个小小的植物园，建起一个温室。1934年，张景钺著文介绍植物徒手切片法，对当时植物学的教学和科研起了推动作用。在教学上，除了高级课程采用英文的影印教本外，他主张要用中文的基础课教材，使生物学在国内生根。

1937年7月卢沟桥事变时，张景钺夫妇正在山东威海度夏。他们得知北大内迁的消息后，便辗转从上海赶赴长沙的临时大学，不久又随校西迁至昆明，成立西南联合大学。张景钺在联大生物学系任教，夫人崔之兰在云南大学生物学系任教。在抗战期间艰难的条件下，张景钺等老一辈植物学家抱着艰苦奋斗的精神，把西南联大生物学系的教学和科学研究工作开展得有声有色。1940年秋，西南联大生物系为学生开设了共同必修课《普通植物学》。这是一门全年课程，讲授量较重。课程的讲授和讲义的编写由李继侗、张景钺、吴韫珍3位教授分工负责，编写出的讲义由听课学生分头用钢板刻写、油印成为第一本教材。

抗日战争胜利后，张景钺于1945年被邀请至美国加州大学进行学术交流一年。1946年冬回国时，北大生物学系已从昆明迁回北平，分设动物学系和植物学系，张景钺继续担任植物学系主任。

张景钺一生辛勤教学近40年，他诲人不倦、谆谆善诱的教育家风度，赢得了学校师生的广泛敬仰。他既重视基础理论，也重视生产实践。尽量采用中国学者自己编写的符合本国实际的教材，并经常亲自带领师生进行野外实习和生产实习，注意理论和实际相结合。在他担任北京大学生物系主任的30多年时间里，不辞辛劳，倾注精力于生物系的建设。在他的诚心招揽和聘请下，不少著名的生物学家先后到北大生物系执教，在国内外享有盛誉。

张孝骞

中国消化病学奠基人

张孝骞(1897—1987),字慎斋,湖南长沙人。曾任长沙湘雅医学院院长,中央研究院院士,中国科学院生物学部委员。

1911—1914 年,少年张孝骞先后在长沙明德中学、益阳信义中学、长沙长郡中学读书。在校期间,他特别重视数理化和外语的学习,希望以后能考上工业学校,实现工业救国的理想。由于受辛亥革命民主思想和家庭教育的影响,他从小养成待人诚恳、实事求是、严以律己、勤俭节约的作风。毕业时成绩名列第一。长郡中学校长是长沙湘雅医学院的校董,他爱才惜才,劝说并推荐张孝骞报考湘雅医学院。在他的说服动员下,张孝骞认识到,中国不仅“穷”,需要发展工业改变贫困面貌,而且“病”得同样危害至深。他决心学医行医,为天下人治病。1914 年 12 月,张孝骞以第一名的成绩被录取进入湘雅医学院第一班学习。1921 年毕业时,取得学业成绩和毕业论文两个第一名,获得金牌及美国康涅狄格州政府授予的医学博士学位。毕业后,张孝骞留校工作并选择了范围最广的内科专业。1924 年 1 月,到北京协和医学院深造。一年以后,他正式留协和医学院工作,任住院医师、总住院医师。

1926 年 9 月,张孝骞被选送到美国约翰斯·霍普金斯大学,跟随导师哈罗普襄教授做血容量测定的研究。1927 年,他的学术论文《测定循环血容量的一氧化碳方法》和《糖尿病酸中毒时的血容量》在美国临床研究学会年会上宣读以后,受到医学界的重视。1928 年,这两篇论文在美国的《临床研究》杂志上发表,并被作为教科书教材采用。20 年代末,张孝骞还首次证明了血浆蛋白低时,血容量也下降,即低蛋白血症不是血液稀释、血容量增加,反而是由于血液胶体渗透压降低,血容量减少,纠正了过去错误的认识。这是他在研究糖尿病酸中毒患者的血容量降低、以及甲状腺功能亢进、肾病营养不良性水肿等病人的血容量变化以后作出的新发现。

1930 年,张孝骞创建了中国第一个消化专业组——协和医学院组建消化专业组。他一方面从事临床工作,另一方面对胃的分泌功能进行多方面的研究,发表了一系列重要论文。他第一个在临床上使用组胺法化验胃液分泌,并提出发热对胃分泌功能有抑制作用的新论点,从病理生理上阐述了发热病人不愿进食的机制之一。这些论文,有的至今仍被国际上引用。

1933 年 12 月,张孝骞再次赴美国,与斯坦福大学著名消化系专家布仑菲尔德教授共同进行胃分泌研究,并再次考察了美国的医学界。1934 年 7 月回协和后,担任内科消化专业组的领导,一方面从事繁重的门诊和教学工作,另一方面仍然进行胃肠疾病的研究工作,这为进一步搞好临床医学和医学教育工作打下了良好的基础。

抗战爆发后,他毅然放弃在协和医学院优厚舒适的条件,停止了进行多年的、卓有成效的科研工作,全家轻装南下。回到长沙不久,他接任了湘雅医学院院长职务。1938 年夏,战火逼近长沙,张孝赛为了保存这所已具规模、历史悠久的医学院,不顾美国雅礼会的反对,力排众议,率领全院师生,携带必要的仪器设备、图书,长途跋涉,迁到贵阳继续办学。在极端困难的条件下,他以身作则,带头减薪一半,同大家同甘共苦,在山沟里支撑着这所流亡大学。

1941 年,张孝骞拒绝了教育部长陈立夫要他担任滇缅铁路卫生处副处长的任命,说:“现在湘雅就是我的命根子,现在把我调走,等于葬送湘雅医学院。”1944 年日本侵略军深入黔桂线,湘雅医学院被迫迁到重庆。抗战结束后,1946 年 8 月,湘雅医学院回迁湖南的工作刚刚就绪,张孝骞应美国国务院的邀请,再次去美国考察医学教育和讲学,并为湘雅医学院聘请教师和收集学校所缺失的医学书刊。1948 年 4 月,他辞去院长职务并于当年 9 月绕道上海、天津,回到了北京协和医学院,任内科学教授和内科主任,积极投入复校与开诊工作。他从美国请回张学德等内科专家,并把内科分成消化、心肾、传染、血液、呼吸等专业组,促成了内科学分支学科的专业化,并开始了全面的科研工作。

1985 年 12 月 18 日,88 岁的张孝骞光荣地加入了中国共产党。1987 年 8 月 8 日,张孝骞病逝于北京协和医院,终年 90 岁。张孝骞行医 60 多年,在国内外杂志上发表大量有关消化、代谢、血液等方面的医学论文,影响较大的有 50 多篇。北京协和医院赠予的挽联,可谓概括了张孝骞的一生:

协和泰斗,湘雅轩辕,鞠躬尽瘁,作丝为茧,待患似母,兢兢解疑难。戒慎恐惧座右铭,严谨诚爱为奉献,公德堪无量,丰碑柱人间。

战乱西迁,浩劫逢难,含辛茹苦,吐哺犹鹃,视学如子,谆谆无厌倦。惨淡实践出真知,血汗经验胜宏篇。桃李满天下,千秋有风范。

陈达

中国近代人口学开拓者

陈达(1892—1975),又名邦达,字通夫,浙江余杭人,中央研究院院士、清华大学社会人类学系教授兼系主任、西南联合大学社会学系主任、清华大学国情普查研究所所长、世界人口学会副会长。

陈达13岁进入余杭县高等小学堂学习。无论寒暑,每天起早摸黑,步行十五六里上学校,因其勤勉,又聪明好学,得到小学堂校长姚仲寅的赏识。在姚仲寅的资助下,1910年陈达进入杭州府中学堂学习。1911年,他又考入清华留美预备班,1912—1916年,进入清华学堂学习。他在清华学习刻苦,并经常在课余帮助教务处抄写、翻译,挣钱以弥补日常生活。1916年,公费保送赴美国留学深造。1918年,他获得了美国俄勒冈州波特兰市立德学院学士学位后,转入纽约哥伦比亚大学。次年获硕士学位,再继续入哥伦比亚大学研究院,他与国际知名社会学家佛莱克、劳雷麦、斯尔图特、莱斯华伦、汤普森等多有交往。1923年,他获得了哥伦比亚大学哲学博士学位,他的博士论文《中国移民的劳动状况》被当时美国众议院第88次会议选为档案出版。

1923年秋,陈达回国后即长期执教于清华学校。1928年清华学校改为清华大学,他负责创办了清华大学社会学系并任系主任兼教授。他还负责主编了《清华学报》。他治学坚持实事求是,注重社会调查。在1923—1952年的29年中,他先后主持和参加社会调查24次。在国内调查了北京城乡市镇状况,上海工人生活状况,华南闽、粤华侨状况,其中尤以昆明呈贡及附近地区人口普查规模最大,参加者1 300余人,调查范围为3县1市约60万人口。在国外考察了日本、朝鲜的劳工状况，南洋和夏威夷的社会生活状况，印度加尔各答地区的农民状况，德国、瑞士、意大利的工人生活状况，前苏联市镇工人和集市农民状况。在调查研究中他坚持让事实说话，常告诫同事、学生“有一分材料，便说一分话；有两分材料，便说两分话；有十分材料可以只说九分话，但不可以说十一分话”。

陈达还从自己的专业出发，提出了实行节制生育，控制人口数量，提高人口品质的救国主张。早在1922年，他就开始宣传生育节制，并在北京组织妇婴保健会，成立了节育指导所，具体帮助多子女的父母实行生育节制，同时，他还创办了《人口福利》刊物，宣传节育知识。1931年，他还到平西、怀来一带，通过对宋家营、杨庄两个村的调查，提出每对夫妇只生一对子女，实行“对等更替”控制人口的主张，实行节制生育。抗日战争时期，陈达随清华南迁昆明，兼任西南联合大学社会学系主任和清华大学国情普查研究所所长。抗战胜利后，他先后担任了世界人口学会副会长、国际统计学会会员、太平洋学会会员兼东南亚部负责人等职。他毕生从事“人口”、“劳工”的教育与研究工作，在国内外出版专著10余部，发表学术论文30多篇，共300多万字。解放前编写的有《中国移民的劳动状况》、《现代中国人口》、《中国最近八年间罢工调查》、《中国劳工问题》、《南洋华侨与闽粤社会》、《浪迹十年》等。解放后编写的有《解放区的工人生活状况》、《抗日战争时期和解放战争时期工人运动史》等。

陈达一生关于人口问题研究的主要见解，一是要控制人口的数量，二是要提高人口的质量。他所以坚持中国人口必须控制数量的增长，是“因人口有大量的增加或增加率太速时，对于人民的谋生，当然要发生恶劣影响”，如不改变这一旧习，就无从提高人民的生活水平。他所以强调提高人口质量，是因为每个人的质量和品质不可能完全一样。人口品质越高，其中聪明能干的人所占比重越大，越有益于提高整个社会的经济文化水平。为此，他主张加强遗传学、优生学的研究，从先天遗传方面采取更为根本的措施；要在推行生育节制过程中，适当实行区别生育率，例如劝说有遗传疾病的成年男女自动绝育；主张大力兴办教育，提高人民文化水平等等。这些见解，构成了陈达从人口问题方面提出的救国论。

陈达的人口救国论，从科学角度看，当然有其价值，但是从政治角度看，如同当年流行的教育救国论和实业救国论等一样，在旧中国是根本行不通的。事实上也的确如此，陈达当时在人口问题研究方面提出的诸多科学建议，政府根本不予理睬，这使他清醒地认识到了人口救国论的局限。作为学者，陈达并没有因为国事日非而中断科学研究。1944 年，陈达应美国普林斯敦大学的邀请，出席该校建校 200 周年纪念的学术讨论会。他用英文起草了《现代中国人口》，并在讨论会上宣读了这本著作。1946 年 7 月号的《美国社会学杂志》以该期全部篇幅全文发表该文，此后又被印成专书，畅销欧美，受到了国际人口学界的推崇。

陈桢

号称“金鱼博士”的遗传学家

陈桢(1894—1957),江苏邗江人。中央研究院院士、中国科学院学部委员。曾任东南大学生物系教授,清华大学生物系教授、主任。

陈桢幼年时家庭贫寒,只断断续续读过几天私塾和两年小学,但靠刻苦自学,他的外语、数学等都达到了一定水平。1912 年他 18 岁时,为了获得公费上学的机会,他入籍江西省铅山县,参加江西省公费考试,结果在初试及复试中均名列第一。1913 年,他考入上海中国公学预科学习。由于有志振兴农业,1914 年毕业后考入金陵大学农林科。1918 年,他以优异成绩毕业,获得农学士学位,并留校任育种学助教。从教学工作中他认识到,育种的成功必须有正确的遗传学理论指导。1919 年,他考取了清华学校专科,公费赴美留学。他先在康奈尔大学农学系进修,1920 年转入哥伦比亚大学动物学系学习,1921 年获硕士学位后,随著名遗传学家 T. H. 摩尔根专攻遗传学。这对陈桢一生产生了决定性的影响。

20 世纪 20 年代,摩尔根及其学生们以果蝇为材料,证实了遗传的细胞学基础,把遗传学推上了一个蓬勃发展的新时期。1921 年,陈桢在摩尔根指导下,学习遗传学,掌握了杂交实验与细胞学研究相结合的方法。1922 年,陈桢回国后,首先想到的是要用中国所特有的材料进行遗传学创新研究。经过观察与试验,他发现金鱼不仅外形变异明显、品种众多、易于繁育,而且是体外受精,它的卵适合于进行实验胚胎学研究。因此,他选用金鱼作材料,试图将杂交试验和细胞学、胚胎学、统计学方法联合应用,以探讨遗传学上的一些重要问题。1925 年,他首先发表了《金鱼外形的变异》的著名论文。该文就金鱼的体形、体长、体高、背鳍、胸鳍、腹鳍、臀鳍、尾鳍、头形、鳃盖、眼、鼻隔、鳞片、体色等记录了各种变异，并用进化论的观点论证了金鱼起源于野生的鲫鱼。在由鲫鱼形成金鱼各品种的过程中，杂交和选择有重要作用。而残缺背鳍、无臀鳍、双臀鳍、龙睛等性状则可能来源于突变。1928年，他又发表了《透明和五花，一例金鱼的孟德尔遗传》一文，用充分的杂交数据证明透明鳞决定于纯合的突变基因型，正常鳞决定于纯合的隐性基因型，五花鱼则有杂合的基因型。因此，这是在鱼类上第一个典型的"不完全显性遗传"的实例。该文的发表震动了生物界。当时国内外不少科学家对于孟德尔定律是否适用于鱼类都抱着怀疑态度。陈桢的这一突破性成果以确凿的证据征服了所有的生物学家。美国和日本科学家都认为，他是鱼类遗传学研究的先驱。此后，在中国的遗传学教科书中，都引用"透明和五花"作为不完全显性遗传的实例。陈桢对金鱼遗传所进行的系统性、开拓性的研究工作，使人们对金鱼的变异、遗传和进化有了深入了解，因而他被誉为"金鱼博士"。

回国后，陈桢先在南京东南大学生物系任教授。1926年，他任清华大学生物系教授，并担任系主任。此后除继续进行金鱼遗传的实验外，他还开始对蚂蚁的筑巢行为进行深入研究。为了便于观察，他在实验室和家中都养了许多蚂蚁，不分日夜地连续观察，终于揭示了蚂蚁筑巢行为中的一些规律。

陈桢对于培养生物学人才也倾注了很大的精力。20世纪20年代起，中学开始设立生物学课程。但是，由于缺少教材，影响了教学质量。他认为，必须从提高中学生物学教学质量入手。为此，他利用假期搜集资料，潜心编著，1933年编著了影响深远的复兴高级中学教科书《生物学》。该书发行后，20多年间共出版了159版，成为公认的中学生物学通用教科书。这本教科书不仅在国内普遍采用，而且也流行于马来西亚、新加坡、泰国、印度尼西亚等地的华侨学校，影响广泛。

抗战爆发后，陈桢随清华大学南迁到长沙，任教于临时大学。1938年他回北京搬家。当时驻京的日军得知信息后，派驹井卓等日本遗传学家威逼他留在北京工作，他的行动也受到日本特务的监视。面对威逼恐吓，陈桢不为所动，他避开日本特务的监视，每日前往协和医院，佯称在协和医院工作，暗地里做好迁居准备，最后机智地摆脱日本特务的监视，从天津乘船经香港等地返回大后方，继续到西南联大任教。

1946年，陈桢复任清华大学生物系主任，他亲自认真组织妥善安排搬迁、教学和科研工作，使清华大学生物系在短期内取得了显著成绩。新中国成立前夕，美国哥伦比亚大学来函邀请他去美任教。陈桢出于科学家的爱国心，回函谢绝，留下来为祖国人民服务。他继续担任清华大学生物系主任。当时，正值苏联李森科学派对孟德尔、摩尔根学说和苏联奉行这个学说的科学家进行猛烈抨击，中国在全面学习苏联的情况下也受到了影响。东南亚一些华侨青年为此写信向陈桢询问："国外风传您已被去职批判，停止工作，不知是否真实？"陈桢实事求是地复信告知，苏联在遗传学方面的激烈争论对中国虽有影响，但他本人仍担任清华大学生物系主任，教学、研究工作仍在进行，《生物学》一书仍在刊出新版发行，有力澄清了国外的谣传。

陈克恢

中国药理学先驱

陈克恢(1898—1988),字子振,上海人,中央研究院院士。曾任美国礼来药厂药理研究部主任、印第安那大学医学院教授、国际药理联合会名誉主席。

陈克恢 5 岁丧父,由其舅父周寿南教他读书写字。陈克恢自幼聪明伶俐,五六岁时即能背诵家人口授的唐诗绝句,长大后四书五经一经接触便能通悟,被誉为神童。因舅父周寿南是中医,陈克恢时常在中药房里读书玩耍,自幼即对中药产生了浓厚的兴趣。

1916 年,陈克恢考入留美预备学校清华学堂,毕业后赴美国威斯康星大学插班于药学系三年级。陈克恢去美国时即立志用科学方法研究中药,为了满足他研究中药的愿望,他的导师克莱莫斯从中国进口了 500 磅肉桂,让他在四年级时进行桂皮油的研究。陈克恢以这项研究完成了学士论文。其导师用 K. K. Chen 的署名将这篇论文发表。故陈克恢以 K. K. Chen 知名,熟悉他的人都叫他 K. K. 。此时,陈克恢感到还需要较多的生理学、生物化学和药理学知识,因此又进入该校医学院,学习医学课程,1922 年获得生理学博士学位。

1923 年,陈克恢因母亲病重回到北京,受聘于协和医学院药理系助教。他得到系主任史米特教授的支持,继续进行中药研究。他得知麻黄有治疗哮喘的作用,在短短几周内,即从麻黄中分离出左旋麻黄碱,此后夜以继日工作,仅用 6 个月时间就获得不少药理成果,并在美国实验生物学与医学学会北京分会上作了初步报告。他发现给麻醉犬或毁脊髓猫静脉注射麻黄碱 1～5 毫克可使颈动脉压长时间升高,心肌收缩力增强,使血管(特别是内脏血管)收缩,支气管舒张,能使离体子宫很快收缩,对中枢神经有兴奋作用,滴入眼内引起瞳孔散大。这些作用都和肾上腺素相同,不同的是口服麻黄碱有效,且作用时间长,毒性较低。陈克恢与史米特教授于 1924 年首次发表了关于麻黄碱研究的论文,指出,麻黄的有效成分麻黄碱的生理作用与肾上腺素类似且较持久,其效能完全与交感神经兴奋剂相同。论文发表后引起轰动。至此,麻黄碱一跃成为国际瞩目的一个拟交感神经新药。1925 年,陈克恢再赴美国,继续进行研究。当时的美国尚无严格的药政管理法,所以对麻黄碱药理作用的研究很快进入临床观察,并证明它可以治疗过敏性疾病、干草热和支气管哮喘,还可用于脊椎麻醉,以防血压下降,口服 25～50 毫克能克服巴比妥类安眠药引起的余醉。陈克恢还分析了世界各地产的麻黄草,发现只有中国和东南亚地区产的麻黄草含有左旋麻黄碱。从此,美国礼来药厂每年从中国进口大量麻黄用于麻黄碱的生产,以适应临床需要。这种状况持续了 19 年,直到第二次世界大战时,两位德国化学家用发酵法将苯甲醛与甲基胺缩合,成功地合成了左旋麻黄碱。由于这样合成的产品和天然产品完全相同,且价格不高,美国才停止麻黄草的进口。更重要的是,陈克恢和他的同事们进一步研究了很多结构与麻黄碱类似化合物的药理作用,从而推动了无数交感胺类化合物的合成。这些研究不仅发现了许多新药可用于呼吸系统疾病、鼻充血、疲劳、肥胖病和发作性睡症等疾病的治疗,也为后来 α-及 β-阻断剂的研究和开发打下了基础。这项研究是从天然产物中寻找先导化合物、进行优化、开发新药的一个典范,也为研究和开发祖国医药宝库指明了道路。

1926 年,陈克恢转到约翰·霍普金斯大学医学院著名药理学教授 J. J. 阿贝尔的实验室任助教,同时在该校医院临床实习。1927 年,他获医学博士学位,并晋升为副教授。1929 年,他应邀担任了美国礼来药厂药理研究部主任,后定居美国。1937 年起,他兼任印第安那大学医学院药理学教授和印第安那波里斯医学院医事顾问。

陈克恢的成名主要缘于他对麻黄碱的研究成果,而他一生的大部分时间用于研究蟾蜍毒素。陈克恢在阿贝尔实验室时即对蟾蜍毒素的研究很感兴趣。蟾蜍毒即著名中药蟾酥。他从北京一家药店买了大量蟾酥，很快从中分离到两种成分，即华蟾蜍精和华蟾蜍毒素，并发现这两种成分都有洋地黄样的强心作用，临床试用证明静脉注射1毫克能使室速减慢5小时，与洋地黄毒甙比较，华蟾蜍精的作用时间持续较短，而且口服无效。到礼来药厂后，陈克恢继续蟾蜍毒素的研究先后达40多年。他发现蟾蜍毒除含洋地黄样强心甙外，还含有很多其他成分，如儿茶酚胺类，5—羟色胺类及甾体类化合物（包括胆固醇和麦角甾醇等）。他还对400多种强心甙和甾类化合物进行了构效关系的研究，发表了大量文章，丰富了药物化学宝库，并为其他药物的研究提供了宝贵经验。20世纪50年代，他还在磺胺、麦角、雌激素、多种抗生素方面作了大量工作，发表论文约350余篇。

陈岱孙

陈岱孙

中国经济学一代宗师

陈岱孙(1900—1997),原名陈总,福建闽侯人。清华大学经济系教授、主任,法学院院长,西南联合大学经济系教授、系主任,商学系主任。

少年时代的陈岱孙在家乡读了9年多私塾,打下了坚实的文史功底。1915年,他考入福州名校英华中学三年级,以两年半时间读完了四年课程。1918年夏,他参加了清华学校在上海的插班生考试,考入高等科三年级。1919年五·四运动爆发,陈岱孙参加了游行请愿活动。他感到富强是中国的当务之急,并由此产生了"经济救国"的志向。1920年夏,陈岱孙以优异成绩从清华学校毕业。这年秋天,他带着"学得一些有用的知识,回来为祖国效力"的理想,进入美国威斯康星州立大学学习经济学。1922年,他取得了文学学士学位,并以出色的成绩获得金钥匙奖。之后,他进入哈佛大学研究院经济系学习。在这4年当中,他发奋苦读,终日沉浸于图书馆。除了攻读经济学专业书籍外,还常常阅读其他社会科学、哲学、历史等名著,不断丰富自己的知识。1926年,他获得哈佛大学哲学博士学位。

1927年,陈岱孙在游学欧洲近1年后回国,9月应聘回母校经济系执教,成为学校最年轻的教授之一。此时的清华,正值改办大学不久,于1926年成立的经济系,无论从师资、教学还是课程设置来说,都还处于起步阶段。1928年他担任经济系主任,上任伊始,一面投身于繁重的教学工作,一面致力于经济系的建设与发展。在他看来,"治学如筑塔,基础须广大,然后层层堆建上去,将来总有合尖之一日,学经济学欲求专门深造,亦应先奠广基"。因此,他鼓励学生不仅要注重"本系课程的基础",而且应注重诸如政治、历史、哲学、心理、算学等知识的基础。在他的宣导和主持下，经济系确定了“理论、事实及技术三者兼重”的培养目标。经过几年的发展，经济系的规模逐渐扩大，学生人数在众多院系中，仅次于土木工程学系。1929年，根据当时颁布的大学组织法，清华开始形成校、院、系3级组织结构，成立文、法、理3个学院，陈岱孙就任法学院院长，同时成为教授会、校务会议、评议会成员，开始参与校务管理。他始终以高度的责任感，与学校同呼吸共命运。

抗战爆发后，清华南迁昆明。在西南联大异常艰苦的条件下，陈岱孙与师生们一道，坚守着教育、学术阵地，为国家培养了众多优秀学子，为抗战和国家经济建设积极建言。陈岱孙讲课条理清晰，时间掌握准确，为全校第一。上课前一两分钟他一定会站在黑板前。上课铃一响，他就开始讲课。更难得的是他讲完最后一句话，下课铃声也跟着响起来。同学们对他的讲课艺术既惊叹又欣赏。陈岱孙讲课并不念讲稿，听课者只要手头勤快，记下笔记，这一节课就是完整的一章一节教科书的一部分。这种出口成章的才能，西南联大的教授中只有陈岱孙和冯友兰二人。陈岱孙还兼任经济系主任，经济系是大系，每个年级有100多人。学年开始，选课同学拥挤在他的办公桌前，陈岱孙能不假思索地处理每位同学所选的课，重修的、复学的、需补修课的，他都毫无差错地处理得妥妥当当，很快地在一张选课单上签了名，交教务处登记，从未发生差错。

抗战胜利后，国共两党举行谈判。陈岱孙和联大10位教授曾联名致电蒋介石、毛泽东，提出对国事的主张，反对国民党独裁统治。同年11月，陈岱孙和土木系教授王明之先期回到北平，组织并主持“清华校舍保管委员会”工作。面对战后满目疮痍的校园，他带领30多名工作人员，开始了紧张而艰难的交涉与修复工作。经过10个月的艰苦努力，完成了返校师生的安置与秋季学期开学的准备工作。北平和平解放前夕，陈岱孙挺身而出，和进步师生一道抵制国民政府将清华大学南迁的计划，迎来了清华的解放和新生。

1952年，在全国高校院系调整中，原清华大学文法学院大部分师生并入北京大学。陈岱孙也调到北大经济系。一段时间里，全国各高校全盘接受苏联的大学教材，西方的经济学被认为一无是处，对西方经济学家避之不及，讳莫如深。粉碎

“四人帮”后，在改革开放大潮中，西方资本主义各种流派大量涌来。学术界的趋时者又刮起不讲马克思主义、唯西是从的风气。陈岱孙长期从事经济学的教学工作，他教书治学皆以正直为先，始终强调对西方经济学不能“述而不批”，认为对西方经济学的盲目崇拜是危险的，在资产阶级经济学的研究中，最忌简单化的做法。他一生的关注焦点都凝聚在教书治学上，排除各种诱惑，又能及时了解各种动态，对经济形势和未来作出颇有见地的分析，向社会和决策部门提供了正确的参考，充分显现出老一辈知识分子崇高的人格风范。

陈省身

中国微分几何之父

陈省身(1911—2004),祖籍浙江嘉兴、美籍华人。中央研究院院士、中央研究院数学研究所所长,美国科学院院士,法国、意大利、俄罗斯、英国等国科学院或皇家学会外籍院士与会员,先后获美国国家科学奖章、以色列沃尔夫奖、中国国际科技合作奖及首届邵逸夫数学科学奖等多项荣誉。

1911 年,陈省身出生在浙江嘉兴市。1922 年全家移居天津,1923 年考入天津扶轮中学。陈省身少年时就非常喜爱数学,他觉得数学既有趣又容易。他擅长独立思考,学习时习惯主动去看书,而不是按照老师指定去看参考书。1926 年考入南开大学数学系,受教于姜立夫教授。姜立夫是 1919 年毕业于美国哈佛大学的中国第二位数学博士、中国现代几何学开山祖师。陈省身曾说过:“我从事于几何学,多亏了我的大学老师姜立夫博士。”陈省身不爱运动,喜欢打桥牌,且牌技极佳。图书馆是陈省身最爱去的地方,常常在书库里一呆就是好几个小时。他看书的门类很杂,历史、文学、自然科学方面的书,他都一一涉猎,无所不读。

1930 年,陈省身获得南开大学理学学士学位。同年考入清华大学研究生院理科研究所算学部读研究生。在清华大学学习期间,德国汉堡大学布拉施克教授的系列演讲,坚定了他献身数学的信心。他曾说过:“布拉施克教授对我影响之大,怎么说也不过分。”1934 年,陈省身受清华大学资助前往德国汉堡大学学习,并跟随布拉施克教授研究几何。1935 年秋完成《关于网的计算》和《2n 维空间中 n 维流形三重网的不变理论》的论文。1936 年,陈省身被破格授予博士学位。

从汉堡大学毕业之后,陈省身放弃了留在汉堡大学研究代数数论的机会,又做出一次重大选择——追随国际几何大师嘉当研究几何。1936 年 9 月，陈省身以“法国巴黎索邦中国基金会博士后研究员”的身份，到巴黎大学从事研究工作。嘉当每两个星期约陈省身去他家里谈一次，每次 1 小时。在跟随嘉当的 10 个月中，陈省身从这位伟大的几何学家那里学到了终身受用的东西，也与嘉当结下了终生之谊。

1937 年，陈省身应清华大学邀请担任数学系教授。回国途中顺访普林斯顿高级研究所。时值日本发动全面侵华战争，北大、清华、南开等大学南迁，在长沙成立临时大学，陈省身即刻前往。长沙临时大学后迁昆明改称国立西南联合大学。陈省身满怀爱国热情，努力坚持在教学第一线，并与华罗庚、王竹溪联合举办李群讨论班，培养了许多优秀学生，包括严志达、王宪钟、吴光磊、王浩、钟开莱等后来的数学家。陈省身后来说：“‘得天下之英才而教育之’，是我一生的幸运。”

1943 年 7 月，陈省身应美国普林斯顿高等研究院数学研究所的邀请，到那里作学术访问。当时普林斯顿是举世闻名的数学中心，高级研究所因有爱因斯坦、维布伦等著名大师而造就了普林斯顿恢宏的学术声誉。在普林斯顿，陈省身沉浸在浓厚的学术氛围之中。他与爱因斯坦同在一个研究所，所以常常见面，聊天。在这样的环境里，他全身心地投入大范围微分几何的研究，完成了自己一生中最出色的工作——为高维的高斯邦内公式做出新证明，并发表了几篇匠心独运的微分几何论文，其中包括现在被称为“陈类”的理论。

1945 年 9 月，美国数学会举行夏季大会，陈省身应邀作了一小时演讲。在题为《大范围微分几何若干新观点》的演讲中，他系统阐述了继承嘉当发展起来的纤维丛的理论方法，引起学术界强烈反响，被称之为“整体微分几何新时代的到来”。10 月，他完成了论文《埃尔米特流形的示性类》。这是陈省身又一项重要工作，其中提出了现在称之为“陈类”的不变量，他的划时代工作将微分几何和拓扑学有机地结合起来，为整体微分几何奠定了基础。

1945 年，陈省身回国，负责筹备和主持中央研究院数学研究所的工作。他不遗余力地提携青年，使他们日后成为中国数学界的中坚力量。1948 年，中央研究院数学研究所正式成立，陈省身任代理所长，主持数学所一切工作，并教授了吴文俊等一批后来成名的数学家。陈省身痴心研究数学，关心着要让中国成为数学大国。他一再论证，21世纪中国建成数学大国是有充分理由的，因为中国人的数学才能无需讨论；因为数学是一门十分活跃的学问，而且很个人化，对于中国人非常合适。早在20世纪80年代，他在国内多所大学的讲坛上响亮地提出的“我们的希望是在21世纪中国将成为数学大国！”这个倡议，被时任国务委员、国家教委主任的李铁映称为“陈省身猜想”。从此，“陈省身猜想”便在数学界广为流传。

陈望道

《共产党宣言》最早的中文翻译者

陈望道(1891—1977),字任重,原名参一,浙江义乌人。复旦大学中文系主任,新闻系主任、代教务长。曾任修订《辞海》的总主编。

陈望道出生于一个农民家庭,早年就读于义乌绣湖书院、金华中学、浙江之江大学。1915 年赴日本留学,先后在东洋大学、早稻田大学、中央大学等校学习文学、哲学、法律等,并阅读了马克思主义书籍。

1919 年五・四运动爆发后,陈望道回国。同年 6 月,他任教于杭州浙江第一师范学校教授语文课,与进步师生一起积极投身于五・四新文化运动,反对旧道德、旧文学,提倡新道德、新文学。不久,即遭到迫害,反动当局责令校长经亨颐将他革职查办。此事受到一师校长和全校师生的坚决反对。反动当局随即出动警察包围学校,酿成了著名的浙江"一师风潮"。后在全国声援下,反动当局被迫收回成命。陈望道通过此事进一步认识到,改良无济于事,必须对旧制度进行根本变革。1919 年底,陈望道毅然返回故乡,着手翻译马克思、恩格斯合著的《共产党宣言》。他在家宅旁一间破陋的柴屋里,冒着三九严寒,夜以继日地翻译。1920 年 4 月下旬,《共产党宣言》一书译稿终于完成,经过陈独秀、李汉俊校阅后,《共产党宣言》中译本于 8 月由上海社会主义研究会列为社会主义研究小丛书的第一种中文全译本正式出版。初版 1 000 余册立即销售一空,9 月应读者要求重版。1921 年 9 月,中国共产党在上海成立人民出版社,并决定重印《共产党宣言》。至 1926 年 5 月,此书已相继印行 17 版,足见其流传之广。陈望道翻译的《共产党宣言》后来成为民国时期国内流传最广、影响最大的一部马克思主义经典著作。毛泽东 1936 年曾对斯诺说:“有 3 本书特别深刻地铭刻在我心中,建立起我对马克思主义的信仰。”其中第一本就是陈望道翻译的《共产党宣言》。

陈望道还翻译了《空想的和科学的社会主义》一书,以及《马克斯底唯物史观》、《唯物史观底解释》、《个人主义与社会主义》、《产业主义和私有财产》、《资本主义的发展》等许多介绍、研究马克思主义新思潮的文章,这些译文在传播马克思主义方面同样起了积极的作用。

1920 年 4 月底,陈望道应陈独秀之邀,到上海参加《新青年》杂志的编辑工作。年底陈独秀赴广东,陈望道遂主持《新青年》的编辑。陈望道主持《新青年》的编辑工作后,使它成为宣传马克思主义的重要阵地。

中共一大后,上海成立中共上海地方委员会,陈望道任第一任书记,为中国共产党做了许多工作。中共三大后,陈望道因反对陈独秀的家长作风而退党,但他信仰共产主义终身不变,继续在党外为党做工作。1923 至 1927 年,陈望道担任上海大学中文系主任、教务长、代理校务主任等职。上海大学成立于 1922 年 10 月,实际上是中国共产党直接创办的学校。在党组织领导下,他率领全校师生投入反帝反封建斗争,在五卅运动、上海工人第三次武装起义中,发挥了重要作用。

九·一八事变后,全国各阶层人民掀起抗日救亡运动浪潮。1932 年 1 月 17 日,由陈望道等 35 人发起成立了中国著作者协会,以集团的力量促进文化事业的发展。一·二八事变后,上海文化界精英茅盾、鲁迅、叶圣陶、陈望道等 43 人联合发表《上海文化界告世界书》,并组织“中国著作家抗日会”,陈望道被选为秘书长。

1937 年抗日战争全面爆发,陈望道在中共地下组织的领导下,同韦悫、郑振铎等人组织上海文化界抗日联谊会,积极投身于抗日救国运动。他积极提倡拉丁化新文字,开展对新文字的系统研究,于 1939 年 7 月成立“上海新文字研究会”,并出版了《关于大众语文学的建设》、《建立大众语文学》等著作。他参与并编制了《拉丁化汉字拼音表》,对语文运动的发展作出了重大贡献。陈望道在上海孤岛从事文化界抗日救亡活动,屡遭日伪特务迫害。1940 年秋,他取道香港,转赴大后方,回到当时迁至重庆北碚的复旦大学中文系任教。自 1943 年起,他担任复旦大学新闻系主任历时8年，为中国新闻事业的创建付出了艰辛的劳动。此外，陈望道还在重庆筹建了新闻馆。

1949年之后，陈望道积极支持文字改革和推广普通话工作，为语言学的现代化、规范化、科学化作出了重要贡献。他在修辞学研究方面的贡献集中体现在1932年出版的《修辞学发凡》一书中。其中对汉语文中的修辞方式作了系统而详尽的分析、归纳，对修辞格式作了全面的概括，首先提出“消极修辞”和“积极修辞”两大分野的说法。该书创立了中国第一个科学的修辞学体系，开创了修辞研究的新境界。

陈嘉庚

兴学育才的华侨领袖

陈嘉庚(1874—1961),原名陈甲庚,福建同安集美社人。集美学村、厦门大学的创办人,南洋华侨筹赈祖国难民总会主席。

陈嘉庚出生于一个华侨世家。1891年,17岁的陈嘉庚渡洋前往新加坡随父经商,在他父亲经营的顺安米店做工。其父晚年实业失败,顺安米店于1904年停业,还欠下20余万元债款。陈嘉庚于1904年创建菠萝罐头厂,号称“新利川黄梨厂”;承接了一个也经营菠萝罐头的日新公司;自营谦益米店。是年,陈嘉庚之弟陈敬贤来新加坡习商,经过兄弟二人同心努力,家业日渐兴复。当时新加坡的法律规定“父债子免还”,但以信誉为重的陈嘉庚虽然经济拮据,却宣布“立志不计久暂,力能做到者,决代还清以免遗憾也”。陈嘉庚艰苦奋斗了4年时间,终于有些盈利,他不顾亲友反对,花了许多时间和精力找到债主,到1907年为止,连本带利还清了父亲所欠的债务。此事成为新加坡华人商业史上一大佳话。陈嘉庚“一诺万金”的信誉迅速传遍了东南亚。1916年后,他以橡胶和胶制品业为主,鼎盛时期其销售网遍及全球。陈嘉庚成为新马树胶王国的四大开拓者之一,是驰名海内外的大实业家。

1906年,陈嘉庚与到新加坡从事革命活动的孙中山初次会面,在孙中山革命思想影响下,陈嘉庚参加了新加坡同盟会的秘密会议,还与孙中山共商了同盟会会旗的方案。1910年春,陈嘉庚痛感清政府腐败无能,与胞弟陈敬贤双双剪掉发辫,同一批有志之士脱离清廷,并加入了中国同盟会,为振兴中华而奋斗。

陈嘉庚在兴办实业的同时,还是一位毕生为国兴学育才的教育家。陈嘉庚事业达致顶峰时,拥资一二千万元左右,然而在当时华人企业家中,比他富有的大有人在。而为国家和民族兴学育才，一生慷慨输捐过着俭朴生活的，唯有陈嘉庚。他办学时间之长、规模之大、毅力之坚，为中国及世界所罕见。为此，黄炎培感慨道："发了财而肯全拿出来的人，只有陈先生而已！"

1913 年，陈嘉庚在家乡集美创办小学，以后陆续办起师范、中学、水产、航海、商业、农林等校共 10 所，另设幼稚园、医院、图书馆、科学馆、教育推广部，统称"集美学校"。此外还资助福建省各地中小学 70 余所，并提供办学方面的指导。1923 年，孙中山大元帅大本营批准"承认集美为中国永久和平学村"。"集美学村"之名就是由此而来。

1921 年，陈嘉庚又创办了厦门大学，设文、理、法、商、教育 5 院 17 个系，这是唯一一所由华侨创办的大学，也是全国唯一独资创办的大学。陈嘉庚独自维持了 16 年。在 20 世纪 30 年代的经济大萧条时期，华侨企业遭受严重打击。面对艰难境遇，陈嘉庚仍然坚定地说："宁可变卖大厦，也要支持厦大。"他把自己的 3 座房产卖了，作为维持厦大的经费。1932 年，当外国财团答应以停止支持厦门大学和集美学校为条件来保护其企业经营时，他断然拒绝。直至 1937 年春他实在无力支撑时，才无条件地将厦门大学捐献给政府。

在承担集美、厦大两校庞大开支的同时，陈嘉庚还于 1921 年联络新加坡华侨组织同安教育会，支持同安县创办 40 多所小学。1924 年，陈嘉庚把同安教育会改为集美学校教育推广部。至 1935 年，先后补助本省 20 个县市的 73 所中小学，补助总额达 19 万银元，全部由陈嘉庚承担。在侨居地，陈嘉庚竭力倡办华文学校，曾任新加坡道南学校总理。他还在新加坡捐资创办崇福女校、南洋华侨中学。抗战胜利后，又恢复创办了南洋女子中学。

在长期办学的实践中，陈嘉庚形成了他的教育思想：第一、他提倡女子教育，反对重男轻女，大力倡办女子学校，让女子能上学，这在当时的历史条件下，开了风气之先；第二、强调优待贫寒子弟，奖励师范生，他反对办学分贫富，尽力帮助贫寒子弟上学，同时注意师范生的培养，严格选择和物色师资人才，对于优秀的加以奖励；第三、讲究教学质量，注意全面发展，陈嘉庚从办学开始，就一直注意"德、智、体三育并重”，强调全面发展；第四、主张“没有好教师，就没有好学校”，强调要确立教师在学校的主导地位，他认为要办好学校，关键在于领导和教师，“千军易得，一将难求”，要提高教学质量，很重要的一条就是“要选教师”，因此，他十分重视选择校长和教师；第五、为了振兴实业，培养生产技术人才，倡办职业技术教育；第六、要求普及教育，并订下同安“十年普及教育计划”，设立同安教育会和教育推广部。

陈嘉庚为教育事业奋斗了一生，不愧为一位教育实业家，一位杰出的教育家。

陈鹤琴

“中国幼教之父”

陈鹤琴(1892—1982),浙江上虞人。长期从事师范教育与儿童教育工作,在儿童心理与幼儿教育研究方面取得了丰硕成果。

1914年8月,陈鹤琴从清华大学毕业,同年考取公费留学美国,与陶行知同行,先后就读于约翰斯·霍普金斯大学、哥伦比亚大学,受到杜威、克伯屈的实验主义和进步主义教育思想的影响。1919年获哥伦比亚大学师范学院教育学硕士学位。同年8月,陈鹤琴回国,先后任南京高等师范学校教授、东南大学教授兼教务主任等职。面对中国旧式教育因袭旧法、脱离生活读死书的弊端,立志改革旧教育,创造新教育。陶行知在批判旧教育时曾有一句名言:“教死书,死教书,教书死,读死书,死读书,读书死。”陈鹤琴则感同身受地提出:“教活书,活教书,教书活,读活书,活读书,读书活。”尝试用“活教育”来改革中国的旧教育,并首先从儿童教育做起。

1921年,陈鹤琴与廖世承合编出版了《智力测验法》,对智力测验作了详细介绍。陈鹤琴是一位边知、边行、边写、边讲,即把研究、实践和发表互相结合在一起的教育家。他研究儿童,同时办幼儿园,同时在自己的家庭里实施幼儿教育,同时宣讲儿童心理和幼儿教育。1923年,他在南京创办了中国最早的幼儿教育实验中心——南京鼓楼幼稚园。不久,他又建立了中国第一个幼儿教育研究中心,亲自从事并领导幼稚园的课程、设备等方面的研究工作。他对当时国外幼儿教育课程严重充斥中国幼稚园的状况十分不满,与张宗麟等一起发表《我们的主张》一文,提出创办适合中国国情和儿童特点的幼稚园15条意见,并进行了幼稚园课程中国化和科学化探索，极大地推动了中国幼稚园课程的发展。

1925年，陈鹤琴根据教学、研究、观察、实验中所积累的材料，写成了《儿童心理之研究》和《家庭教育》两本著作。《儿童心理之研究》一书记录了他从1920年起，以自己的第一个孩子一鸣为对象，从孩子出生那天起就逐日对其身心变化和各种刺激反应进行周密的观察和实验，并作出详细的文字和摄影记录。他耗时808天，积累了大量材料，具体剖析了孩子的身体、动作、心理、性格和言语等各方面的发展规律。在中国，陈鹤琴是最早将观察实验方法运用于研究儿童身心发展规律之中的教育家。这些关于幼儿动作、好奇心、模仿力、游戏、言语能力、记忆力、想像力和思维发展的第一手资料，成为他日后对儿童心理教育、儿童游戏玩具、儿童家庭教育等方面研究的重要佐证，他也被尊称为“中国儿童心理研究的奠基人”、“中国幼教之父”。

1926年冬，陈鹤琴在南京发起组织幼稚教育研究社。这是中国最早的幼儿教育研究组织。最初，个人社员只有十几个，团体社员有当时的中央大学实验学校、鼓楼幼稚园、晓庄师范等3所学校。鼓楼幼稚园负责出版《幼稚教育》月刊。后来，南京5个市立实验学校、2个省立实验小学也相继入社，社员也逐渐扩大到无锡、苏州、上海、杭州、广州、北京等地，幼稚教育研究社也改名为“中华儿童教育研究社”。《幼稚教育》改为《儿童教育》月刊和《幼稚园教育丛刊》。

“活教育”是陈鹤琴教育思想的核心。“活教育”的内容十分丰富，主要包括目的论、课程论、教学论3大部分。有感于中国传统教育的弊病，以及当时我国面临的民族生存危机，陈鹤琴明确提出“活教育”的目的在于：“做人，做中国人，做现代中国人。”其中，“做现代中国人”包含5方面的条件：第一，要有健全的身体；第二，要有建设的能力；第三，要有创造的能力；第四，要能够合作；第五，要乐于为社会服务。这5方面的条件，体现了德智体全面发展的要求。针对传统教育“把书本作为学校学习的唯一材料”的局面，陈鹤琴将“大自然、大社会都是活材料”概括为“活教育”的课程论。“活教材”并不是否定书本知识，而是强调儿童在自然、社会的接触中，在亲身观察和活动中获得经验和知识的重要性，主张把书本知识与儿童的直接经验相结合。如给儿童讲鱼，就要让他看到真正的鱼，观察鱼的呼吸、游动，甚至解剖鱼体，让他获得真实的知识，以激发儿童的学习兴趣和研究精神。随着课程内容的改变，其组织形式也因之变更。陈鹤琴认为，“活教育”的课程形式应该符合儿童活动和生活方式，符合儿童与自然、社会环境的交往方式。因此，“活教育”的课程打破以学科组织的传统模式，而改成活动中心和活动单元的形式，具体包括 5 方面的活动：健康活动、社会活动、科学活动、艺术活动、文学活动。犹如人手的五指，又称为“五指活动”。陈鹤琴的“活教育”思想是一种有吸收、有改造、有创新、有中国特色的教育思想，曾在历史上产生过重要影响，对当前的教育改革依然富有启迪。

秉志

中国近代生物学奠基人

秉志(1886—1965),满族,字农山,原姓翟佳氏,曾用名翟秉志、翟际潜。中央研究院评议员、院士,中国科学院学部委员。曾任南京高等师范、国立东南大学、厦门大学、国立中央大学生物系教授。

秉志的祖父曾是旗学的教书先生,父亲也以教书为生。他自幼随父读书。1902 年考入河南大学堂,学习英文、经学、数学、历史、地理,1903 年考中举人,1904 年由河南省政府选送入京师大学堂读书。秉志追求进步潮流,立下“科学救国”的志向。他博览新书,特别对进化论等深感兴趣,认为达尔文学说打破宗教迷信,有利于富国强民。

1909 年,秉志考取第一届官费留学生,赴美国留学,进入康乃尔大学农学院,在著名昆虫学家倪达姆指导下学习和研究昆虫学。1913 年获学士学位,1918 年获哲学博士学位,他是第一位获得美国博士学位的中国学者。他的博士学位论文《咸水蝇的生物学》发表于康乃尔大学农业实验站专刊。论文十分详细全面地研究了幼虫栖息于咸水中的一种蝇类的形态学、生态学,以及生长、变态、越冬等规律,特别观察和分析了各虫态的习性、适应性、体色和形态结构对其生存的重要保护性。该文是水生昆虫学的一项出色的研究成果,在中国近代科学史上具有重要意义。1914 年,秉志还与留美同学共同发起组织中国科学社,这是中国最早的自然科学学术团体,秉志被选为 5 名董事之一,并集资刊行中国最早的学术刊物《科学》杂志。1918—1920 年,秉志在美国韦斯特解剖学和生物学研究所跟著名神经学家唐纳森从事脊椎动物神经学研究。秉志在 20 世纪二三十年代所做的研究工作,为国内各相关学科的研究和发展作出了开拓性的贡献。

1920年，秉志回国后积极从事生物科学的教学、科研和组织领导工作。1921年在南京高等师范创建了中国第一个生物系；1922年在南京创办了中国第一个生物学研究机构——中国科学社生物研究所；1927年创办了北平静生生物调查所。他担任以上二所的所长兼研究员，在经费不足、条件简陋的情况下，以高度的责任感和艰苦奋斗的精神，领导南北两所，为开创和发展中国生物科学的研究，作出了重大贡献。他经常往返于宁、京、沪等地，一肩双挑教学与科研两副担子，为中国生物学界培养了大批人才，其中不少人成为有着重要贡献的科学家。同时，他在脊椎动物形态学、神经生理学、动物区系分类学、古生物学等不同领域中进行了大量开拓性的研究，发表近40篇学术论文，其中相当一部分在学术上有重要创见，在国内外有重要影响。

秉志对昆虫、软体动物、鱼类、龟类的化石也进行了大量研究工作，鉴定了许多新科、新属和新种。他所研究的化石采自山东、热河、河南、内蒙、周口店、山西、抚顺、浙江、新疆等地，包括上新世、渐新世、始新世、白垩纪等时期的标本。他对中国白垩纪昆虫化石的研究，成绩尤为显著，在国际上具有重要地位。《中国白垩纪之昆虫化石》一文发表于1928年，报道了属于蠊目、膜翅目、鞘翅目、襀翅目、双翅目、蜉蝣目、广翅目、脉翅目、半翅目的12个新属，13个新种。此前，中国境内的昆虫化石发现极少，仅个别外国学者进行过零星记述。秉志对中国白垩纪昆虫分类与分布的研究，证明中国具有极为丰富的中生代昆虫区系，并分析了与亚洲其他个别地区昆虫化石之间的关系，大大地充实了比较空白的中生代昆虫的研究，在学术上是一重大贡献。

在秉志的领导下，南北两所对全国进行了大量资源调查工作。他本人也在动物和古动物的调查和分类方面付出了艰巨的劳动。1931年九·一八事变前夕，一批日本动物学者突然要到中国四川等地调查动物资源。秉志立即组织力量赶在日本人前面深入四川调查采集。在经费有限、人员不足的情况下，大家发奋努力，在当地爱国人士的协助下，很快完成了任务，满载而归，他随即整理发表了论文。而日本人到了四川，人地生疏，困难重重，甚至有的死在四川。此事使日本人对秉志和他的生物研究所怀恨在心。1937 年南京沦陷后，侵略者蓄意报复，把生物研究所的图书、标本、仪器设备抢掠一空，并把房屋烧为灰烬。

抗战爆发后，秉志因夫人患病，困居上海 8 年。由于他在中国学术界的名望，日伪千方百计地寻找他，企图拉他出来工作。他于是改名翟际潜，蓄须“隐居”。为避日伪的耳目，他从中国科学社躲到震旦大学，最后躲到友人经营的中药厂里，但仍孜孜不倦地坚持做学问，完成论著多种。同时，他以“骥千”和“伏枥”的笔名于报刊发表义正词严的文章，揭露敌人罪行，激励人民的抗战情绪。

抗战胜利后，秉志在南京中央大学和上海复旦大学任教，同时在上海中国科学社做研究工作。1948 年，秉志当选为中央研究院院士。

林可胜

中国生理学之父

林可胜(1897—1969),祖籍福建海澄,中央研究院院士,曾任中国生理学会第一届会长、中华医学会会长、协和医学院执行院长、中央研究院医学研究所筹备主任。

林可胜 1897 年 10 月 15 日出生于新加坡。父亲是新加坡著名医生、社会活动家。林可胜 8 岁就被送往英国上学,中学毕业后考进爱丁堡大学,专攻医科。适值第一次世界大战爆发,林可胜应征服兵役,被分配在英国南部朴茨茅斯附近的军医院当外科助理。4 年紧张的战地医护工作,对他后来在祖国创办救护总站,无疑是很有裨益的。一战结束后,林可胜复学。1919 年他以优异成绩连续获得医学内科和医学外科学士学位,并留校当生理学讲师。1920 年与 1924 年,又先后获得哲学博士与科学博士学位。

1925 年秋,林可胜回国后担任北平协和医学院生理科客座教授兼系主任,1927 年升教授。林可胜在协和任教 12 年,直到抗日战争爆发。他刻苦钻研、锐意创新,在科研、教学、培养人才等方面成绩突出,使协和成为中国生理学研究的中心。在教学上,林可胜既严肃认真,又循循善诱,不拘一格,讲课生动活泼,深入浅出,引人入胜。他能用双手同时在黑板上画图,又快又好,令学生们钦佩。他非常重视实验课和技术训练。当他的研究生,头 3 个月必须先在工具房学习各种简单实验工具的制作技术,他把这当作一项基本功。所以他培养的学生,实验操作能力都很强。他还培养了许多青年生理学工作者,包括青年教师和进修生,如冯德培、卢致德、柳安昌、徐丰彦等及德国、日本留学生。在 1935 年至 1937 年间,林可胜还是协和医学院三人领导小组成员，执行院长职务。

1926 年春，林可胜与吴宪等 16 人创建了“中国生理学会”，任第一届会长。第二年，林可胜创办《中国生理学杂志》并任主编。中国生理学会的成立和《中国生理学杂志》的创办，为促进学术交流、推动中国生理学的发展和培养这方面的科学人才，都发挥了很大作用。林可胜主编《中国生理学杂志》时，对每篇论文都认真审查，严格要求，亲手一再修改，直到完全满意时才公开发表。这对树立严谨的写作态度、培养严格的科学作风起了示范作用。这个刊物很快获得国际生理学界的称道。

抗战爆发后，林可胜毅然奔赴抗日前线。为了免去后顾之忧，他携子女去新加坡，将孩子安顿后只身回到武汉，组织中国红十字总会救护队。鉴于战争的持久性和医护人员的紧缺，他在贵阳图云关创设救护总站，除了创办战时卫生人员训练所和训练示范病房以培养战地医护人员外，还附设药品及医疗器械制造厂。当时的卫生人员训练所，实际上集中了医学各方面、包括基础医学在内的专门人才，如荣独山、容启荣、张先林、周寿恺、汪凯熙等协和毕业生，其规模之大，人才之众，远远超过国内任何一所医学院。由于他的国际声望，救护总站得到国际进步团体、个人以及爱国华侨的广泛支持。救护总站先后派遣了 100 多个救护队分赴各战区，并在 5 个战区设立分站，及时救治伤病员。

1940 年夏，林可胜亲自率领医师深入战区考察军医设施。当时有许多地区不通公路，他们全靠步行。他们行走了 70 天，回贵阳后就拟定了《水与污物管制计划》，针对水致传染病与肠胃病进行预防，先在长沙前线试行，随后推广到各战区，从而减少了军队的传染病。这对改善广大官兵的健康状况，增强部队的战斗力，起到了积极的作用。他怀着对抗战官兵的深挚感情，在医疗上总是精益求精。平时办公，他对报销单据，连看也不看就批上“OK”，交出纳去办，而对医疗报告，则总是认真审阅。有一年圣诞节的傍晚，从前线转来一大批伤兵，救护总站工作人员因时间已晚，推说病房已满，不予收容。伤兵们只好瑟缩地躺在训练医院门口。时近半夜，林可胜得知这一情况后，立即下山视察，当场大发脾气，命令立即停止圣诞晚会，全体医护及事务人员紧急集合，打开训练示范病房，安置好全部伤兵，并煮粥给他们吃，一直忙到第二天黎明。林可胜的工作作风及作为一名医务人员救死扶伤的责任感，由此可见一斑。著名爱国华侨领袖陈嘉庚于 1940 年率领南洋华侨慰劳团回国慰问，对国民政府的腐败现象非议颇多，唯独对林可胜专心任职极其赞许，并主动应承逐月由南侨总会捐助 1 万元给救护总站。

1942 年至 1944 年，林可胜随中国远征军出国到缅甸，任中缅印战区司令官史迪威将军的医药总监。由于战况紧张，他经常每日工作 16 个小时，因此，他多次得到中国政府的嘉奖和英、美政府的授勋。

1969 年 7 月 8 日，中国生理学的一代宗师林可胜在异国他乡走完人生的最后历程，因患食道癌在牙买加的京士敦逝世，终年 72 岁。

茅以升

中国近代桥梁之父

茅以升(1896—1989),字唐臣,江苏镇江人,中国著名的土木工程学家、桥梁专家和工程教育家。美国工程院院士、中央研究院院士、中国科学院学部委员。20世纪30年代,他主持设计并组织修建了钱塘江公路铁路两用大桥,成为中国铁路桥梁史上的一个里程碑。

1896年,茅以升出生在江苏镇江名门世家,后跟随家人迁居南京,就读于思益学堂。1911年,15岁的茅以升考入唐山路矿学堂,选修土木工程专业。经过5年苦读,茅以升以优异成绩毕业。1916年夏天,清华学校在全国范围内选拔10名大学毕业生赴美国公费留学,茅以升从众多竞争者中脱颖而出,成为专攻桥梁专业的第一批中国人。1917年,茅以升在康奈尔大学取得硕士学位,并荣获该校优秀研究生"斐蒂士"金质研究奖章。1921年,茅以升获美国卡内基·梅隆大学工学院工学博士学位,其博士论文《桥梁桁架的次应力》在桥梁建造学界产生巨大反响,文中所述造桥观点受到广泛认同,被称为"茅氏定律"。

1921年,茅以升结束了5年的留学生涯,抱着"科学救国"、"工程建国"的信念回到祖国。回国后的10年里,他在大学讲坛上向学生们传授世界最先进的桥梁知识。其间,茅以升历任交通大学唐山学校教授、副主任兼总务主任,东南大学工科主任,河海工科大学校长,交通大学唐山大学校长,北洋工学院院长等职,为中国桥梁人才的培养和相关学科的建设做出了很大贡献。

回国后的茅以升虽然很快在国内学术界声名鹊起,但他却始终没有放弃要在中国建造现代化大桥的愿望。1933年春天,他的造桥理想终于有了一个实现的机会。长期以来，钱塘江“天堑”严重制约了全国国防建设与经济文化发展。同年 3 月，浙江省做出了兴建钱塘江大桥的决定，建设和交通部门官员一致推举正在北洋大学任教的茅以升担此重任。

钱塘江的水文、气象和地质条件极其复杂，自古以来附近居民就流传着“无底钱塘江”的说法。加之当时中国大型桥梁工程几乎全被外国人垄断，国内缺乏具有丰富经验的桥梁建设人才。因此，在很多外国专家看来，中国人依靠自己的力量在钱塘江上架桥，其结果必定是失败。

茅以升接到建桥任务后自感责任重大，他两度赶赴杭州调查研究钱塘江建桥的可行性，经过仔细分析得出了“在有适当的人力、物力条件下，从科学方面看，钱塘江造桥可以成功”的结论。

1934 年 11 月 11 日，钱塘江大桥开工典礼举行，次年 4 月动工。考虑到当时日本帝国主义侵华势态，大桥必须在短期内建成。茅以升创造性地采用了射水法，克服了在厚硬的流沙上难以打桩的困难；采用了沉箱法，克服了水流湍急难以施工的困难；采用浮运法，利用江潮的涨落巧妙地在桥墩上架设了钢梁。在建桥过程中，茅以升带领技术人员克服了 80 多个重大难题，仅用两年半时间，就在急流汹涌的钱塘江上建起了这座长 1 453 米，高 71 米的铁路公路两用双层大桥，整个工程造价只有 160 万元美金。

1937 年 9 月 26 日，一列满载抗日物资和逃难百姓的列车缓缓地驶过大桥，标志着钱塘江大桥铁路桥正式通车。仅 3 个月后，日军南下逼近杭州，抗战形势日趋严峻。1937 年 11 月 16 日，南京当局派人找到茅以升，告知日军已兵临杭州，为阻止日军南犯的速度，必须立刻炸毁大桥。当时杭州城里大部分居民还未撤离，仓促炸桥无异于断绝了老百姓的生路。在茅以升的说服下，当局决定暂缓炸桥。当晚，一箱箱炸药被安放到南岸第二个桥墩方洞内，这个方洞是造桥时特意留下的，以备战事紧张时炸桥之用，只是茅以升没有想到的是，这一刻来得如此之快。

12 月 23 日 17 时，建成仅 89 天的钱塘江大桥终于在一声巨响中断坠钱塘江。60 年后，当被问及当年炸桥时的心情时，茅以升倍感痛心地说道：“就如同亲手掐死自己的儿子一般!”

虽然钱塘江大桥仅存在短短的89天,但却为南撤军民的物资运输与人口疏散起到了至关重要的作用。据统计,在这段时间里,共有300台机车,2 000多辆客货车辆,以及难以计数的各类物资通过钱塘江大桥完成转运,而从桥上逃难的100余万民众的生命更是无法用金钱来衡量。

抗日战争胜利后,茅以升受命组织修复大桥。他重新召集工程技术人员,把精心保存下来的大桥工程资料带回杭州,于1946年9月开始大桥的修复工作。上海解放后,上海铁路局接收了钱塘江大桥工程。1953年9月,大桥全部修整完毕。至此,茅以升主持的钱塘江大桥工程,前后近20年,经历了建桥、炸桥、修桥3个时期,这是古今中外建桥史上未有先例的事情。

罗宗洛

罗宗洛

中国近代植物生理学奠基人

罗宗洛(1898—1978),浙江黄岩人,中央研究院院士、中国科学院学部委员,中国现代植物生理学奠基人之一,研究工作涉及无机营养及离子吸收、组织培养、生长物质等领域,在根尖组织培养等方面进行了开创性研究。

1917 年,罗宗洛以优异成绩毕业于上海南洋中学,随后被选派到日本留学。他为专心学习,不愿意去繁华热闹、朋友集中的东京,而是选择了相对偏僻的北海道大学。入学第二年,他师从著名植物生理学家坂村彻教授,从此便以植物生理学为终生事业。在此后的 7 个寒暑中,罗宗洛与导师朝夕相处,几乎不曾离开实验室。1930 年 6 月,北海道帝国大学教授会全体通过罗宗洛的博士学位申请,他成为第二个在日本帝国大学获得博士学位的中国留学生。

从日本回国后,罗宗洛先后受聘于中山大学、暨南大学,并于 1933 年起任南京中央大学生物系教授。抗日战争爆发后,他随中央大学迁到重庆继续教学。

罗宗洛在任中山大学生物系主任时,学校的实验、教学条件等非常简陋,他千方百计筹措实验设备,在短时期内建成了中国第一个植物生理实验室,为开展学术研究创造了比较实用的条件。为了罗致人才,他电聘在法国留学的张作人回国任教。他去信说:国家正值存亡之际,我们的责任不在于科学上零碎知识的积累,而在于赶快建立国家科研基础。他的这种爱国情怀让张作人颇受感动,张作人很快回国与他共同奋斗。

受聘中央大学后,罗宗洛利用相对较好的科研条件,逐步购置了必要的仪器和药品,建立了当时较高水平的植物生理实验室。百忙中,罗宗洛带领助教挤出时间，动手开展了具有开拓意义的植物离体根尖培养研究，并在工作中培养了一批年轻人才。中央大学西迁重庆后，日军飞机时常轰炸，他仍然坚持开展植物激素、微量元素的研究，并完成了大量文献报告。1940 年，罗宗洛应聘到浙江大学生物系。授课之余，他因陋就简，利用一个小祠堂筹建了简易实验室，在艰苦的条件下继续开展研究。

抗战胜利后，罗宗洛被派到台湾接收台北帝国大学(现为台湾大学)，并在接收完毕后任代理校长。他采取先遣返日籍学生及行政人员，对日籍教授则给予宽大、暂时留用，以利于大陆来的新聘教授、讲师逐步接替，使整个学校未受到影响，并能正常进行教学、科研工作。这一做法在留下的日籍教授中产生很大反响，他们回国后广为颂扬。曾任国际遗传学会会长的木原均教授称赞罗宗洛不仅是一位杰出的科学家，而且是一位重信义的人，一位德高望重的人。

罗宗洛讲课引人入胜，广受好评。他所用的教材都是亲自编写，并逐年更新充实。他非常重视动手实验，自己始终坚持做研究试验。他说："一位教书先生如果不做研究，大学课程是不可能真正教好的。他可以读很多书，写出一篇篇洋洋洒洒的综合评论来，但是给内行看了，就会有隔靴搔痒的感觉。"罗宗洛培养学生，总是着重培养他们日后从事科学研究的能力。罗宗洛一生直接、间接培养了一大批植物生理学科学工作者，其中不少人后来成为知名的科学家和教授，成为该领域的骨干力量。

新中国成立后，罗宗洛任中国科学院实验生物研究所研究员兼植物生理研究室主任，1955 年被选聘为中国科学院学部委员。他认为："研究理论的最终目的在于解决实际问题，更好地为国民经济建设服务。"对于农林业生产建设中发生的一些急待解决的问题，罗宗洛都亲自安排调查研究，提出解决问题的方案。

1952 年，苏北沿海要营造防风林，这就提出了一个全新的课题：如何在盐碱土上造林？罗宗洛亲自参加调查后，在上海实验室进行苏北常见树种耐盐力测定，在含盐量不同的土壤上进行播种、移栽、根插等试验，选出耐盐树种，再放到苏北盐碱土上进行试验。经过试验，他发现：在土壤含水量相同而含盐量不同时，土壤盐分高会抑制苗木的生长;土壤含盐量相同而含水量不同时,含水量高则利于生长。因此,为降低盐碱土苗圃中的苗木发生盐害,可以考虑适当的灌溉。这一建议较好地解决了盐碱土树木育苗中经常发生的一些问题,保证了沿海营造防风林的苗木供应。

1955 年,寒流对海南岛新种的橡胶幼树造成严重损害。罗宗洛应邀去海南岛研究寒害的原因和防止寒害的对策。通过调研,他提出以下的论点:与植物耐寒力关系最大的环境因素是温度,但却并非是唯一因素,使用富钾复合肥料可以提高耐寒力。此外,他还提出通过杂交培育抗寒的新品种及建设上密下疏防护林带等多种措施,有效减轻了寒灾影响,对中国橡胶林业的发展作出了重要贡献。

竺可桢

中国近代气象学泰斗

竺可桢(1890—1974),又名绍荣,浙江上虞人,地理学家、气象学家和教育家、中国近代地理学的奠基人,中央研究院院士、中国科学院学部委员。他先后创建了中国大学中的第一个地学系和中央研究院气象研究所,担任浙江大学校长达 13 年之久,被誉为中国高校四大校长之一。

1890 年,竺可桢出生于浙江绍兴东关镇一个粮商之家,从小在私塾读书,15 岁始进入上海澄衷学堂和复旦公学,后到唐山路矿学堂读书。由于他学习努力,5 次考试都名列全班第一,1910 年以优异成绩考取了公费留学生,赴美国伊利诺斯大学学习农学。后又转入哈佛大学地学系专攻气象。哈佛大学求实崇新、自由探讨的学风,给了他深刻影响。1918 年获得美国哈佛大学地学系博士。在"科学救国"的志向驱动下,28 岁的竺可桢回国任教,在东南大学创办了中国第一个地学系。从此,竺可桢便始终关注并"尽毕生之力"于气候变化研究。

当时,中国没有自己的气象站,西方列强控制了气象预报和资料,独占中国气象中心,无视中国的主权和利益。竺可桢对此深感痛心,著文疾呼:"夫制气象图,乃一国政府之事,而劳外国教会之代谋亦大可耻也。"1928 年,竺可桢应蔡元培之邀来到中央研究院气象研究所,开始在南京进行每小时一次、昼夜连续的气象观测,并亲自勘察选择,在北极阁建立了第一个气象台。在竺可桢的带领下,经过几年的苦心经营,气象台先后开拓了高空气象观测、天气预报和气象广播、物候、日射、地震等多项观测业务和科研活动,使中国的气象事业向前迈出了重要一步。

为了在幅员辽阔的国土上建立更多的气象站,竺可桢一面呼吁各地建设气象台，为农林、水利、军事、交通服务，一面千方百计筹措资金，推动各地测候所成立。在抗战爆发前的10余年间，他靠着水滴石穿的韧劲，不辞辛劳地在全国各地建立了40多个气象站和100多个雨量观测站，其中如泰山、峨眉山和拉萨测候所的建立都是克服了种种困难的创举。中国自己的气象观测网的初步确立，为中国气象事业的发展提供了珍贵的科学资料。

1936年对于竺可桢来说是一生事业的转折点，这一年，他成为浙江大学校长。其后的13年，他的主要工作不再是气象研究，竺可桢从一名科学家成为一名教育家。竺可桢明确宣布，"教授是大学的灵魂"，"大学实施教育，教授人选最为重要"。竺可桢开始在国内外网罗人才，凡有真才实学的学者，都要想办法请来执教。他"三顾茅庐"恭聘国学大师马一浮，礼请邵裴子，在当时被传为佳话。竺可桢重才求贤的方针，使当时的浙江大学集中了王季梁、胡刚复、梅光迪、张其昀、束星北、张荫麟、苏步青等一批知名教授。虽然工作条件和生活环境十分艰苦，但能同心同德，真正做到"以研究学问为毕生事业，以培育后进为无上职责"。

竺可桢强调通才教育。对招收新生采取宁缺毋滥原则，对一年级学生，加强数、理、化、中文和外文课程，同时又将中国通史等社会科学课程也列为必修课，动员知名教授讲授基础课。在竺可桢带领下，当时的浙江大学学术氛围浓厚，经常举行各种学术研讨会和报告会，师生的研究成果也不断在国际上获得好评。多年以后，浙大校友仍留恋这段难得的经历，称之为自己科研工作的"黄金时代"。时任英国驻华使馆文化参赞的李约瑟，称浙江大学为"东方剑桥"，其根源即出于此。

1937年，浙江大学举校西迁。竺可桢带领633人4度迁徙，途经浙赣湘粤桂黔6省，行程2 600多公里，最终于1940年初抵达贵州黔北山区遵义，在远离炮火和敌机干扰下办学，人称"文军长征"。在极端艰苦的条件下，他一面组织师生上课，一面以实际行动支援抗战，并为当地群众服务。

从在哈佛大学读书时开始，竺可桢养成了记日记的习惯，直到1974年去世，坚持有60多年。不幸的是，由于火灾和战乱，只有1936年到1974年的日记保存了下来，共计38年37天，其间竟无一日间断！这些日记，页页蝇头小楷，一笔不苟，字数有 1 000 多万，令人叹为观止。直到去世前一天，他还用颤抖的笔在日记本上记下了当天的气温、风力等数据。历史跨度长、涉及范围广、具有丰富的史料价值是竺可桢日记所具有的鲜明特点，日记从清末时期的个人回忆，到"文革"后期的点滴记载，日记所记者，大到世界风潮和国务活动，小到天气物候、来往客人、收寄信件、飞机火车行程、物价开支、子女成绩及身高体重等等，包罗万象。竺可桢的日记展示了 20 世纪中国社会变迁的宏伟画卷，也描画出了一位知识分子的人生轨迹和心路历程，为 20 世纪中国的科技史、教育史、文化史、社会史、地方志、重要机构沿革、名人传记和诸多重要历史阶段、重大历史事件的专题研究，提供了极为丰富而细致的史料，堪称一项人文奇观。

周仁

中国近代冶金陶瓷业引路人

周仁(1892—1973),字子竞,江苏江宁人,中央研究院院士、中国科学院学部委员,著名冶金学家和陶瓷学家,中国最早进行特殊钢和合金铸铁研究的科学家,也是古陶瓷科学研究工作带头人。

1892 年 8 月 5 日,周仁生于江苏省江宁县一个小康之家。少时辗转于上海、镇江和南京等地,完成了小学和中学的学习。1908 年周仁升入南京江南高等学堂,1910 年毕业。不久他考取清华留美公费生,与赵元任、胡明复、胡适等一起进入美国康乃尔大学。当时,他的数学和文学水平较高,但他选择的却是机械学,因为他坚信"强国必先利器"。1914 年夏,周仁以优异成绩毕业,同年考取研究生,所选的专业和研究方向是冶金。他感到制造机器没有钢铁,等于"无米之炊",一个国家没有钢铁,就像人体没有骨架。

1915 年,周仁获硕士学位。当时的中国,国力贫弱,科技落后,为了振兴祖国的冶金事业,他毅然放弃攻读博士学位及美国摩尔公司的重金聘请,回国到南京高等师范学校任教。他的学生中,有著名物理学家吴有训、严济慈,著名冶金学家周行健等人。1919 年 8 月,康乃尔大学的同学任鸿隽受四川省政府委托筹建四川炼钢厂,邀请周仁到钢厂任总工程师。他俩一起去美国摩尔电炉公司购买了电炉设备,于 1921 年底回到上海。可是,这时四川政局却发生了变化,机器运至重庆而"搁浅",周仁的抱负也随之落空。

1928 年 6 月,中央研究院成立,周仁负责创建工程研究所。当时国内铸铁技术还是沿用英国的老办法,操作既无规程,生产也无标准,工艺十分落后。至于特种铸铁、铸钢和优质钢的冶炼几乎没有人敢于尝试。周仁亲自勘察地形，指导施工，在上海建钢铁试验工场。他从国外订购了数百种科研参考书籍，并从美国进口先进的铸造设备。在他的带领下，工场试制成功了碳素钢、锰钢、镍铬钢、铬钢、不锈钢、碳素工具钢、高速钢、耐酸矽铁、合金铸铁等各种钢材。同时，周仁还对中国的炼铁技术和经验进行了科学总结，为国内各钢铁厂的试验开辟了道路。

抗日战争爆发，上海沦陷。为了保存研究所的科研力量，周仁千辛万苦，把分散的技术人员重新组织起来，又把图书、仪器、电炉、材料试验机等从上海途经香港等地辗转运抵昆明。1939 年在昆明城郊的桥头村建成厂房，安装电炉。凭靠坚强的毅力，他们炼出了第一炉钢。随后又继续进行各种合金钢、工具钢、耐酸不锈钢以及钨铁合金等的试验，并装备了轧钢设备。工程研究所为四川自贡盐井制成了吊取盐卤用的钢丝绳，为电工器材厂生产了硬磁钢，为维修美制汽车生产了低锰弹簧钢，还试制成功了内燃机用的各种合金钢。在周仁指导下，工程研究所利用当地资源研制成功一些急需的特种钢材，为抗日战争作出了贡献。

瓷器是中国古代的创造发明之一。在数千年历史上，中国南北各地名窑、名品迭出，争奇斗艳，成为中华民族重要的文化瑰宝。可是，在中国古代文献资料中，关于这些历史名窑的发展及其在技术方面的成就极少有科学而完整的记载。1927 年，国内局势动荡陶瓷产量和质量急剧下降，大量技术工人失业，许多宝贵经验失传，粗制滥造产品充斥市场。1928 年，周仁决定工程研究所与中央大学工学院合作，在南京设陶瓷试验工场。他从湖南、江苏等地请来技工筑窑烧瓷。工场在仿制古瓷和艺术陶瓷、研制工业用瓷和日用瓷等方面取得丰硕成果，对重振民族瓷业作出了重要贡献。

初战告捷后，周仁对发展国瓷事业投入了更多精力。为取得各个时期烧制陶瓷的科学数据，他两次前往瓷都景德镇进行调查，与老艺人一同对传统青花瓷的制造工艺进行实验和总结。在此基础上，周仁撰写了中国陶瓷工艺领域的第一篇学术论文《中央陶瓷试验场工作报告》，在陶瓷坯土配方的选择、彩色釉的制法、瓷窑的建造等方面提出了许多新见解。

陶瓷工业在中国虽有悠久历史，但解放前主要生产日用陶瓷和美术陶恣，工业陶瓷的生产一直处于落后状态。新中国成立以后，根据国民经济恢复的需要，他在若干产瓷地区对耐酸陶瓷等化学工业用瓷材料和化学实验用陶瓷器皿的制造进行了研究。中国科学院冶金陶瓷研究所在周仁主持下，与第一机械工业部电瓷研究所等单位密切合作，利用国产原料研制成功了各种高强度的高压电瓷。与中国许多优秀技艺一样，陶瓷工艺也是只有经验而无理论的。周仁有志填此空白，他和助手张福康等一起撰写了《中国黄河流域新石器时代和殷周时代制陶工艺的科学总结》等论文，他还与人合写了有关陶瓷研究的论文 14 篇。他在中国古陶瓷研究方面的卓越成绩获得国内外文物、考古、文化教育等有关部门的重视和赞扬，并在国际学术界享有很高的声誉。1978 年全国科学大会上，中国陶瓷研究项目获重大科技成果奖。

周诒春

夯实清华园基础的老校长

周诒春(1883—1958),亦名贻春,字寄梅,安徽休宁人,著名的教育家,清华学校第二任校长,对清华早期建设贡献卓著。

1883 年,周诒春出生于湖北汉口,12 岁考入上海圣约翰书院。1904 年,周诒春在上海圣约翰书院毕业后,自费赴美国留学,先后获威斯康星大学学士学位、耶鲁大学硕士学位。回国后,周诒春参加清廷举办的留学生考试,中进士,点为翰林,人称"洋翰林"。辛亥革命后,周诒春曾任南京临时政府英文秘书。1913 年起,周诒春任清华学校校长达 4 年之久。他着眼于民族教育独立,最先提出把清华由留美预备学校改办成完全大学的计划。1916 年 4 月,他呈文外交部,请求逐渐扩充学程,设立大学部,并得到批准。清华园旧有建筑只有工字厅一所。在周诒春筹划并主持下,清华园内修建了早期的四大建筑——图书馆、体育馆、科学馆和大礼堂。

周诒春极力提倡德、智、体三育并举,在清华推行"造就一完全人格之教育",鼓励学生全面发展,提高综合素质,成为适应现代社会的国家公民。他认为,生活主要由体育、生活、道德与精神 3 部分组成。学生须在学校了解生活,学校课程应依照生活需要而设置;学校生活就是一定规则下的社会生活的缩影。但学校生活毕竟是处于一种简单、受限制的条件下,而社会生活则是在一种持续的、复杂的变化之中。因此,学生应在有限的在校时间,充分利用各种机会,全面提升自己,而不仅局限于学习知识。

周诒春为人威严方正,非常重视德育工作。他强调:清华学生既受特别权利,当奋发有为,力戒虚骄自大、贪安好逸;当群策群力,以挽救国家。他教导学生以课业为重，不追求物质享受。当时，清华学生必须将钱存在学校银行，身上只可带少许零花，而且每笔花费都要记账，月底结算后还要上报核准。在他身体力行的引导与管理下，清华学生养成了勤奋勤俭、朴实无华的风气。有校友回忆，当时清华校内全体布衣布鞋，无一例外！为督促学生重视体育，他在清华学校推行了著名的“强迫运动”：每天下午4至5时为运动时间，图书馆、教室、宿舍一律锁门，学生都必须去参加锻炼。周诒春也因此被视为清华体育传统的开创者。此外，周诒春极力提倡团体活动，注重培养学生的团结协作精神和良好的社会公德。在他的积极倡导下，学生热心投身社会服务，学生会社活动有声有色，各类出版物蓬勃发展。

任职清华期间，周诒春每年暑假都亲自送学生赴美，帮他们安排好学习地点和程序后才离开。周诒春总是提醒赴美留学生：要善于创造发明、勿盲目崇洋，要“取美人之长补我之短。不可为外国之诱惑力而自蔽自欺”，要积极传播本国文化，在学术研究时更要“择关于中国之学术政治社会实业等为题”。所有这一切，都是为了一个终极目标：“学成归国后，报效祖国，贡献社会，为母校增光。”

周诒春善于因材施教，对不同的学生采用不同的培养教导方式。清华第五批“放洋学生”陈鹤琴原打算到奥柏林大学攻读教育学，但在船上他又想要学医。周诒春马上设法将他转到美国最著名的医科大学霍普金斯大学。可没过几天，陈鹤琴又后悔：“教我的志向是要为人类服务，为国家尽瘁，靠学医能实现吗？”周诒春没有因他的反复而发怒，反而微笑着道：“霍大文理科也非常著名，你以后可根据兴趣再做选择。”后来，陈鹤琴获得教育学硕士，归国后成为中国现代幼儿教育事业的奠基人。

从1909到1925年，中国留美学生上千人，九成以上学成后均回国效力，成为高校教授、政府干员、厂矿实业家等，为国家建设作出了巨大贡献。

周诒春不但投身教育事业，还积极从事公益慈善、工业金融和政治事务，“他总是在为某项计划辛勤劳动，以满足某种社会需要或是解决某种社会问题”。

周诒春以热心慈善事业知名于世。1918年，华北五省频遭水旱灾，此后5年，他坚持参加华北农村赈灾救济事务。1924年，他开始负责管理和使用美国归还的

“庚子赔款”,并积极主张将该项基金用于科学研究,出资创办了北京图书馆,同时还资助一批学生出国深造。

周诒春还是华北工业发展的促进者之一。20世纪20年代,他创办天津仁立地毯公司并任董事长,后又担任永利化学公司顾问。从此,他的活动范围超出教育事业,开始涉足金融、工业等领域。1935年12月,周诒春出任国民政府实业部政务次长,开始了12年的政治生涯。抗日战争爆发后,周诒春被委任为贵州省财政厅长。在那个经济贫弱的省份,财政艰难、制度混乱,周诒春殚精竭虑,逐渐使该省财政和田赋整理工作步入正轨。新中国成立后,周诒春积极推动祖国统一,毅然返回大陆,并于1956年被特邀为中国人民政治协商会议代表。

周培源

理论物理学大师

周培源(1902—1993),江苏宜兴人,理论物理学家、流体力学家。曾任清华大学物理系教授,清华大学教务长,北京大学数学力学系教授,北京大学副校长、校长,中央研究院院士,中国科学院学部委员。

1902 年 8 月 28 日,周培源出生在江苏省宜兴县的一个书香之家。1919 年考入清华学校中等科。学习期间,他对数学产生了浓厚兴趣,并发表了《三等分角法二则》的论文,受到数学教授郑之蕃的赞许。1924 年,他由清华学校高等科毕业,同年秋天去美国继续完成大学课程,入美国芝加哥大学数理系二年级学习。1926 年春、夏两季,周培源分别获学士和硕士学位。1927 年,周培源入美国加利福尼亚理工学院继续攻读研究生。他先从师贝德曼,后改师从贝尔做相对论方面的研究,次年获理学博士学位,并获得最高荣誉奖。1928 年秋,他赴德国莱比锡大学,在海森伯教授领导下从事量子力学的研究。1929 年,赴瑞士苏黎世高等工业学校,在泡利教授领导下从事量子力学研究。同年回国,被聘为清华大学物理系教授,时年 27 岁。

1936 年至 1937 年,周培源利用休假再赴美国,在普林斯顿高等学术研究院从事理论物理的研究。他参加了爱因斯坦教授亲自领导的广义相对论讨论班,并从事相对论引力论和宇宙论的研究。

抗日战争爆发后,平津沦陷。8 月,侵华日军开进了清华园。周培源随校南迁,先后任长沙临时大学和昆明国立西南联合大学物理系教授。在这期间,他抱着科学家应为反战服务、以科学拯救祖国危亡的志向,毅然转向流体力学方面的研究。1943年至1946年，周培源再次利用休假赴美国。他先在加利福尼亚理工学院从事湍流理论研究，随后参加美国国防委员会战时科学研究与发展局海军军工试验站从事鱼雷空投入水的战事科学研究。1945年末，第二次世界大战结束，鱼雷空投入水研究组的大部分人员被美国海军部留用，成立海军军工试验站，周培源也被应邀留下。由于该试验站是美国政府的研究机构，应聘人员要有美国国籍。当时，周培源明确提出：不做美国公民，只担任临时性职务；次年即离美代表中国学术团体去欧洲参加国际会议。在美国有关方面接受了上述这些条件后，他在美国继续工作不到一年，于1946年7月离职去欧洲参加牛顿诞生300周年纪念会和国际科学联合会理事会。他还参加了在法国召开的第六届国际应用力学大会，并被这次大会以及会后新成立的国际理论与应用力学联合会选为理事。

1946年10月，周培源由欧洲重返美国，并于1947年2月全家返回上海，继续在清华大学担任教授。

周培源在学术上的成就主要为物理学基础理论的两个重要方面，即爱因斯坦广义相对论中的引力论和流体力学中的湍流理论的研究，奠定了湍流模式理论的基础；研究并初步证实了广义相对论引力论中“坐标有关”的重要论点。

在广义相对论方面，周培源一直致力于求解引力场方程的确定解，并应用于宇宙论的研究。早在20世纪二三十年代，他就求得了轴对称静态引力场的若干解，与静止场不同类型的严格解，并于1939年证实，在球对称膨胀宇宙中，若物质和辐射处于热平衡态，则宇宙必为弗里德曼宇宙。70年代末，他又把严格的谐和条件作为一个物理条件添加进引力场方程，求得一系列静态解、稳态解及宇宙解。他还指导研究生进行了与地面平行和垂直的光速比较实验，以探求史瓦西解和郎曲斯解哪一个更符合静态球对称引力场的客观实际。初步结果已显示出，郎曲斯解与实际相符。

在湍流理论方面，1940年，他写出了第一篇论述湍流的论文，该文在国际上第一次提出湍流脉动方程，并用求剪应力和三元速度关联函数满足动力学方程的方法建立了普通湍流理论，从而奠定了湍流模式理论的基础。1945年，他在美国的

《应用数学季刊》上发表了题为《关于速度关联和湍流涨落方程的解》的重要论文，提出了两种求解湍流运动的方法，立即在国际上引起广泛注意，进而在国际上形成了一个“湍流模式理论”流派，对推动流体力学尤其是湍流理论的研究产生了深远的影响，被公推为以雷诺应力方程为出发点的工程湍流模式理论的奠基性工作。

数十年来，周培源信奉的格言是：“独立思考，实事求是，锲而不舍，以勤补拙。”周培源提出，一个新的科学理论必须同时满足 3 个条件：一要能够说明旧的科学理论能够说明的科学现象；二要能够解释旧的科学理论所不能解释的科学现象；三要能够预见到新的科学现象并能够用科学实验证明它。为此，周培源奋斗了一生。

周鲠生

中国近代国际法大师

周鲠生(1889—1971),原名周览,湖南长沙人,中央研究院院士,国际法学家和教育家。

1889年3月18日,周鲠生出生于湖南长沙一个贫寒的教书先生家里。他4岁丧母,10岁丧父,被父亲的朋友收留并维持学业。因13岁就考取了秀才,"神童周览"一时传为佳话。1906年,周鲠生从湖南第一师范毕业后,东渡日本,进入早稻田大学攻读政治、法律、经济等学科。在日本留学期间,他一边发奋读书,一边投身反清活动,参加了孙中山等人组织的同盟会。辛亥革命前夕,周鲠生毅然回国参加革命,与李剑农、杨端六、皮宗石、任凯南等在汉口创办《民国日报》,成为宣传民主革命的重要舆论阵地。1913年,在黄兴的支持和协助下,周鲠生赴英国爱丁堡大学学习。留学期间他改名为周鲠生。他先以优异成绩取得爱丁堡大学政治硕士学位,并获金质奖章,随后又转赴法国深造,获得国际法学博士学位。

1921年,留欧8年的周鲠生从欧洲回国,投身于国际法研究和高等教育事业,曾任北京大学、东南大学、武汉大学教授兼政治系主任。1939年赴美从事讲学、研究活动并任旧金山国际联盟组织中国团顾问。1945年7月至1949年8月间任武汉大学校长。

周鲠生的一生,研究成果颇丰。在1921年到1945年的20多年中,周鲠生先后出版了十几本专著,发表了上百篇重要学术论文,对培养中国政法界人才和推动该领域的学术发展起着重要的作用。他的《国际法大纲》一书曾经是日本东京帝国大学法学部国际法科的指定参考书,《赢得太平洋上的和平》一书1944年在美国出版后引起国际法学界的重视。在教学方面，周鲠生同样成就显赫。他从 1922 年开始在北大讲授国际法。从那时起，在中国凡有成就的国际法学者，几乎都是在他直接或间接影响下成长起来的。他一方面潜心研究国际法，另一方面热心教学工作。他所开设的相关课程达到五六门之多，即使在担任武大教务长和校长期间，也从未脱离过教学岗位。周鲠生还将自己最新的科研成果融入教学，讲稿年年更新，使学生及时掌握学科的新理论和新动向。从 1930 年代起，周鲠生在大学课堂上尝试采用了 seminar(研讨班)的教学方式，针对本科高年级学生和研究生进行教学指导。这种教学方式有助于充分发挥学生的主动性，提高学习和思辨能力，在学生中了形成浓厚的创新研究氛围。周鲠生在北大时，课堂上总是座无虚席，甚至窗外都挤满了学生。

周鲠生以国际法为武器，与日本侵华行径进行抗争。1932 年，英国李顿爵士率领“国联调查团”来中国调查九·一八事变，某些团员偏袒日本帝国主义，说事变起因于中国抵制日货，是反日运动造成的。周鲠生参与了这次对调查团的谈话，他引经据法，结合实事，进行批驳，促使调查团撰写出比较客观的报告。抗战期间，他在武大演讲的讲稿就公开发表了 30 多篇。通览这些演讲稿，有如下几个特点：一是对日本强盗无比愤恨，对中华民族深切热爱；二是对日斗争要讲究策略和手段，充分利用列强之间的矛盾和世界舆论工具，牵制和打击日本；三是动员一切力量，誓死抵抗，反对妥协投降；四是深刻揭示中国被日本侵占的根源在于积弱太深；五是指出中国的抗日战争不仅是为了中国的独立和民族的生存而战，同时也是为世界的正义和公理而战。

周鲠生是新中国国际法学的奠基人之一。从 1950 年起，周鲠生历任新中国外交部顾问、中国人民外交学会副会长、第一至第三届全国人大常委会法案委员会副主任委员等职，他还是中国第一部社会主义宪法的 4 位顾问之一，为新中国的外交和立法工作献计献策。其《国际法》、《现代国际法问题》等一系列法学著作，在国际上产生了重要影响。建国之初，许多重要的外交文件，非经周鲠生提意见，周恩来总理是不批发的。周鲠生在新中国领海海域的界定、基本外交政策的确立和恢复联合国合法席位等问题上，依据国际法原则，提出了符合国家利益的观点，发表了颇有份量的文章，赢得国际社会的广泛认可。在论述国际法的主体时，周鲠生教授指出，在国际法关系上国家是享受权利、承担义务者，即所谓国际人格者，因而国家是国际法主体。国家作为国际法主体的基本特征在于它具有主权，国家主权是国家作为国际法主体所固有的，是当然存在的，并不是国际法所赋予的。反之，国际法是在主权国家相互交往的事实基础上形成发展起来的，国家的基本权利包括自保权、独立权、平等权和管辖权，周鲠生强调权利和义务两者是关联的，国家享有权利，同时也有不侵犯别国享有的权利的义务，国家违反这种义务，就构成了侵权，对此要承担责任。这一理论现在已经由国际法学界所公认。

金岳霖

学贯中西的逻辑大师

金岳霖(1895—1984),字龙荪,祖籍浙江诸暨,生于湖南长沙,哲学家、逻辑学家,中央研究院院士,中国科学院学部委员,是最早把现代逻辑系统地介绍到中国来的逻辑学家之一。他把西方哲学与中国哲学相结合,建立了独特的哲学体系。

1895 年,金岳霖出生于一个官宦之家,自幼聪颖好学,成绩始终名列前茅。早在明德学堂学习时,他对于逻辑思维的天分就开始显露。当他读到俗语“金钱如粪土,朋友值千金”时,认为如果把这两句话作为前提,得出的逻辑应该是“朋友如粪土”。1914 年夏,19 岁的金岳霖完成了在清华学堂的学业,以官费留学踏上了美国的土地。金岳霖最初在宾夕法尼亚大学读商业科,1917 年获得学士学位后,转到哥伦比亚大学研究院攻读政治学,1920 年获得博士学位。1921 年,金岳霖离开美国,到英国剑桥大学游学 4 年,最终找到了兴趣和思想的双重归宿——哲学。他聆教于罗素和穆尔两位哲学大师,罗素的《数学原理》和休谟的《人性论》这两部著作使金岳霖对哲学有了全新的认识。后来,金岳霖又到德、法、意等欧洲国家游学。他几乎完全沉浸在西方哲学之中,对许多哲学大师的思想进行了深入研究,并把他们的思想和理论融会贯通,变为自己丰富的思想营养和构建自己哲学、逻辑学体系的材料,为以后的学术研究打下了坚实的基础。

1925 年,金岳霖从欧洲回国。1926 年,金岳霖创办清华哲学系,任教授兼系主任。当时,哲学系只有金岳霖一个教师,学生也只招到沈有鼎一人。所谓“一师一生,号称一系”。金岳霖却丝毫不受影响,教学和研究工作进行得一丝不苟。经过多年努力,清华哲学系的教授们已经形成了一个具有自身鲜明特色的“清华学派”。

金岳霖的主要论著有《逻辑》、《论道》和《知识论》。

金岳霖是最早把现代逻辑学系统地介绍到中国，并把逻辑分析方法应用于哲学研究的学者。1936年，商务印书馆正式出版了金岳霖的专著《逻辑》，成为中国第一本逻辑学教材，被当时学界认为是在中国哲学史上第一次构建了一个系统的、完整的知识论体系。金岳霖认为，“各种学问都有它自己的系统”，“既为系统，就不能离开逻辑”。就是说，各门学问要系统化，都必须运用逻辑工具。哲学这个学问也不例外，如果要精确化和系统化，也必须完善和发展逻辑工具。金岳霖的著作具有精深分析和严密论证的特色，形成一种独特的严谨学风。

金岳霖是第一个运用西方哲学的方法，融会中国哲学的精神，建立自己哲学体系的中国哲学家。他创建的哲学体系，其中包括本体论和知识论。《论道》一书是他的本体论；《知识论》一书是他的知识论，即通常所说的认识论。

金岳霖在抗日战争期间完成的《论道》，是中国现代哲学系统中最完备、最富有创造性的本体论专著。金岳霖提出了“道”、“式”、“能”3个基本哲学范畴。他认为个别事物都具有许多殊相，而殊相表现共相。个别事物还具有一种不是殊相和共相的因素，这就是能。那些可以有能但不必有能的“样式”就是可能。由所有可能构成的析取就是式。他认为，能出入于式中的可能是事物的变动生灭乃至整个现实世界的过程和规律，也就是道。书中以道、式、能为基本范畴，采用逻辑学书写形式，每一条都是一个逻辑命题，通过纯逻辑的推演建构出独特的本体论。这本书的问世使中国学术史产生了方法论上的革命，在重感悟而轻逻辑的中国文化圈中有划时代的意义。本书充分体现了金岳霖中西合璧的著述风格，他用中国传统哲学中的最高概念“道”将“式”、“能”统括起来，成为他的哲学的“最上的概念”，“最高的境界”。书中大量采用无极、太极、理、势、体、用、几、数等中国传统哲学术语，并有意使用很多中国传统哲学命题，但赋予新解。

金岳霖的《知识论》以他的本体论为基础，在中国哲学史上首次构建了完整的知识论体系。它不仅是近代的，而且也是民族的。金岳霖在谈到《知识论》时曾说：“这是一本多灾多难的书。抗战期间，我在昆明时已经把它写完了。有一次空袭警报，我把稿子包好，跑到昆明北边的蛇山躲着，自己就席地坐在稿子上。警报解除后，我站起来就走。等到我记起时，返回去，稿子已经没有了。这是几十万字的书，重写并不容易。可是，再难也得重写。《知识论》是我花精力最多、时间最长的一本书！”

以金岳霖的3部专著为标志，中国逻辑学、哲学的教学和研究进入了一个新阶段。金岳霖所走过的哲学之路及其创建的哲学体系，为在今天新的历史条件下研究中国哲学、推进和发展中国哲学，提供了十分有益的借鉴。

赵忠尧

物理学家心中的诺贝尔奖得主

赵忠尧(1902—1998),浙江诸暨人,中央研究院院士,中国科学院学部委员,核物理学家,中国核事业的先驱之一。

1920年,赵忠尧从浙江诸暨中学毕业后,考入南京高等师范学校,1924年毕业后任东南大学助教。他工作踏实,善于钻研,深得物理学界前辈叶企孙的器重。1925年夏,叶企孙奉命筹建清华大学,携赵忠尧前往,让他在新筹建的物理实验室任职。1927年,赵忠尧赴美国加州理工学院深造,师从诺贝尔奖获得者密立根教授。

密立根教授慧眼识英才,他安排赵忠尧将"硬伽马射线通过物质时的吸收系数"作为博士论文的研究课题。尽管赵忠尧认为自己对这个题目缺乏足够的挑战力,但还是勉为其难地接受下来。师生二人都没有意识到,这个题目会把赵忠尧推到一个伟大发现的门口。勤奋的赵忠尧很快开始了艰苦的实验,他上午上课,下午准备仪器,晚上则通宵取数据。为保证每隔半小时左右获取一次数据,赵忠尧不得不靠闹钟来不断叫醒自己。苦撑了无数个不眠之夜后,赵忠尧发现:当硬伽马射线通过重元素时,吸收系数则高出原有理论结果约40%。密立根起初不敢相信这个实验结果,但却无法否认整个实验过程的严谨和可靠性。

这项实验后,赵忠尧又进一步研究硬伽马射线与物质的相互作用机制,他发现:当硬伽马射线通过重金属铅时,会产生成对的正反物质——反物质碰到正物质,两者迅速消失,并演变成光子。这是人类第一次观察到正反物质的湮没现象。

赵忠尧的这些研究成果是正电子发现的前导,他本可以凭此获得诺贝尔物理学奖。但是,他的研究结论遭到了学界的质疑,虽然后来事实证明赵忠尧的结果是完全准确的,但这却影响了赵忠尧的成果被进一步确认。1936 年,赵忠尧的同学安德逊因为观测到正电子轨迹,被授予诺贝尔物理学奖,但他不得不承认:他的研究是受赵忠尧的启发才做的。前诺贝尔物理学奖委员会主任爱克斯朋曾撰文说:“赵忠尧在世界物理学家心中是实实在在的诺贝尔奖得主!”

1931 年,赵忠尧学成回国后到清华大学担任物理系教授。是时,叶企孙从理学院调任清华大学校务委员会主任,吴有训接任理学院院长,赵忠尧曾经一度接任物理系主任。当时清华大学物理系还有萨本栋、周培源等多位教授。这个时期,为办好物理系,大家在极为简陋的条件下,齐心协力地进行教学和科研。赵忠尧开设了中国首个核物理课程,主持建立了第一个核物理实验室,并在极为简陋的条件下进行了一系列研究工作。他和同事一起用盖革计数器进行伽马射线、人工放射性和中子物理的研究,研究结果发表在《中国物理学报》、英国的《自然》杂志上。抗日战争爆发后,赵忠尧先后到云南大学、西南联大和中央大学任教。在极端艰苦的条件下,他除了教学工作之外,还和张文裕用盖革—密勒计数器做了一些宇宙线方面的研究工作。由于在当时的条件下不可能完成这些实验,他便将实验方案写成文章在国外发表。

1946 年 6 月,美国在太平洋的比基尼小岛上试爆原子弹,并邀请英、法、苏、中 4 国盟友代表观摩,中国代表正是赵忠尧。他默默注视着冉冉升起的蘑菇云,心中百感交集。因为,正是他十几年前的研究,为美国发展原子弹提供了理论基础。可是,中国何时才能释放出这样巨大的能量? 演习完毕,当其他国家的观摩代表继续在美国观光时,赵忠尧却不知何时“失踪”了。

原来,他乘机回到母校,想尽办法研究掌握加速器的设计和制造细节。密立根老师当然清楚赵忠尧此行的目的,十分敬佩学生的爱国心,于是,聘他作为自己的工作助手,并安排他更多地了解核心信息。清华大学物理学教授萨本栋也秘密汇来 5 万美元,作为购买设备的费用。然而,这笔钱只能是杯水车薪,根本就不够。何况美国政府一向严禁此类尖端技术的出口,即便是采购到,也无法运回中国。唯一的办法是将技术参数默背下来，回国后再自行制造，一些国内无法制造的精密部件，则在美国秘密定制。赵忠尧成了实验室里最勤奋的人，他每天工作 16 小时以上。这期间，他一年的生活费只有 2 000 美元，而“公派”人员却是一万美元。赵忠尧节衣缩食，一日三餐多是开水、面包加咸菜。节省下来的每一分钱，他都用来购置设备，终于将必须的部件设备筹备齐全。

新中国成立后，赵忠尧想方设法把加速器部件与核物理实验器材托运回国。美国方面百般阻挠，并将赵忠尧押进了军事监狱。赵忠尧因“莫须有”的罪名入狱后，国际舆论哗然，美国科学界对此表示强烈抗议，中国掀起了巨大的谴责浪潮。美国政府只得将赵忠尧放行。1950 年 11 月底，赵忠尧终于回到祖国，他将带回来的器材设备全部交给了中科院物理研究所，并主持建成了中国第一台质子静电加速器，为中国核事业的发展奠定了基础。

赵承嘏

中草药化学研究先驱

赵承嘏(1885—1966),字石民,江苏江阴人,著名植物化学家,中草药化学研究的先驱,中国科学院学部委员。

1885 年 12 月 11 日,赵承嘏出生在江苏江阴一个中药铺主之家,在清末科举考试中曾中秀才。1905 年,赵承嘏怀着科学救国的理想,通过了江苏省官费考试,赴英国留学。他先在中学进修一年,掌握了数、理、化基本知识。1906 年,赵承嘏进入曼彻斯特大学,师从有机化学大师潘金。潘金教授以重视实验室工作和精巧的实验技术而著称于世,赵承嘏深受其影响。而赵承嘏也因勤奋好学的品德受到潘金教授的赏识。1910 年赵承嘏获得理学士学位。随后,他去瑞士,在著名的有机化学家毕诞指导下进行天然产物的合成研究。他常以惊人的速度和精巧的技术,出色地完成教授交给的艰巨任务,显示了卓越的才能。1912 年和 1914 年,他先后获得瑞士工业学院理科硕士及日内瓦大学哲学博士学位,并留校任教 2 年。1916 年,赵承嘏受聘于法国罗克药厂研究部工作 7 年,曾因设计局部麻醉药普罗卡因的生产新工艺而获得专利,后被提升为研究部主任。在欧洲留学和工作时,赵承嘏即在英国化学会志和德国化学会志上发表了多篇高水平论文。

身在异国他乡的赵承嘏,时刻关注着灾难深重的祖国,出生于中药世家的赵承嘏,深知中草药是一个伟大的宝库。为了科学救国,他毅然放弃了有机合成的专长,选择了以先进的实验技术对中草药进行系统研究的道路。1923 年,他辞去薪金优厚的药厂工作,返回祖国,受聘于南京高等师范学校,任数理化学部教授。20 世纪初,随着有机化学的发展,植物化学的研究逐渐为化学家所重视。但在中国,运用科学方法对中草药进行系统研究还是一个空白。1925 年,赵承嘏来到北京协和医学院,担任药物化学教授兼药理系代主任,开始了中草药的研究工作。他运用近代化学方法,对古老的中草药进行系统研究,先后发表了 10 余篇论文,成为中国中草药化学研究的先驱者。

1932 年,赵承嘏辞去协和医学院的职务,受聘于北平研究院,创建了北平研究院药物研究所。建所初期,经费尤其短缺,赵承嘏千方百计筹措资金,订购国外仪器设备、药品以及对工作必不可少的期刊,对过期的杂志也设法补全,使药物所成为国内化学期刊最完整的科研单位之一。不久,日军侵占华北,北平形势紧张,药物所南迁上海。1935 年,赵承嘏当选为中央研究院评议员,这是当时科学界最高的荣誉职务。抗日战争时期,药物所未能迁往内地。由于药物所设备精良,被日本人看中,阴谋强行抢走,运往日本。赵承嘏不顾个人安危,请当时法国驻沪领事馆出面交涉。他据理力争,指出药物所的仪器设备是以法国庚子赔款购买,并非国民党的产业,日本无权运走。法领事馆即和日方交涉,并派负责教育的法国人亲自保护设备。事后,日本宪兵司令部借故多次传讯赵承嘏,对他威胁利诱。赵承嘏始终无所畏惧,表现了一个爱国科学家的崇高民族气节。赵承嘏热爱本职工作,不论有任何困难,始终坚守岗位,从不间断他的研究工作。新中国成立前夕,物价一日数涨,他动用所里全部余款,购置银元 300 多元,发给职工以维持生活,继续进行研究工作。当时勤杂工月资 10 元,而他自己每月只有 5 元,照常坚持工作。

赵承嘏在长期的研究工作中,对植物化学特别是生物碱的分离结晶积累了丰富经验,创造了独特的分离方法。当时,提取植物有效成分的经典方法是乙醇浸泡,这样得到的粗提物成分复杂,不易提纯分得结晶。鉴于植物有效成分多属生物碱,赵承嘏根据生物碱的特性,采用碱磨苯浸法,使提取物成分趋于简单,大大减少了进一步分离单体的困难。他还根据不同的研究对象,设计不同的方法,带领学生系统地研究了雷公藤、细辛、三七、贝母、常山、防己、延胡索、钩吻、麻黄等 30 多种中草药化学成分,得到了许多新生物碱的单体结晶,提供给药理工作者进行药理研究,并选择其中有价值的推荐临床试验,从而建立了系统研究整理祖国医药学的一套科学方法。赵承嘏运用自己独创的一套分离提取方法,往往能从一种植物中提得多种结晶,对植物化学做出了贡献。他从植物三七中分得三七皂甙元结晶,并证明它和人参二醇为同一化合物,比日本著名的化学家从人参中分得人参二醇早20年。

1949年11月,中国科学院成立。赵承嘏担任了中科院药物研究所所长。他虽年近古稀,仍不辞艰辛,在国内外网罗人才,以加强药物所的科研力量,并陆续建立了合成化学、药理学和抗生素等研究部门,使药物所逐步发展成为化学和生物两大学科互相渗透、互相配合、具有发展新药能力的国内为数不多的研究机构之一。

柳诒征

博雅宏通的史学大师

柳诒征(1880—1956)字翼谋、希兆,号知非,晚年号劬堂,江苏镇江人。民国著名的历史学家、古典文学家、图书馆学家、书法家,中央研究院院士。

1880 年,柳诒征在江苏镇江出生,少时丧父,家境清寒,幸其母出身书香门第,他自幼受母教诲,熟读文史要籍经典。维新变法后,柳诒征进入江楚编译局。1915 年后,就任南京高师历史系教授,任教中国文化史、东南亚史、印度史等,与吴宓等主办《学衡》。1927 至 1937 年,柳诒征就任江苏省立国学图书馆,整理旧籍,完成了 36 册的《国学图书馆图书总目》,更主编《国学图书馆年刊》,撰成《国学图书馆小史》。1938 至 1945 年,柳诒征到了重庆中央大学,任历史科研究院导师,任教期间完成《国史要义》。1946 至 1956 年,柳诒征回南京复任国学图书馆馆长、国史馆纂修,整理战后散佚图书及史料。1949 年后,出任文物管理委员,筹办地方博物馆。

民国史学界素有“南柳北陈”之称,“北陈”即陈垣、陈寅恪,“南柳”即柳诒征。20 世纪前半期,中国历史学家兼具“部聘教授”和“中央研究院院士”两项荣誉者,也只有陈寅恪和柳诒征二人。柳诒征著述极丰,把史学与哲学相结合,是其治学的特色,代表作有《中国文化史》和《国史要义》等。《中国文化史》分上古、中古、近世 3 册,约 100 余万字。书中资料含括极广,从典章政治、经济生活、社会风俗到教育文艺、物产建筑、图画雕刻,皆广搜列举。《国史要义》一书,分史原、史权、史统、史联、史德、史诚、史义、史术、史化 10 大篇。有学者评价该书为“更见精彩,美不胜收”,“在中国的史学名著之中即以之持与刘知几的《史通》和章实斋的《文史通义》相较,要亦可以先后比美”。

1927 年,柳诒征出任江苏省立国学图书馆馆长。十几年间,他以“惟有将图书公之于世，与天下学者共同研索，庶不负往哲而开来贤”为办馆宗旨，揭开了中国图书馆学历史的崭新一页。为充分发挥图书功能，柳诒征着手编制馆藏总书目。自清乾隆以来的150年，古籍分类即据四库全书为本，见于后来图书增多，已非四库分类所能尽容。柳诒征在编制书目时，将四部扩充为七部，增加志部（地方志）、丛部（各种丛书）和图部（地图和各种图册），还亲自校订。参加编目的骨干都是他当年的学生，如范希曾、缪凤林，均深谙于目录学，是辨章学术、考镜源流的行家里手，最终编成85类，832属。其中，公报归之政书，自然科学书籍划入子部，凡新出图书亦归于各类。1935年，30巨册的《国学图书馆总书目》编印出版，它收书之全，超出四库全书5倍。自近代中国有图书馆以来，能将全部藏书编成总目者，此为第一家。这部书目对海内外图书馆学都有深远的影响。

柳诒征深知图书馆对于学者治学的重要作用。他身为馆长，常在第一线工作，以渊博的知识为读者答疑解惑，查索图书。早在就任之际，就为了方便远地来馆的读者，制订了住馆读书章程，规定凡外地读者前来住馆阅览，只要交纳一定费用，就可以供给食宿，长期查阅资料，而对那些专心致志于研究的读者更见优待，甚至可免费供应。

从1914年应聘为南京高等师范学校国文、历史教授，到新中国成立后执教复旦大学，柳诒征的身影曾出现在多所著名高校的讲台上。作为一名教育家，他爱才、重才，言传身教，培植出的弟子“多能卓然而立”，在中国学术界，有弟子如缪凤林、张其昀、宗白华、茅以升、陈方恪、陈训慈、范希曾、郑鹤声等人，皆有造就，被誉为“柳门成荫”。

在近代史家中，柳诒征身上的道德色彩特别浓重。他曾说：“吾之人本主义，即合全国为一道德之团体者。”与此相适应，《国史要义》专列《史德》篇，修正刘知几、章学诚、梁启超等人的“史德”论，按以己意，重新申说，力图“兼本末、包内外，合道德文章而一之”，与政治实用主义相配合，形成一套独特观点。就文章写作角度看，他从史德方面提出过一些规范，如文无溢美、不为讳饰、不为曲笔之类，但更注重的，还是从道德角度对人进行规范，最终把史学理论转化为一种促进民族发展的道德哲学与伦理学。

胡刚复

中国近代物理学奠基人

胡刚复(1892—1966),小名龙倌,原名文生,又名光复,江苏无锡人,物理学家、教育家,中国近代物理学奠基人之一。他将X射线标识谱、吸收谱和原子序数之间的实验规律扩展到25号至34号元素,并测定了X射线频率和光电子速度的关系,对X射线学的发展做出了重要贡献。

1892年3月24日,胡刚复出生于江苏省桃源县(现泗阳县)一个教育世家。他5岁入上海南洋公学附小,10岁便跳级进入南洋公学中学部。由于年龄过小,稚气未干,初一时曾因骑楼梯扶手下滑冲撞校长而被罚降回附小。中学毕业后,胡刚复入上海震旦大学预科学习。1909年,胡刚复被录取为首批庚款留美学生。同年入美国哈佛大学物理系。1913年大学毕业,获奖学金入哈佛研究院,在杜安教授指导下从事镭提纯工作,并在亨廷顿癌症医院从事癌症放射性临床治疗。1914年获硕士学位后,在杜安教授指导下进行X射线光谱方面的研究。出于科学救国、实业救国的抱负,胡刚复认为物理学不但是严正科学的典范,而且与工程生产实业关系最为密切,因此决心学习物理。他在1913—1914年从事镭提纯及其临床放射治疗的工作,实践了他对科学最终应为人类幸福服务的信念。1914年胡刚复转入当时的物理前沿X射线领域进行实验研究。他和杜安教授合作,研究了X射线K线系与化学元素原子序数的关系。其重要学术成果有:一、用布喇格方法精确测定了原子序数自25至34的元素K线的临界吸收波长。他以电子速度和原子序数作图,提高了莫塞莱定律的精度,验明了X射线临界吸收频率、吸收体内临界电离频率、X射线管中由激励电子能量确定的临界X射线频率和最高特征发射频率都相等;二、首次在X射线频率范围内测定了光电子在不同方向的速度分布和X射线散射的空间分布及其光谱特性,明确了选择性光电效应和选择散射的存在,确定了X射线光电子的最大发射速度。这些成果对于确定X射线谱项结构、揭示原子发射X射线的机制、理解原子内层电子构造都有重要意义。

1918年,胡刚复博士论文工作结束后,杜安曾一再希望他能留下继续合作研究。为报效祖国,他毅然离开哈佛大学回国。胡刚复明白,当时中国的科学教育尚处于襁褓之中,还没有供自己继续进行实验研究的条件,这意味着自己的才华因此而被埋没。可是,他更加明白,要救国就必须让科学和科学教育在祖国的大地上生根开花。因此,胡刚复回国后便一心扑在了办学、教学和培养人才上。1918年,他刚到南京高等师范学校任教授时,全系只有他一个教授,讲课带实验全由他一人承任。即使在这样艰难的条件下,他还是创建了中国最早的物理实验室,因为他坚信,只有通过实验方能培养出真正的物理学家。1923年12月12日晚,学校理化楼失火,实验仪器付之一炬。胡刚复当天乘火车赶赴上海,向他兼职的大同大学借用理化仪器,连夜返回南京,使学生的实验没有耽误。正是靠这种精神,他带出了吴有训、恽子强、严济慈、吴学周、赵忠尧、柳大纲、施汝为、顾静徽、钱临照等一大批为我国科教事业做出重大贡献的著名科学家。

1926年,胡刚复受聘为厦门大学理学院院长,聘请姜立夫、张子高、秉志等主持理学院各系工作,使理学院步入正规。1928年,胡刚复协助丁燮林在上海创办了我国第一个物理研究所——中央研究院物理研究所,并任该所专任研究员。1936年,胡刚复得了伤寒重症,整整一个月不省人事。此时,他哈佛大学研究院的同学、东南大学的同事竺可桢被任命为浙江大学校长。竺可桢多次去医院看望神志刚刚清醒过来的胡刚复,并敦请他一起办学,否则将不接受任命。胡刚复为挚友的真诚所感动,同意担任浙江大学文理学院院长,共同办好浙江大学。1937年,抗日战争爆发,浙江大学辗转内迁。胡刚复总是担任迁校委员会的领导,每次迁校都是由他先寻找校址、借房、安排校舍、安排图书仪器运输、安排交通工具疏散人员。此时,伤寒病给他留下了耳朵失聪的后遗症。在一般人看来,他是不可能胜任的。

可是，他以坚强的毅力，办成别人看来办不成的事。浙江大学数次迁校，从不曾耽误开课。

1946年，胡刚复被委派率学生前往英国学习雷达技术，为中国培养第一批雷达高技术人才。在英国期间，他坚持到剑桥听微波原理和他以前没有正规学过的量子力学、电动力学及统计力学等课程，而且每次第一个赶到课堂，坐在第一排，以便于听课。1948年，他借道考察了美国的战后科学研究，特别是核物理、高能物理的进展，11月回到杭州。不久，他便和竺可桢一起到达上海，参加了新中国的科教事业。

1966年，胡刚复因患严重的肾病逝世于天津市总医院，享年74岁。1988年，中国物理学会为纪念胡刚复等物理学界前辈，专门设立了胡刚复、饶毓泰、叶企孙和吴有训物理学奖。

胡先骕

“中国生物学界的老祖宗”

胡先骕(1894—1968)，江西南昌人，中国著名植物学家、教育家，中央研究院评议员、院士，长期致力于植物学的科研与教学工作。

胡先骕从小就树立了“以天下为己任”的志向。1912 年，江西省政务会议通过提案，决定拨款选送 102 人分赴欧美、日本留学。胡先啸参加赴美留学考试，共有 16 人入选，胡先骕名列第五。胡先骕进入美国加州伯克莱大学学习，开始学农学，后来改为植物学。他曾赋诗言志道：“署年负奇气，睥睨无比伦；颇思任天下，衽席置吾民；二十不得志，翻然逃海滨；乞得种树术，将以疗国贫。”在他看来，出国留学绝不仅仅是为学到一种谋生的手段，更重要的是要有建功立业的抱负，学得强国富民的本领。1914 年，胡先骕抱着科学救国的宏志，与同学任鸿隽等人一起，在美国捐资刊行了中国第一份科学期刊《科学》，并参与发起组建了中国第一个民间科学学术团体——中国科学社。胡先骕一直是《科学》杂志的主要作者之一，先后发表多篇调查报告、考订文章和综述性论文。

1916 年夏，胡先骕学成回国。1918 年应聘为南京高等师范学校农业专修科教授。当时的南高农科只有 4 名教授，学生只有 40 余人。虽然设备十分简陋，但是，胡先骕倡导“科学救国、学以致用、独立创建、不仰外人”的教育思想。针对当时没有适合中国学生教材的情况，胡先骕与邹秉文、钱崇澍共同编著了中国第一部大学生物学系使用的教科书《高等植物学》。该书一改过去沿用日本教科书的编著体例，在理论及分类方面大胆创新，胡先骕还凭借对汉语的深厚修养，改正了原来应用不当的日文术语，如将“显花植物”更正为“种子植物”，“藓苔植物”更正为“苔藓植物”等等，这些更正后的名称一直沿用至今。1923 年该书由商务印书馆印行，全书 462 页，插图 306 幅，书末附有英汉名词对照表。当时，中国还没有中文本的《植物学》教科书，该书即成为国内各大学的主要教材，在教育界受到广泛欢迎。

1923 年秋，胡先骕再次赴美，入哈佛大学深造。由于学习成绩优秀，仅用 1 年即获得硕士学位。他还在哈佛大学阿诺德森林植物园内，用 2 年时间把该园自 1899 年起从中国采集并运走的植物标本，以及国外各期刊杂志中登载有关中国植物的科属记录一一检查、收集，整理编写成一部《中国种子植物属志》，作为博士学位论文，于 1925 年获博士学位。回国后继续任东南大学植物学教授和中国科学社生物研究所植物部主任。当时，因国内急需资料鉴定标本，该书稿被相互辗转传抄达 10 次之多，为中国植物学者开始学习研究植物分类提供了必要的文献。

1926 年，胡先骕应邀参加在日本东京召开的泛太平洋科学会议，他听到日本学者首次发现举世稀有的川苔草科植物报告时，就预见中国肯定也有川苔草科植物的分布。1930 年，他在《岭南科学杂志》上，再次推测中国东南沿海各省有川苔草科植物。1944 年，厦门大学生物系研究人员就在福建长汀及汀江、晋江和闽江流域发现 3 种中国特有的川藻和川苔草，从而证实了胡先骕的科学预见。

为了创建中国自己的植物园和发展中国的经济植物，1932 年，在胡先骕的倡议和亲自指导下，在中华教育文化基金会的赞同和支持下，北平静生生物调查所经与江西省立农学院协议合办庐山森林植物园。1934 年，园址最后决定建在含鄱口北麓。植物园原占地面积近万亩，为亚热带山地最理想的园地，也是中国最大的植物园。不仅有天然林、人工经济林，也有风景林和生态区，既可用作开展林木的利用和研究，又是研究植物学的一个良好基地。胡先骕委聘秦仁昌为第一任庐山森林植物园主任，并及时派陈封怀赴英国进修 2 年，回国担任园艺技师。经秦仁昌和陈封怀的辛苦经营，数年后，庐山森林植物园便形成为中国研究园林植物的重要基地。同时也培养了一批优秀的植物园科技人员。

1932 年，胡先骕担任北平静生生物调查所所长，不久收到郑万钧从中央大学寄来从四川万县磨刀溪采到的一种不知名的植物标本，请予鉴定。胡先骕根据标本核查文献,反复研究,确定该标本与在日本发现的两种植物化石同为一属植物。胡先骕和郑万钧将其命名为“水杉”。这一珍奇植物活化石的发现与命名,引起全世界植物学家的震惊,特别是引起古植物学家的重视。这是胡先骕融会古今植物研究的一个重要贡献。自胡先骕的论文发表后,世界各国植物园纷纷来函索要水杉种子,或派人来中国考察。很快就有 50 余国家、近 200 处植物园从中国引去这个古老的孑遗植物,并试种成功。

1968 年 7 月 16 日,胡先骕逝世,安葬于由他亲手创办的庐山植物园。毛泽东称他为“中国生物学界的老祖宗”。

侯德榜

"侯氏制碱法"发明人

侯德榜(1890—1974),字致本,名启荣,福建福州市人,中国制碱先驱和化学工业奠基人之一,中央研究院院士,为发展中国的化工业奉献了毕生精力。

1890 年 8 月 9 日,侯德榜出生于福州市南门外坡尾乡,早年丧父,6 岁时跟着祖父识字读书。13 岁时,侯德榜离家到福州仓前山鹤龄英华书院读书,学习成绩一直名列前茅,但因为参加反帝爱国运动被学校开除。之后进入福州绅士陈宝琛新办的中学,并获得保送上海闽皖铁路学堂深造的机会。在这所新式学校里,他接触到了很多科技知识。1910 年夏,他被分配到津浦铁路南段符离集车站做工程实习生。但侯德榜有志于继续学习,不久弃职投考北京清华学堂,并以第一名的成绩被录取。1913 年毕业时,以 10 门功课考了 1 000 分的成绩震动了整个清华园。因为成绩特优,他被送到美国麻省理工学院学习化工。他在这个新领域里钻研 3 年,1916 年以优异成绩毕业。学院认为他在化工方面很有发展潜力,让他去美国各地化工企业参观学习,继而考入哥伦比亚大学。

1921 年 10 月,侯德榜受民族实业家范旭东之聘,回国投入永利化学公司碱厂的建厂工作,并被任命为总工程师兼制造部长。1926 年 8 月,永利公司生产的"红三角"牌纯碱,在美国主办的世界博览会上一举获得金奖,该产品不但畅销国内,而且远销日本和东南亚。为了让中国的科学技术在世界上占有一席之地,侯德榜将自己在制碱中的一套极其宝贵的经验加以总结,写成《纯碱制造》一书。当时许多穷于无计的外国企业家,竞相购买此书,效仿生产。侯德榜的母校哥伦比亚大学和美国许多大学也争相翻译,都把它作为大学教科书。

位于南京江北的大厂镇的永利化学公司铔厂，当时号称远东最大的合成氨联合企业，它由民族资本家范旭东创建，但具体筹建工作则由侯德榜一手操办。1934年初，侯德榜赴上海、南京、马鞍山、株洲等地进行勘察，最后将厂址定在南京对岸的卸甲甸。1934年4月，侯德榜率5位工作人员赴美国进行硫酸氨厂的设计、采购和培训工作。在这一过程中，他充分显示出一个指挥者、组织者的才能。他深谋远虑，精打细算，将能在国内制作的构件在国内订货，须在国外订货的，也不倒向一家，而是向英、美、德等国多家公司订货，各个击破，各取所长，不但打乱了各厂家之间的暗中联手与约定，而且买到了合适的设备。

1936年春，当建厂设备采购完成后，身为厂长兼总工程师的侯德榜又马不停蹄投入施工中去。那时，每天都有不少设备进厂，既要严格验收，又要加紧安装，既要备料，又要试车，侯德榜忙得连轴转。他除白天在施工现场指挥安装外，晚间还要审阅图纸，制定计划，处理公函，一直工作到晚上八九点才吃晚饭。为了发展中国民族工业，有一次，他因劳累过度血压升高导致昏厥。他还患上一种叫"枯草热"的洋感冒，常常出现呼吸困难，夜不能寐，可他仍然坚持工作。

1937年2月上旬，中国第一座规模宏大、设备先进的化工厂终于生产出第一批合格的硫酸氨。美、英、德和瑞士等国专家云集氨厂来表示祝贺，他们目睹铔厂工程师和工人在侯德榜的领导下，忠于职守，刻苦努力，分工协作的工作场景，都留下了很深的印象。铔厂投入生产后，工厂招收进一批大学生，有的西装革履，有的长衫大褂。当看到侯厂长和工人一样身穿蓝色工作服，不怕脏、不怕累，工作在第一线，他们受到很大触动，很快都改变了装束。

抗日战争爆发后，永利碱厂被迫迁往四川，由于当时内地盐价昂贵，用传统的索尔维法制碱成本太高，无法维持生产，为寻找适应内地条件的制碱工艺，永利公司准备向德国购买新的工艺——察安法的专利。但德国与日本暗中勾结，除了向侯德榜一行高价勒索外，还提出了种种对中国人来说是丧权辱国的条件。为了维护民族尊严，侯德榜与永利的工程技术人员一道，认真剖析了氨碱法流程，终于确定了具有自己特点的新的制碱工艺。1941年，这种新工艺被命名为"侯氏制碱法”。

侯德榜生活十分俭朴。他的那把计算尺，是学生时代开始使用的，一直用到1943年才更换。他的收音机，用了几十年也舍不得丢弃，电子管老化了，便更换一个又继续使用。侯德榜不喝酒、不抽烟、不用茶、不打牌、不看戏，只喜欢看书刊和思考问题。有一次，他因思考塔器计算参数，中午用膳时，竟拿着盛菜用的小碟去盛饭。当饭盛不下时，才发现拿错了餐具。这些都被同仁们传为佳话。

新中国成立后，侯德榜任永利化学公司总经理和副董事长、化学工业部副部长。《制碱工学》是侯德榜晚年的著作，也是他从事制碱工业40年经验的总结。全书在科学水平上较《纯碱制造》一书有较大提高。该书将“侯氏碱法”系统地奉献给读者，在国内外学术界引起强烈反响。

俞大绂

植物病害的“克星”

俞大绂(1901—1993),字叔佳,祖籍浙江绍兴,出生于江苏南京,植物病理学家、农业微生物学家和农业教育家,中央研究院院士、中国科学院学部委员。

1901 年 2 月 19 日,俞大绂生于南京市一个知识分子家庭。幼年随家在上海和安东等地读小学,1915 年进入复旦中学,1918 年进入复旦大学预科专修数理,1924 年毕业于南京金陵大学。他主学农科,兼修化学,因而打下了坚实的理科和生物学的基础,毕业后留校任助教、讲师。1928 年,他怀着“科学救国”的理想,到美国依阿华大学研究生院深造。1932 年获依阿华大学哲学博士学位,成为美国植物病理学会会员,获得“斐陶斐”奖。同年俞大绂回国,先后任金陵大学、清华大学、北京大学教授。

俞大绂虚心好学,知识渊博,在植物病理学方面做了许多开创性的工作。20 世纪二三十年代,中国科学很不发达,植物病理学尤其落后,从事这方面工作的人员寥寥无几,俞大绂与其他同行,经过艰苦努力,在不少领域中进行了卓有成效的工作,为发展中国植物病理学奠定了基础。早在二三十年代,俞大绂即从事禾谷类作物抗病育种及种子消毒的研究,育成抗黑粉病的小麦品种,抗荚疫病的大豆品种,抗稻瘟病的水稻品种等,并和同事们研究小麦条锈病和禾谷类作物黑粉病。这些研究成果在美国有关杂志上发表。他还和同事们首先报道小麦秆黑粉菌具有生理分化性,开创了中国生理小种研究的先河。30 年代,俞大绂首先对粟病害和蚕豆病害进行了多方面的研究,其研究资料成为经典资料并出版了专著。40 年代,在战火纷飞、工作和生活条件极其艰苦的情况下,俞大绂克服各种困难,取得了多项突出的研究成果。他对中国作物病毒病害和细菌病害作了开拓性的研究工作，首先研究并发表了《中国植物病毒病害的观察》及《豌豆耳突花叶病毒》、《蚕豆细菌性茎枯病》等多篇研究论文，这些研究成果在当时中国植物病理学领域都是开创性的。50 年代，他首先主持开展了赤霉素的研究工作，不仅填补了中国赤霉素研究和生产的空白，而且还培养出中国特有的“3010”号优良菌种。从 60 年代开始，在他主持下开展了真菌的遗传变异，特别是异核现象的研究处于世界领先行列，其成果在国外多种刊物著作上被引证。

1951 年，在中国东北地区发生了严重的苹果树腐烂病，病害危及数百万果树。俞大绂带领防治小组奔赴病区，对发病规律及侵染循环进行了深入的调查研究。为掌握苹果树腐烂病的第一手资料，俞大绂经常冒寒风尘沙下乡，不辞辛苦地走遍了大部分果区，观察和记录果树发病情况，指导采集标本，就地制定了防治措施。最终，正在蔓延的病害被制止了，这场防治苹果树腐烂病的战斗在俞大绂的带领下取得了胜利，当地群众异常高兴和感激。

不久，俞大绂和中国科学院的同事一起，又承担了防治小米红叶病的任务。他身背采集箱，奔波于华北、西北等地，采集标本，走访有经验的农民，深入调查，反复试验，终于找出了药物防治和抗病育种的有力措施，为中国谷子红叶病的防治工作做出了贡献。小组有关小米红叶病的论文，引起了国际学术界的重视。

50 年代中期，俞大绂参加了中国植物检疫工作，举办了植物检疫培训班。他带领北京农业大学植物病理系的学生多人到浙江黄岩，以柑桔疱痂病作为主要检疫对象进行防治和检疫工作。他与当地技术人员密切合作，终于控制了病害，从而增加了果实产量，同时也培养了一批检疫技术干部，推动了中国的检疫事业顺利起步。

俞大绂曾说过：“许多工作不是一上来就有兴趣的，很多是因为国家的需要，只要钻进去了就会有兴趣。”无论是草场、果园、田间甚至菜市场，他总能随时发现病害标本。

大学毕业后的俞大绂从未脱离教书育人岗位，执教 60 多年，成为中国功勋卓著的农业教育家。1959 年他在北京农业大学主持创建了中国农业院校中第一个农业微生物学专业,为培养农业微生物学方面的人才打下了基础。俞大绂讲课时,材料翔实,示例生动,语言风趣而幽默,引人入胜。1964 年以后,他的眼疾加重,不能亲自到课堂讲授时,还用录音给大学生讲课,亲自辅导年轻教师备课,并指导数名研究生。

俞大绂先后在各种刊物上发表论文 90 余篇,出版专著译著多部。他多年收集资料编写的《植物病理学和真菌学技术汇编》,堪称中国植物病理学最完整的工具书,对教学、科研、生产都有重要的使用价值。

俞大绂曾为一位学生题词道:“识欲其博,事欲其专,思欲其勤,学欲其恒。”这也是他自己坚守一生的做人治学的原则。

饶毓泰

近代物理学“铺路石”

饶毓泰(1891—1968),又名俭如,字树人,江西临川人,中央研究院院士、中科院学部委员。物理学家、教育家,中国近代物理学奠基人之一。

饶毓泰自幼天资聪颖。1911 年,他以优异成绩毕业于上海南洋公学。1913 考取江西省公费留学,赴美国芝加哥大学攻读物理学。1917 年获物理学硕士学位,后又考入普林斯顿研究生院,师从世界著名物理学家康普顿教授。1922 年,他从美国购置大量物理实验仪器回国。当时,国内大学里设立物理系的学校不多。为了培养物理人才,他毅然在南开大学创办了物理系,并任物理系主任。在最初几年,南开大学物理系教师只有他和陈礼两人。除交流电和无线电等课程外,饶毓泰担任了包括普通物理学、力学、电磁学、光学、近代物理等课程的讲授,还亲自选定了国外的著名教材。他采用启发式的教学方法,讲课既抓住本质、突出重点、反复阐述基本概念,又不时穿插一些科学史上很有启发性的事例,让学生受益匪浅。

1933 年 9 月,饶毓泰受聘担任北京大学物理系教授和系主任,后兼任理学院院长。饶毓泰特别重视实验室建设和开展实验研究工作,十分强调高等学校教师只有认真进行科学研究,才能提高学术水平和教学水平。他还十分重视演示实验。他把原北京大学理学院的一个小礼堂改为阶梯教室,建立了演示实验室,用以边讲课,边演示,把感性认识与理性认识结合起来。他还特别注意引进人才,先后聘请了周同庆、张宗蠡、朱物华、吴大猷、郑华炽等教授,使得教师队伍面貌一新。此时北京大学物理系不仅培养本科生,还招收研究生,开设了一系列研究生课程,如数学物理、电光及磁光学、量子力学、电动力学二、气体导电一、气体导电二、原子与分子光谱、喇曼效应与分子结构、电网络理论等课程。

毕生呕心沥血教书育人的饶毓泰，在气体导电过程、低压汞弧放电机理研究和倒斯塔克效应、分子光谱等方面都取得了重要成果。早在普林斯顿大学求学期间，饶毓泰师从康普顿教授研究气体导电过程，对低压汞弧的激发电压远小于汞的电离电势以及电弧的维持电压又远小于激发电压这一现象的机理，进行了深入细致的研究，获得了理论与实验相一致的明确结论。在 20 世纪 20 年代初，气体导电在国际上属于前沿性研究领域，他的研究工作对这个领域做出了重要贡献。

20 年代至 30 年代，对原子倒斯塔克效应的研究也是物理学界关注的热点。1929 年到 1932 年间，饶毓泰在莱比锡大学波茨坦天文物理实验室，研究 Rb 和 Cs 原子光谱线的倒斯塔克效应时，观察到这两个元素主线系谱线的分裂和红移。他的研究工作丰富了这个领域的实验数据。

抗日战争爆发前，饶毓泰购置和安装大型光谱仪器，建设了能自制仪器设备的金工车间。在他的领导下，北京大学物理系教师积极从事科学研究，在分子光谱理论和光谱学实验研究等方面取得了一些有价值的研究成果。他亲自与吴大猷、沈寿春一起用拍摄喇曼光谱和测定谱线退偏振度的方法研究 C_1O_3—、BrO_3—、IO_3—的结构，得出它们具有立体的金字塔形结构，而不是一般文献上所说的平面结构的结论。这篇论文于 1937 年 2 月在美国《物理评论》上发表。

1944 年饶毓泰在美国俄亥俄州立大学从事分子红外光谱的实验研究，曾与尼尔森合作研究了 $C_{12}O_{216}$ 和 $C_{13}O_{216}$ 分子的振—转光谱，采用分辨率达 0.07cm—1 的棱镜—光栅分光光度计，把含不同碳同位素的两种 CO_2 分子的 ω3 转动谱带同时清楚地记录下来。这一成果为研究含同位素的气体分子的振—转光谱提供了新的方法。他还用红外小阶梯光栅研究了丁二烯的吸收谱带。以上的研究成果均发表在美国《物理评论》上。

抗日战争胜利后，饶毓泰从美国回国，积极筹划北京大学物理系的恢复。先后聘请了赵广增、马大猷、张宗燧、胡宁、朱光亚、黄昆、虞福春等到该系任教。他通过英国文化委员会为系图书室补充了一批重要期刊，还通过中华文化教育基金会借到 10 万美元,准备建立一个近代物理中心。

1952 年院系调整后,年逾花甲的饶毓泰不再担任物理系的领导,但他仍然关心物理系的发展,特别是光学专门化的建设工作。他除指导研究生外,查文献,编讲义,先后开设原子光谱、光的电磁理论和气体导电基本过程等课程,甘当中青年教师的“铺路石”。尤其令人感动的是,当激光问世时,饶毓泰为使后辈赶上这一新发展,他专门讲授了“光的相干性理论”和“光磁双共振”等反映科学新进展的课程。这时,他已是古稀老人了。他不仅讲课,还亲手编写讲义,为后人留下了宝贵的资料。

姜立夫

甘为人梯的数学巨匠

姜立夫(1890—1978),谱名培垧,学名蒋佐,字立夫,浙江平江人,著名的数学家及数学教育家,南开大学及岭南大学数学系创始人。曾任中国数学会会长,中央研究院院士,数学所所长,中国科学院学部委员。

1890年,姜立夫出生在浙江省平阳县。祖父是晚清的优贡生,姜立夫从小就在祖父开设的家馆学习,受到了良好的教育。姜立夫自幼丧失父母,跟着兄嫂生活。1907年,17岁的姜立夫到杭州府中学堂读书。3年后顺利通过第二期庚子赔款留美学生考试,尚未从杭州府中学堂毕业,就得以公费留学美国。1911年,姜立夫进入美国伯克莱州立大学学习数学专业。1915年,姜立夫从伯克莱州立大学毕业后,选择了继续求学。他转入哈佛大学研究院,4年后获得数学博士学位。他是中国的第二位数学博士。1920年,姜立夫学成归国。对于自己的留学生涯,他是这样认识的:“我是用美国退回的一部分庚子赔款去留学的,那当然不是美国的钱,也不是清政府的钱,那是国人辛勤劳动积累起来的钱,我应当为中国人做一点好事,把西洋数学搬回来。因为数学是自然科学的基础,中国需要科学,也需要数学,我愿把一生献给中国数学。”

当时,国内只有北京大学刚刚建立了数学系。成立仅仅半年的南开大学正在谋划建立数学系。就在这个关键时刻,姜立夫来到了南开大学,一手筹办了数学系。在开始的4年里,全系既无讲师,也无助教,只有他一位教授兼系主任。姜立夫不顾艰难,先后开设了初等微积分、例题解析几何、高等微积分、高等代数、复变函数等课程。尽管十分辛苦,但姜立夫乐在其中,可谓一个人撑起了一个系。其实，数学的分支十分繁杂，若非姜立夫门门精通，根本无法做到。直到4年后，他的第一届学生毕业留校任教，这才结束了“一人系”的局面。每当人们称赞他学问渊博时，姜立夫总是谦虚地说：“数学这门学问如同一棵大树，我所学得的知识，只不过是一张叶子而已。”抗日战争之前，姜立夫一直在南开大学任教。他十分重视数学文献的搜集。在他主持下，南开大学的数学图书的质量在全国首屈一指，世界范围的数学家的论文集也十分齐全，甚至收藏了不少珍贵的绝版书。这样，学生才能接触到数学界顶端的文章，学习到更多的东西。同时，姜立夫致力于集合研究，写作了《圆素和球素几何的矩阵理论》，产生了深远影响，他也因此被誉为中国几何学界的泰斗。

1934年至1936年，姜立夫曾到德国汉堡大学访问。抗日战争爆发后，姜立夫到西南联大任教。课堂讲授是最主要的教学环节，姜立夫在这方面有其独到之处。课室光线来自左方，除了在黑板上书写公式或作图外，他总是站在教室左前方，让开黑板，面向学生讲解，便于学生耳目并用，手脑并用。他在黑板上书写或作图时，并不中断解说，连每个数学记号都边写边念，从不出现哑场。他十分注意节约黑板空间，只写公式及少数名词、人名和绘图，板书及绘图整洁简练。擦黑板时总要保留尚须参考的公式。他作图时，一般是徒手，只有图形必须十分准确，如射影几何中的复杂图形时，才用直尺，而且总是使有关交点落在黑板范围内。他使用颜色粉笔，系统而不滥，用不同颜色代表不同对象。他讲课有时有教材，没有教材时，常常只在一两张废日历纸上记下简略的提纲，然后就可以胸有成竹地侃侃而谈。对于数学考试，姜立夫并不拘泥于形式，学生可以写短文，也可以阅读文献后写体会，只要是能够体现自己的水平就可以。姜立夫另一项倾注心血较多、持续时间也较长的工作是数学名词的审定。事实上，由姜立夫领导审定的，虽然只限于纯粹数学方面最基本的名词，但已构成今日整个数学名词的基础。在此期间，姜立夫还主持了数学研究所筹备处的工作。1940年，姜立夫任中国数学会会长，抗战胜利后，姜立夫任中央研究院数学研究所所长，1948年当选为中央研究院院士。1949年，姜立夫随国民政府前往台湾，不久又毅然回到大陆，担任中国科学院学部委员。他创办了广州岭南大学数学系，并在中山大学执教终身。

姜立夫一生并没有很多数学论著，但是，他全力以赴地用自己的心去教授学生，培养出了一大批优秀人才，数学界的刘晋年、王泽涵、陈省身、孙本旺等著名人士都是他的学生。20 世纪 50 年代，姜立夫年事已高，但晚上为学生补课却风雨无阻。在一次讲课中，他因心肌梗塞而晕倒，从此学校不再安排他课堂教学。但他很快就在家里挂起黑板，组织讨论班，与中青年教师、研究生和进修教师一起边读书边研究，还从事外文数学书籍的翻译工作。他的学生、中国积分几何先驱吴大任动情地说："姜立夫是现代数学在中国最早而又最富有成效的一位导师，他为数学事业贡献了毕生精力。"

夏丏尊

《中学生》杂志创办人

夏丏尊(1886—1946),名铸,初字勉旃,后改为丏尊,号闷庵,浙江上虞人,中国现代著名教育家、文学家,优秀的翻译家、出版家。曾创办春晖中学和立达学院。他翻译了日文版《爱的教育》,创办的《中学生》杂志获得巨大成功,被誉为“在国文教学上划了一个时代”。

夏丏尊从小接受的是中国私塾教育。1901 年,他沿着这条文人致仕的传统道路,参加乡试并中了秀才。然而,也就是这一年,清政府废除了科举制度。夏丏尊只好另寻出路。他先后来到上海、绍兴等地上新式学堂。但因家境贫寒,没能毕业便辍学了。1905 年,国内掀起留学日本的潮流,夏丏尊也借钱东渡来到日本,先后在弘文学院和东京工业学校学习。两年后,因为费用不够,又没有申请到公费,只好半途归国。

回国后,夏丏尊来到杭州,在浙江省两级师范学堂担任助教和国文教员。1912 年,学校舍监一职出现空缺,夏丏尊主动请缨。在外人看来,舍监工作无疑十分辛苦,薪水很低,是个吃力不讨好的差事。但是,夏丏尊怀着真诚的爱来对待学生。他并不拘泥于传统的“师道尊严”,而是注重人格教育和爱的教育。他接受了学生的种种挑战,学生甚至给他起了“夏木瓜”等各种绰号,但是夏丏尊并不生气,继续以一片真心去对待学生,最终得到了学生的认可。学生亲切地将他的教育称为“妈妈的教育”。与此同时,夏丏尊阅读大量教育学理论书籍,进一步加深了自己的修养和对教育的理解。1919 年五·四运动爆发,夏丏尊积极支持新文化运动,提倡白话文教学,与陈望道、刘大白、李次被人称为校园的“四大金刚”。

1921 年,原浙江第一师范学校校长经亨颐在上虞创办春晖中学,邀请夏丏尊参与。夏丏尊欣然应邀。夏丏尊来到春晖中学后，在美丽的白马湖畔盖了一座平房，并为之取名为“平屋”。此后，他邀请了大批志同道合的优秀人士参与进来，如朱自清、丰子恺、朱光潜等。他们为了共同的理想，开始尝试新的教育。这期间，夏丏尊翻译了《爱的教育》，先在《东方杂志》上的连载。1924 年，开明书店正式出版《爱的教育》，先后再版了 30 多次，足见其影响之深远。同时，他还创作了散文集《平屋杂文》。夏丏尊是中国新文学运动的先驱，他的学术著作还有《文艺论ABC》、《生活与文学》、《现代世界文学大纲》，编著有《芥川龙之介集》、《国文百八课》、《开明国文讲义》等，译著有《社会主义与进化论》、《蒲团》、《国木田独步集》、《近代的恋爱观》、《近代日本小说集》《爱的教育》和《续爱的教育》等。

1925 年，夏丏尊到上海，参与了立达学园的创办工作，同时兼任开明书店的编辑工作。不久，他翻译了日本作家山田花袋的《绵被》，这是中国最早翻译介绍日本文学的作品。次年，他出版了《文章作法》一书。1927 年，夏丏尊受邀担任上海暨南大学的中国文学系的主任。1930 年，夏丏尊创办了《中学生》杂志。他将自己对语文教育的心得、对教育的期望与理解等都融入到了文章中。夏丏尊认为，语文教学对待文章的阅读和写作，都应尊重文章学的系统。他又是提倡“语感”培养的第一人，把“传染语感于学生”说成是他“在国文科教授上最近的一信念”。他还主张写文章要讲究“真实”和“明确”，为了做到这两点，就必须在说话作文时留心“6 个 W”：为什么要做这文（why）？在这文中所要叙述的是什么（what）？谁在做这文（who）？在什么地方做这文（where）？在什么时候做这文（when）？怎样做这文（how）？真正每做一文都能明确回答这“6 个 W”，文风就正了。

1936 年，夏丏尊担任中国文艺家协会主席，同年，任《新少年》杂志社社长。他从未停止过对教育学、文学的探讨。抗战爆发后，上海文化界救亡协会创办了《救亡日报》，夏丏尊任编委。后来又任上海南平女中的国文教员。日军也知道夏丏尊的能力和影响，1942 年，他们想让夏丏尊担任日本人创办的杂志的编辑，但是夏丏尊严词拒绝了，因此被日本宪兵司令部逮捕，后经日本友人内山完造等人保释才得以出狱。1946 年 4 月 23 日，夏丏尊因病在上海逝世。

顾颉刚

历史地理学开创者

顾颉刚(1892—1980),原名诵坤,字铭坚,江苏吴县人。现代历史学家,创立“古史辨”学派。他在20世纪20年代提出“层累造成的中国古史“的观点,在当时的史学界引起了巨大震荡。

1893年5月8日,顾颉刚出生于苏州顾家花园。顾家是书香门第,康熙曾为其题写“江南第一读书人家”。顾颉刚从小受到了良好的家庭教育。1916年考入北京大学哲学系。顾颉刚如同鱼儿进入海洋,在自由徜徉中游出了属于自己的一方之地。顾颉刚因仰慕王国维、胡适、章太炎等名师而对历史学有了新的认识。他发现自己对史学的兴趣要比哲学大得多,从而决定转向研究史学。1920年,顾颉刚从北大毕业,留校任图书馆编目员。他草拟出《重编中文书目的办法》,提出了拆散丛书编“书名目录”,进而提出“学派书目”和“分类目录”的见解,并建议编“待访书目”。这些建议对改进图书馆工作起了一定的作用。1921年,北京大学成立研究所,顾颉刚受邀担任助教,同时担任《国学季刊》的编辑。在这段时间,顾颉刚充分利用工作的便利,阅读了大量史学资料,走上了治学之路。

顾颉刚受胡适倡导的“整理国故”思想的影响,从20世纪20年代起即从事中国历史和古代文献典籍的研究和辨伪工作。主张用历史演进的观念和大胆疑古的精神,吸收近代西方社会学、考古学等方法,研究中国古代的历史和典籍。他与钱玄同等发起并主持了古史辨伪的大讨论,又广集当时的研究成果编成《古史辨》八册,形成了“古史辨”派。顾颉刚在其研究中提出了“层累造成的中国古史”的观点,认为时代越后,传说的古史期越长,周代时最古的是禹,到孔子时有尧、舜,到战国时有黄帝、神农，到秦朝有三皇，汉代以后有盘古，古史系统的形成，主要出于战国到西汉的儒家之手。他以疑古辨伪的态度考察了孔子与六经的关系，指出孔子的“正乐”与社会上没有关系，批评梁启超把孔子说得太完美；断定六经决非孔子“托古”的著作，六经没有太大的信史价值，也无哲理和政论的价值；否定了儒家利用六经，尤其是利用《尚书》编成的整个古史系统。他又提出，必须打破中国古代民族只有一个、地域向来一统的观念，以及古史人化、古代是黄金时代等观念。这些观点尽管有些还存在较大争议，但在当时却具有反封建、反对经学偶像的意义。

在引起史学界大讨论的同时，顾颉刚还开拓了民俗学这一学科。早在大学期间，他就开始搜集民间歌谣，考虑民俗学等问题。1923 年，顾颉刚在北大研究所任《歌谣》周刊的编辑。次年，他写成《吴歌甲集》，在北大期刊《歌谣》周刊上连载，引起了相关人员的关注。也就在这一年年底，顾颉刚发表了《孟姜女故事的转变》。此文一出，引起了中外学术界的轰动。后来，顾颉刚将孟姜女的故事做了一系列的专题论述，成为民俗学的经典代表之作。

1927 年，顾颉刚发表《孟姜女故事研究》。4 月，他到中山大学任教，任《中山大学语言历史研究所周刊》主编。年底，顾颉刚与钟敬文等人一起创立了中山大学民俗学会。从北大的《歌谣》到中山大学民俗学会，顾颉刚始终是重要骨干。

1929 年，顾颉刚回到北京，进入燕京大学任教，同时不忘古史研究。在整理《禹贡》的过程中，顾颉刚发现了历史地理研究的重要性，于是在北京大学和燕京大学同时开设了“中国古代地理沿革史”课程。1934 年，顾颉刚组织成立了禹贡学会，后任学会理事。中国由此出现了一批历史地理学的研究人才。就这样，顾颉刚成为中国历史地理学的创立者。

抗日战争时期，顾颉刚先赴西北工作，任甘肃“老百姓社”社长，编印《老百姓》旬刊。1938 年顾颉刚到昆明，任云南大学文史教授，在《益世报》上辟办《边疆》周刊。1939 秋，顾颉刚到成都，任齐鲁大学国学研究所主任。

1940 年他创办《责善》半月刊，陆续发表《虞幕》、《乘龙》、《丽江禹迹》等《浪口村随笔》中的一些篇章。4 月，顾颉刚被聘为教育部史地教育委员会委员。1941 年赴重庆主编《文史杂志》，任边疆语文编译委员会副主任委员。8月，任中大中文系和历史系教授兼出版部主任。冬，迁北碚，任中国史学会常务理事、复旦大学教授等职。1944年受聘齐鲁大学重任国学研究所主任，并与娄子匡主编《风物志集刊》。

新中国成立后，顾颉刚先后在上海学院、复旦大学任教等。在整理史料方面，顾颉刚先后担任《资治通鉴》、《廿四史》和《清史稿》的总校，同时撰写了大量民俗学、史学的研究文章。顾颉刚一生笔耕不辍，不断提出新的观点，开拓新的研究领域。

晏阳初

平民教育家

晏阳初(1890—1990),四川巴中人,教育家,致力于平民教育70余年,被誉为“世界平民教育运动之父”,同时也是知名的乡村建设家,与陶行知并称为“南陶北晏”。

1890年秋,晏阳初出生在四川巴中县。祖父和父亲都是当地的私塾先生。谙习时势的父亲深知“书香之外另有世界,西学乃潮流之所趋”,毅然将少年晏阳初送到数百里外的基督教会创办的西学堂接受新学。1913年,晏阳初前往香港的圣史蒂芬孙学院学习。当年秋天,他考入香港大学。3年后,晏阳初到美国耶鲁大学政治系学习,接受了美国式的民主理念。1918年,晏阳初从耶鲁大学毕业后没有立刻回国,而是饱含热情地到了法国帮助旅法华工。这次经历对于晏阳初来说是个重大转折。在服务过程中,他发现许多华工都是文盲,再加上不懂法语,生活极其困难。晏阳初就帮助他们写信、翻译等。晏阳初认为,华工同胞虽然乐观善良,有着无限的聪明才智,但是生活却无比艰辛,主要是因为没有受到好的教育。于是晏阳初开始有计划、有目的地教华工读书识字,同时编写教材,并创办报刊。仅仅一年时间,就有几万华工摘掉了文盲的帽子。后来,有一位华工给晏阳初写了一封情深意切的感谢信:“晏先生大人:自从您办周报以来,天下事我都知道了。但是,您的报卖得太便宜了,只十个生丁,恐怕不久要关门。我现在捐出我3年的积蓄365个法郎。”晏阳初被华工的淳朴感动了,他下定决心:“回国后,不做官,不发财,把我的终身献给劳苦的大众。”

1920年,晏阳初回国后先到上海,参加了基督教青年会全国协会智育部主持的平民教育工作,主编了《平民千字科》,以作为广大农民读书识字的教材。两年后,积累了一定经验的晏阳初转战长沙，开始更大规模的平民教育运动，筹建了平民学校200所。当时，毛泽东就是平民教育运动中的一名义务教员，足见其影响。随后，他转战北京，着手筹建了中华平民教育促进总会，任总干事，在全国多地开展识字运动。

随着平民教育运动的开展，晏阳初逐渐认识到中国的平民教育重点在农民的教育，平教会设立了乡村教育部，经历了两年的实地调查，平教会选择河北定县作为平民教育的实验试点。1926年晏阳初与志同道合的一批知识分子来到定县翟城村，推行他的乡村教育计划，1929年平教总会迁往定县，全力以赴地在这里开展乡村教育的实践。晏阳初认为中国农民问题的核心是“愚贫弱私”四大病，提出以“学校式、社会式、家庭式”三大方式结合并举，“以文艺教育攻愚，以生计教育治穷，以卫生教育扶弱，以公民教育克私”四大教育连环并进的农村改造方案。同时开展“博士下乡”活动，使国内一流的知识分子走出象牙塔，深入到农村，全身心地投入到乡村教育改革中。

当晏阳初在定县的改造运动取得了重大进展时，1936年日本军队逼至华北，平民教育促进会在定县的活动无法继续开展，晏阳初不得不带领平民教育促进会向南方撤离。离开定县的晏阳初并没有停止乡村建设运动的步履。湖南省政府邀请晏阳初到湖南帮助3 000万民众抗日。晏阳初上任后撤销了将近三分之二的县级官员，招募了近5 000名学者和科学家来到湖南，推开了中国有史以来第一次大规模的基层政治改造和民众动员运动。

1940年，晏阳初前往四川，成立中国农村建设学院，使得更多的农民受到了教育。1943年，美国评选“现代世界最具革命性贡献的十大伟人”，晏阳初当选。同时入选的还有爱因斯坦等人。抗战胜利后，晏阳初试图说服国民政府为乡村教育投入更多的资金和资源。在遭到拒绝后，晏阳初并不气馁，而是积极地另寻办法。他不辞辛苦来到美国寻求帮助。杜鲁门总统为其对事业的热情所打动。后来，美国国会通过了一项名为《晏阳初条款》的法案，规定将“四亿二千万对华经援总额中须拨付不少于百分之五、不多于百分之十的额度，用于中国农村的建设与复兴”。这种由个人游说而促使政府立法拨款的事情，成为美国历史上前所未有的事情。

高鲁

中央观象台首任台长

高鲁(1877—1947),字曙青,号叔钦,福建长乐人。民国时期中央观象台首任台长、中央研究院天文研究所首任所长。

1877年5月16日,高鲁出生在福建长乐龙门乡一个大户人家。早年曾就读于福建马江船政学堂,1905年去比利时布鲁塞尔大学留学,获该校工科博士学位。1909年,高鲁参加了同盟会在巴黎的分支组织,1911年回国。翌年,中华民国南京临时政府成立,高鲁被任命为国民政府秘书兼内务部疆理司司长。不久,国民政府在北京建国门南侧的古观象台成立中央观象台,以取代清朝钦天监的历算工作。高鲁应教育部长蔡元培的邀请,担任了首任台长,从事天文和编历工作。1912年新年,中华民国临时大总统孙中山发布了《改用阳历令》,高鲁积极推行改历工作。中央观象台在高鲁领导下,每年编制一本历书,并积极推行国际通用的公历,与国际接轨。高鲁在深入研究和比较了中西历法后,和常福元合作编出以我国二十四节气中的立春为岁首的历书,取名"长春历"。高鲁在新历书中依照公历按月编排,每日下面载昼夜长短,注明二十四节气和纪念日等,去除了以前迷信的内容,加入了天文知识普及,堪称20世纪中国历书方面最大的改革和创新。他还以中央观象台台长的名义告知全国,中央观象台愿意帮助国民将生日的日期从农历换算成公历,无条件地为国民服务,受到了广泛的欢迎。高鲁认为,办刊物可以向人民群众宣传观象知识,于是中央观象台从1913年起刊行《气象月刊》,1915年又把《气象月刊》扩充为《观象丛报》。高鲁积极为刊物撰稿,其中"晚窗随笔"系高鲁集中西观象学术之大成,对当时普及天文知识起到了启蒙和推动的作用。1918年,国际统一时辰会议在巴黎举行，高鲁代表中国出席会议。会后，他又被教育部任命为驻欧留学生监督，1921 年回国后仍任中央观象台台长。

20 世纪初叶，在中国的国土尚无中国人建立的现代天文台，倒是西方列强在上海徐家汇、佘山及青岛等地建立了观象台和天文台。1913 年 10 月，日本在东京召开亚洲各国观象台台长会议，身为中国中央观象台台长的高鲁竟未被邀请，而上海徐家汇观象台的外国神父却应邀代表中国出席会议。高鲁深感这是中国人的耻辱。严酷的现实激起高鲁的爱国热情，他决心创建中国人自己的现代天文台。1915 年，他提出在北京创建大型天文台的计划，并将设计图样、文字说明和预算送交当局审批。然而，当时的中国内忧外患，谁在意这个计划呢？尽管无人理会，高鲁仍然积极地做好建台的准备工作。他曾多次带人到北京西郊山区进行台址勘测。寒冷的夜晚，就在当地的三家店旅舍住宿。

1922 年 10 月，经高鲁等人数年努力，中国天文学会在北京中央观象台成立。高鲁当选为第一届会长。学会以“求专门天文学之进步及通俗天文学之普及”为宗旨，团结国内天文工作者开展了编辑天文书刊、编订天文学名词、开展学术讲演、奖励天文学著作以及联络研究等多种学术活动。为扩大天文学会的影响，高鲁还邀请著名科学家李四光、竺可桢以及社会知名人士蔡元培、陈嘉庚等人入会。在 21 年中，高鲁 11 次被选为会长、副会长。高鲁还用母亲的资产设立了“雩云楼老人基金”，奖励会员发表天文方面的著作。

1927 年，南京国民政府设立大学院，蔡元培任院长，高鲁任秘书。他积极筹划在南京建立大型天文台的工作。起初，高鲁把台址选在紫金山第一峰——北高峰上。1928 年 4 月，中央研究院成立，高鲁被任命为天文研究所首任所长。他和助手三登紫金山实地勘测，几经研究，最后将天文台址确定在紫金山第三峰——天堡城下。他还请来工程师设计了天文台建筑图。然而，就在高鲁全力以赴筹建天文台之际，国民政府任命他为中国驻法国公使。高鲁在婉推不成后，为了使建台工作继续进行，他以高度的责任感推荐了接替自己的人选。高鲁曾在国外的天文课本上看到余青松的光谱分类法，便竭力向蔡元培推荐余青松为天文研究所所长。其实，当时他与余青松并不相识。余青松比他小整整20岁，时任厦门大学数理系主任，1926年在美国获博士学位，对恒星光谱的研究成果卓著。1929年2月，中央研究院特发公函聘请余青松任天文研究所第二任所长。余青公果然不负众望，1934年9月建成了当时东亚第一流的南京紫金山天文台，继而又建成昆明凤凰山天文台。而高鲁也显示了伯乐之才。

高鲁热爱天文学，十分重视天文知识的启蒙工作，笔耕很勤。他的著作以天文学通论为主，偏重于中国古代天文学史的开掘。据不完全统计，他在天文学方面著有《图解天文学》、《日晷通论》、《中央观象台之过去与未来》、《星象统笺》及其他零散论文和诗文集若干卷。

殷宏章

享誉世界的植物生理学家

殷宏章(1908—1992),字伯文,贵州省贵阳人,植物生理学家,中央研究院院士,中国科学院学部委员,中国现代植物生理学的奠基人之一。

1908 年,殷宏章出生在山东兖州的一个书香门第。殷宏章的少年时期是在天津度过的。7 岁时,殷宏章就读于天津直指庵小学。1922 年考入了南开中学。因学校离家较远,殷宏章选择了退学,由祖父请来的专门教师到家中授课。1924 年,殷宏章以其扎实的功底考上南开大学预科。次年,转入理学院正科,开始学习数学、化学等。当时,南开大学设有植物生理课,由获得耶鲁大学研究院林学硕士学位的李继侗教授担任教师。正值青春年少的殷宏章在接触了诸多学科之后,对植物学产生了浓厚兴趣,成为唯一选修植物生理课的学生。殷宏章常随李继侗做光合作用实验。1927 年秋,他们把水生植物切下来放在水中,通过光照,记下从接口中每分钟所冒出来的气泡数目,用来代表光合作用放氧速度。他发现当光照突然改变时,光合作用速度会发生瞬间变化,然后稳定到恒速。1929 年,李继侗发表了《光照改变对光合作用速率的瞬间效应》一文。这个发现的意义当时并没有被人们认识。30 年后,美国科学家 Blinks 提出光色瞬变效应,提出双光增益效应,导致了两个光化学反应概念的建立,使光合作用理论产生了大的飞跃。这时,李继侗、殷宏章的研究成果才引起注意,美国科学家将殷宏章与李继侗视作光化学反应系统研究的先驱。

1928 年,美国的温特教授在试验中发现胚芽顶端还有一种可以促进植物生长的物质,温特将其命名为生长素。20 世纪 30 年代起,殷宏章开始研究生长素相关课题。当时，殷宏章开展的生长素对小球藻影响的研究，在国内外属最早的工作之一。1933年，殷宏章前往清华大学研究院进修，以便更加深入地认识植物生理学。两年后，殷宏章顺利通过清华大学举办的公费留美考试，来到美国加州大学学习。他先是跟随温特教授研究生长素相关内容，后来又跟随生物物理研究室系主任摩尔根教授从事遗传学方面的课题研究。他的主要工作是对植物体内生长素的转移与叶片运动机理的研究，实验证明锦葵叶子的向日运动是由于叶柄上端细胞吸水不同涨缩所致，与生长素无关。这个有意义的结果，常被植物生理学家所引用。其后，他研究番木瓜叶子昼起夜垂的运动，发现其原因是由于叶柄上端前后面早晚生长的速度不同，而这种不同是由叶片各部生产和输运的生长素数量造成的。他的研究成果曾被生长素发现者 Went 以及其他学者在论著中所引用。

1937年，殷宏章获得博士学位。不久，中国的抗日战争全面爆发。殷宏章婉言拒绝了美国导师的极力挽留，很快回到中国。此时，南开大学已与清华大学、北京大学一起迁到昆明组成了西南联合大学，殷宏章就在西南联大担任植物生理学教师。同时，清华大学农业研究所已经成立，殷宏章还担任了植物生理学组的研究员，开始了生长素应用、生物化学合成等研究工作。

1944年，英国剑桥大学邀请一批教授前往圣约翰学院工作，名曰“交换教授”，殷宏章就在其中。殷宏章开始了植物生物化学方面的研究工作。他在剑桥大学的植物学院和生物化学研究所建立了一个组织化学方法，并观察了磷酸化酶在植物组织中的分布。回国后他继续这方面的工作，发展改进这个方法，研究磷酸化酶的分布，证明了在高等和低等植物的细胞中都存在着这个酶，其分布的位置与淀粉形成的部位基本上一致，并且其活动变化与淀粉形成的量有相关。由此，他肯定了磷酸化酶和植物中淀粉的合成是相互联系的。接着，他又用这个组织化学方法，研究了磷酸化酶在植物中的功能，证明了磷酸化酶的活动与气孔开闭有关。实验指出，叶子的保卫细胞存在着磷酸化酶，在酸度较低的情况下，能促进淀粉水解，形成糖磷酸脂，在酸度较高时，能促进淀粉合成，气孔的关闭受此影响。另外，他还研究了洋葱汁对于磷酸化酶的抑制作用，说明了为什么有些植物不形成淀粉。更有意义的是，他对水稻籽粒成熟过程中淀粉合成及其水解酶活力变化的研究，推动了谷类植物淀粉的生化工作。

一年后，殷宏章回到昆明。抗战胜利后，西南联大重新分成北大、清华、南开3所学校，殷宏章选择在北京大学工作。1948年，殷宏章入选第一届中央研究院院士，时年40岁，是最年轻的一位院士。后来，罗宗洛教授邀请他到台湾大学讲学，殷宏章欣然前往。后因经济窘迫，受邀到印度担任联合国教科文组织南亚科学合作馆的科学官员。

新中国成立后，殷宏章一直关注着国内植物生理学的发展；同时，罗宗洛教授也在密切关注殷宏章。在他盛情相邀下，1951年，殷宏章举家回国。1955年，他创立了中国第一个光合作用实验室，并当选为中科院学部委员。

钱崇澍

中国近代植物学奠基人

钱崇澍(1883—1965),号雨农,植物学家,教育家,中央研究院院士,中国科学院学部委员,中国近代植物学奠基人之一。

1883 年 11 月 11 日,钱崇澍出生于浙江海宁一个书香门第。1904 年在清朝最后一次科举考试中中了秀才,1905 年考入上海南洋公学,毕业后被保送唐山路矿学堂学习。后考入清华留美预备学堂,1910 年与胡适、李四光、赵元任、竺可桢等一起赴美国深造。1910—1916 年,钱崇澍先后在美国伊利诺斯大学自然科学院、芝加哥大学、哈佛大学学习,获植物学学士学位。1916 年钱崇澍回国,开始以极大的热情和毅力,致力于在国内建立和发展近代植物学的研究工作。

1916 年,钱崇澍发表了《宾夕法尼亚毛茛两个亚洲近缘种》,这是中国人用拉丁文为植物命名和分类的第一篇文献。1917 年发表《钡、锶、铈对水绵属的特殊作用》,同样这是中国人应用近代科学方法研究植物生理学的第一篇文献。钱崇澍非常重视野外考察工作。回国不久,他就不畏千辛万苦,深入浙江和江苏南部进行植物区系的研究,采集植物标本 1 万多号,特别是对浙江省植物做过系统的收集和整理。20 年代,他又对南京钟山的森林和岩石植物进行过专门的观察和研究。他还制定了江苏、浙江、安徽、四川各省的植物调查规划。他所组织的采集队走遍了这些地区的山山水水,积累了丰富的资料,为中国东南、西南植物分类、区系和植被等方面的研究开辟了道路,也为以后编写地区植物志、全国植物志以及研究植物地理学等创造了条件。钱崇澍还在国内第一个选择了在植物分类工作中难度较大的兰科、荨麻科、豆科、毛茛科等植物进行系统研究。钱崇澍在植物分类学、植物生理学、植物生态学和地植物学方面所作出的贡献，为中国近代植物学的建立奠定了基础。

钱崇澍是一位出色的组织者和领导者。1919—1928 年，他先后在金陵大学、东南大学、清华大学、厦门大学任教。当他认识到要使近代植物学在祖国大地上扎根，必须建立研究基地，组织培养研究力量时，他毅然放弃了大学教授的职位，与植物学家胡先骕合作，依靠中华文化教育基金会的补助，在秉志教授创立的中国科学社生物研究所内组建植物部，建立起实验室、标本室、图书馆，开展调查研究，出版刊物图谱，使该所植物学的研究工作取得了迅速进展，为中国培养了一流的植物学家。30 年代，植物学的科学研究和教学队伍逐渐扩大，迫切需要将全国从事植物学研究的工作者组织起来，以更好地开展学术交流和科研工作。在钱崇澍、胡先骕等人的共同倡议下，中国植物学会于 1933 年 8 月在四川重庆北碚中国西部科学院诞生。

抗日战争爆发后，为了保存中国科学社生物研究所初步形成的科研队伍，在中国西部科学院的卢作孚的帮助下，钱崇澍率领中国科学社生物研究所一部分科技人员，迁往重庆北碚落脚。生物研究所迁到北碚后，那时经费更加困难，物价飞涨，而国民党又以不改为国立就不发给平价米相威胁，企图控制生物研究所。为了摆脱困境，钱崇澍带领大家种菜、养猪，还和一些高级职员到外面兼课，以所得平价米来补助困难的职工，维持最低限度的生活，保存了这支队伍。在极端艰难的境遇中，他还坚持研究工作，写出了《四川北碚植物鸟瞰》、《四川的四种木本植物新种》、《四川北碚之菊科植物》等论文，并采集植物标本为科学研究和教育提供资料。

钱崇澍曾在金陵大学、清华大学、厦门大学等多所大学任教，为中国培养植物学人才倾注了大量心血。他的讲课言辞生动、条理分明，深受学生的欢迎。1923 年他与邹秉文、胡先骕合作编写了中国第一部生物学教科书《高等植物学》，书中内容新颖，改正了旧教科书中不科学的名称，将国内植物学教学向前推进了一大步。在教学中，钱崇澍重视培养学生的独立工作能力和专业兴趣。在植物分类课上，让学生自己采集标本，查阅图鉴、检索表，自己定名，然后根据各人的工作情况评定成绩。讲授时不是只教一科、一属或一种，而是将某些地区的植物进行综合讲解，阐述它们之间的亲缘关系以及在自然系统中的地位。钱崇澍每周都带领学生到野外实习一次，通过观察自然界千姿百态的植物景观，使学生进一步巩固所学理论，同时加深了对于植物学的研究兴趣。他的学生如秦仁昌、李继侗、郑万钧、曲仲湘、方文培、杨衔晋等，后来都成为国内外知名的植物学家。

新中国成立后，钱崇澍担任中科院植物所所长，在科研工作中取得了许多新成果。鉴于中国是世界上植物种类最多的国家之一，钱崇澍在古稀之年还主持了《中国植物志》的编撰工作。全书计 80 卷 125 册，约 4 000 万字，是发展农、林、牧、渔、医药、环境保护等事业及进行植物学研究的基本资料。1965 年，直到生命的最后一刻，钱崇澍还在为这部划时代的巨著辛勤笔耕。

钱端升

中国近代政治学奠基人

钱端升(1900—1990),字寿朋,江苏松江府人。政治学家、法学家、教育家,中央研究院院士,中国政法大学首任校长,中国近代政治学和比较宪法研究的开创者之一。

1900 年,钱端升生于江苏省松江府上海县钱家塘的中医世家。钱端升 5 岁开始读私塾,8 岁时已能背诵《四书》、《诗经》、《左传》部分篇章。这期间,同族各家聘请了一位毕业于圣约翰大学的先生当塾师,他把西学带进了课堂,教授国文、数学、英文、史地等科目,钱端升耳目一新,进步颇大。1910 年,年仅 10 岁的钱端升随堂兄到上海求学,1917 年考入清华。1919 年公费赴美留学,插入北达科他州立大学四年级攻读政治学。翌年获文学学士,暑期就读于密执安大学政治系,不久转入哈佛大学,主修政治学和国际法。由于兴趣广泛,钱端升又兼修历史、政治、经济,偶尔也旁听法学院的一些科目。1922 年获文学硕士,1923 年 11 月完成博士课程并通过资格考试,1924 年取得博士学位。同年到英、法、德、奥等国研究机构游学,与各国议会议员和学者就政治实践与理论进行交流,5 月回国,被聘为清华大学讲师,1925 年擢升为教授。

钱端升回国后一直致力于中国政治学的研究与建设。数十年间,钱端升相继担任清华大学教授、北京大学教授、南京中央大学政治系副教授、西南联大教授、哈佛大学客座教授,先后教授的科目有:近代政治制度、国际关系、宪法、中国政府、极权政府、战后问题等。钱端升在讲学同时,不忘著述,其主要著作有:《德国的政府》、《法国的政府》、《比较宪法》(与王世杰合著)、《民国政制史》(主编)、《战后世界之改造》、《中国政府与政治》、译著《英国史》，一生著作颇丰。所写的较有影响的论文有：《议会委员会——比较政府研究》、《治外法权问题》、《政治学》、《评立宪运动及宪草修正案》、《评中华民国宪法草案》、《孙中山先生的宪法观念》、《政治活动应当制度化》、《论中国的战时政治体制》、《中国战时地方政府》、《人民政府应如何运作》等。

钱端升毕生从事政治学、法学研究，并以学者身份积极介入政治和社会，在一系列重大问题上提出自己的看法。1927 年 4 月至 10 月，钱端升主持《现代评论》；1939 年至 1941 年编辑《今日评论》，还曾一度任天津《益世报》主笔半年有余。钱端升在这些刊物上也发表了不少时论文章，如《收回上海租界的迫切》，《美国对华外交》，表达了他对现实政治的关注。他在 1925 年就提出：租界的领事裁判权与国际公法之基于"主权属土"说背道而驰，列强在华之领事裁判权非如过去近东回教国所赋予耶教国之出于自愿，纯系鸦片战后列强所强加。有关租界条约所订的"按法审理"的"法"之系"程序法"而非"实体法"，领事裁判"僭越超过条约之所许"，理应废除，废除可取"先礼后兵"的办法。

作为中国现代政治学的奠基人，钱端升作出了下述两个方面的开拓性贡献：一是率先运用"法律形式主义"的研究方法，将政治学研究聚焦于对各国宪法的研究，开启了中国比较政治研究的先河。"法律形式主义政治学"又称"国家主义政治学"，它的基本含义是：政治学的研究对象是国家，研究国家主要是研究国家制度，而国家制度在形式上又是宪法条文的集合，所以归根结底，政治学的研究对象是宪法条文，比较政治也就是比较宪法。二是建构了中国现代政治学研究的基本框架，奠定了其科学化、体系化的发展方向。他认为，政治学应该成为一门科学、具有经验性。它未来的发展，完全视其能否成为经验科学而定。

1947 年底，钱端升任哈佛大学客座教授，讲授《中国政府与政治》。1948 年，钱端升以其在"研究比较政治制度及现代中国政治制度"方面的卓越成就当选为中央研究院第一届院士。1949 年，他结束了哈佛讲学，拒绝了哥伦比亚大学的邀请，毅然回国任教。1952 年，钱端升任北京政法学院（中国政法大学的前身）首任院长。

不久，高等院校进行院系调整，政治学作为一门学科被取消了，本应处于学术研究顶峰时期的钱端升研究工作受阻。1962 年至 1966 年，钱端升倾注大量心血翻译主编了《当代西方政治思想选读》，因“文革”原因，译稿不知去向。粉碎“四人帮”后，钱端升致力于新时期的法治建设。垂暮之年，他仍为中国的外交政策和 1982 年宪法的制定发挥余热。1990 年 1 月 21 日，钱端升于北京逝世。中国政法大学全体教职工暨校友挽以长联：

执教六十载，著作等身，诲人不倦，倾心育英才，师情似海，五洲桃李永怀钱翁；

参政大半生，风雨同舟，肝胆相照，一切为人民，望重如山，四海法曹同悼端公。

该挽联是钱端升一生的生动写照。

凌鸿勋

劈山架桥的铁路建设功臣

凌鸿勋(1894—1981),字竹铭,江苏常熟人。中国土木工程专家、教育家。长期从事铁道工程建设,1929 年起先后主持修造了陇海、粤汉、湘桂、宝天、天成、津浦、广九铁路等重要干线,负责开发了西北地区的公路干道,成为继詹天佑之后中国人自已修建重要铁路的又一先驱。

1894 年 4 月 15 日,凌鸿勋生于广州。他少时家境贫寒,但天资聪颖。5 岁开始由长辈教读四书五经,打下了良好的国学基础。1910 年凌鸿勋中学毕业后,以第一名在广州考取上海高等实业学堂预科,翌年升入本科,1915 年毕业于土木科。旋即由交通部派往美国桥梁公司实习,此后,赴哥伦比亚大学进修,1918 年 6 月回国。

1920 年 2 月,凌鸿勋到已改称南洋公学的母校代课。同年 10 月即任代理校长。不久,上海、唐山及北京 3 所直属学校合并组成上海交通大学,凌鸿勋任上海交大的副主任,茅以升是唐山交大的副主任,一时有“南凌北茅”之称。1924 年 11 月交通部正式任命凌鸿勋为南洋大学校长,时年仅 30 岁。他任校长 4 年多,颇有建树,如利用英国退还庚子赔款,建立工业研究所,首创国内大学附设研究所的范例。又在建校 30 周年纪念中,举行工业展览会,除征集中外机械及仪器外,还另铺小铁路一条环绕校园一周,用小机车牵引几个小车厢行驶,每天参观者达二三万人,实开当时风气之先。

1929 年,凌鸿勋担任陇海铁路工程局局长。陇海铁路是横贯中国东西的大干线,在 1912 年由中国政府向比利时银行借款兴筑的,由连云港开始,原定 5 年通至兰州。但自第一次欧战发生后即已停顿,路线西端迄未出河南省境。凌鸿勋担任局长后,经过一番准备,1930 年底,灵宝—潼关段路线全面动工。潼关自古就是由中原进入西北的关隘,地形险峻,也是该段铁路最关键工程之一。线路往北移要落入河中,往南靠则穿越高山,要开凿很多山洞,唯一的解决办法就是在城底开凿一座长 1070 米隧道,这是中国筑路史上尚未有过的大胆尝试。科学的决策,使难攻的关隘终于变成铁龙能长驱直进的通途。

1931 年凌鸿勋又被委任为潼关—西安段工程局局长兼总工程师。在这一段工程中,他已完全脱离陇海铁路借款合同的约束,全部工料自办,不用任何外籍人员,免受掣肘,使工程能顺利进行。他在当时的西安城墙东北角以外的一片平地上,选定西安车站站址,将站前城墙开一缺口,筑一条平直的马路正对大雁塔,这就是现在的西安站站址。

正当潼西段工程紧张进行的时候,铁道部又在 1932 年 10 月调他任粤汉铁路株洲—韶关段工程局局长兼总工程师。粤汉铁路全长 1100 公里,与京汉铁路衔接,是最重要的南北干线之一。中间的株韶段要跨越湘粤间的五岭,工程极为艰巨。凌鸿勋接任局长后,亲自主持路线方案的选择,到现场踏勘,并委派得力的测量队仔细勘测定线。其时因越岭公路未修通,施工运料十分困难,而线路要 5 次跨过白沙水,凌鸿勋于是决定就地取材,在同一时间修筑了 5 座石拱桥,其跨径各为 40 米,属当时国内最长的,号称“五大拱桥”。1936 年 4 月 28 日,这条继詹天佑之后的第二条由中国工程师自行设计和施工的重要干线终于提前一年三个月建成,受到中外人士的一致赞扬。为此,中国工程师学会给凌鸿勋颁发了首次创设的金质奖章。

1938 年凌鸿勋被任命为湘桂铁路柳州—南宁段工程处长兼总工程师,同时任中法合作兴建的湘桂铁路南宁—镇南关段工程处的中方处长兼总工程师。是年 10 月广州失陷,湘桂铁路工程困难。为了集中力量将铁路修通至柳州,湘桂铁路的桂—柳和柳—南两工程处合并成立湘桂铁路桂林—南宁段工程局,他被任命为工程局长兼总工程师。在他的领导下,桂柳段加快建设,于 1939 年 12 月通车。桂柳段的修通，为修建柳州至贵阳的黔桂铁路创造了条件。

1940 年 1 月他调任天水—成都铁路工程局局长兼总工程师。正当他测量和筹筑天成铁路时，交通部又要他兼任西北公路管理处处长，统管陕、甘、宁、青四省的 4 000 多公里的国道修建、养护和管理工作。1942 年 1 月因时局需要，交通部将陇海铁路由宝鸡展筑至天水，他又改任宝天铁路工程局局长兼总工程师(仍兼公路局局长)，该路长 155 公里，沿渭河峡谷北岸前进，线路迂回曲折。全线有隧道 116 座，总长度占全线的 1/7，工程甚为艰巨。几经艰辛，该铁路终于在 1945 年底通车。

1945 年起，凌鸿勋担任过交通部常务次长、政务次长。但是，他最聊以自慰的还是修建铁路时期。凌鸿勋说："这是我一生中最宝贵的一段光阴，也是我做事和获得经验的黄金时期。"

陶行知

倡导“教学做合一”的教育家

陶行知(1891—1946 年),原名文浚,后改知行,又改行知,安徽歙县人。中国现代教育史上著名的人民教育家,坚定的民主战士和大众诗人。他毕生致力于人民教育事业和民族民主运动,给后人留下了宝贵的精神财富。

1891 年 10 月 18 日,陶行知生于安徽歙县。1906 年进入本县的教会学校崇一学堂读书,开始接受西方新式教育,期间写下了“我是一个中国人,要为中国作出一些贡献来”的座右铭。1914 年,陶行知以名列第一的优异成绩在南京金陵大学毕业后,赴美国哥伦比亚大学师范学院主攻教育学,期望通过教育来救国救民。

1917 年,陶行知学成归国,正值国内发起了以民主和科学为旗帜的新文化运动。陶行知满怀热情地在这场运动中奔走呼号,积极提倡新教育,改革旧教育。他一方面介绍西方的教育理论,另一方面也反对盲目“仪型他国”,提出要以科学方法进行教育改革和创新,为实现中国教育的普及化和近代化踏出一条新路。这期间,他深切感到中国教育改造的根本在农村。他说:“中国以农立国,住在乡村的人占全国人口 85%。要想普及教育,就必须使平民教育下乡,开展乡村教育运动。”

但是,开展乡村教育决非易事,它需要一批有志之士全心全意地为之奋斗。因此,陶行知号召人们加入这个运动,“一心一意地为中国乡村开创一个新生命”。他还立下宏愿,要排除各种困难,筹措一百万元基金,征集一百万位同志,提倡建一百万所学校,改造一百万个乡村。他为了建立一支合格的乡村师资队伍,1926 年与东南大学教授赵叔愚等人一起筹建乡村师范学校,校址选在南京远郊偏僻的晓庄。这就是后来驰名中外的晓庄师范,由陶行知亲自担任校长。

在晓庄师范，陶行知脱去西装，穿上草鞋，和师生同劳动、同生活，共同探索中国教育的新路。他把杜威的教育理论加以改造，形成了他的“生活教育”理论，要点是“生活即教育”、“社会即学校”、“教学做合一”、“在做中学”。根据生活教育的理论，晓庄师范的学生在老师的指导下自己开荒，自己建茅屋，做什么事，就读什么书，还走出校门参加村里的农协会和打倒土豪劣绅的斗争。这样就把学校教育与社会生活以及生产劳动结合在一起。

1932 年，陶行知总结晓庄师范的办学经验，在上海创办工学团，制定了“工以养生，学以明生，团以保生”的宗旨，招收当地农民子弟入团，上午学习文化知识，下午参加生产劳动。晚上由儿童团员请当地农友到工学团办的茶园里谈论天下大事，还由儿童团员讲故事，当小先生。后来，这种“即知即传”的“小先生制”在全国 20 多个省市中广泛推行，在 20 世纪三四十年代的普及教育和扫除文盲运动中发挥了巨大作用。

1935 年冬，一二・九学生运动爆发。陶行知以饱满的爱国热情参与发起成立了上海文化界救国会、国难教育社，还与宋庆龄、邹韬奋等著名人士发起成立了全国各界救国联合会。1936 年 7 月，他受救国会的委任，担任“国民外交使节”，出访欧亚非 28 国，争取各地华侨和国际友人支持中国的抗日救国斗争。出国前途经香港，他与沈钧儒、章乃器等联合发表《团结御侮宣言》，赞同中国共产党建立抗日民族统一战线的主张，呼吁实现第二次国共合作。这个宣言震动国内外，给全国人民以极大鼓舞，受到中共中央的热情支持。

抗战开始后，陶行知发现，许多有特殊才能的孩子由于陷于贫困和屈辱的境地而得不到培养的机会。在周恩来和许多共产党员的支持下，陶行知在重庆创办了育才学校，学生都是择优选拔的有特殊才能的优秀儿童。学校教文化课的同时，还进行劳动教育、专业基础知识教育和革命思想教育，使教育与生产劳动、社会实践、革命实践紧密结合，把生活教育的理论运用于培养人才幼苗的实践中，使育才学校成为中国近代教育史上的一株奇葩。

抗日战争胜利后，陶行知以更大的政治热情投入反对内战独裁、争取和平民主的群众斗争中。他在重庆创办的社会大学成了一座民主革命的堡垒,成为国统区向青年进行马克思列宁主义教育的重要基地。他发表了《实施民主教育的提纲》、《民主教育之普及》、《社会大学运动》等文章,无情地揭露和抨击国民党推行的法西斯教育,提出了生活教育的四大方针,即民主的、科学的、大众的、创造的教育。

1946 年 4 月,陶行知来到上海,继续奋不顾身地进行争取和平民主的斗争。同年 7 月 25 日,陶行知因劳累过度突发脑溢血不幸逝世。他为人民教育事业,为中国的民族解放和民主斗争鞠躬尽瘁,奋斗终生。其主要论著有《中国教育改造》、《教学做合——讨论集》、《普及教育》、《怎样做小先生》等。

陶孟和

中国近代社会学奠基人

陶孟和(1887—1960),原名履恭,浙江绍兴人。社会学家,中央研究院评议员、中央研究院院士,开创了中国社会调查与社会学研究。

陶孟和,1887 年出生于天津的一个读书人家。他幼时随父在近代教育家严修创办的家塾中就读。因成绩优异,1906 年以官费生被派赴日本留学。两三年后,他改赴英国求学,入伦敦大学专攻社会学。在英国伦敦大学学习期间,陶孟和受费边社的影响,主张经过社会调查进行社会改良,并撰写了《中国乡村与城镇生活》一书。此书是陶孟和论述中国社会组织和社会思想的第一部著作,也是中国研究社会学的最早一部著作。

1913 年回国后,陶孟和立志开展社会调查研究活动。他在《社会调查(一)导言》一文中说道:"我向来抱着一种宏愿,要把中国社会的各方面全调查一番,这个调查除了在学术上的趣味以外,还有实际功用。"这个宏愿终于在 1926 年开始实现了。美国的一个社会宗教团体通知设在北京的中华教育文化基金董事会,他们愿捐赠专款 3 年,委托该会办理社会调查事业。该基金会随即决定接受此项赠款,在该会之下增设一社会调查部,从事社会调查工作,并聘陶孟和主持其事。这个机构一成立,陶孟和即提出 3 项研究课题:一为对"社会调查方法"进行系统的研究;二为对北京工人生活费的调查研究;三为对北京郊区农民生活费的调查研究。经 3 年努力,他们完成了 3 部著作,即樊弘的《社会调查方法》(1927);陶孟和的《北平生活费之分析》(1928);李景汉的《北平郊外之乡村家庭》(1929)。此外,在陶孟和的指导下,由王清彬、林颂河等编了《第一次中国劳动年鉴》(1928)。这些工作的完成，为社会学在中国的发展开启了一个良好的开端。

1929 年，经过陶孟和的多方努力，中华教育文化基金董事会同意把社会调查部改组为独立机构，改名为社会调查所，这是中国最早成立的社会学研究机构之一。社会调查所成立后，开展研究的科目有中国近代经济史、政治制度、经济理论、工业经济、农业经济、对外贸易、财政金融、劳动问题、人口问题、统计，共 10 类。在这些研究科目中，农业经济、工业经济、劳动问题、人口问题、工人生活费统计、近代经济史等是重点。这些调查研究课题，可以说是五四新文化运动以后由工农运动的蓬勃发展所提出的课题。陶孟和作为五四新文化运动的倡导者之一，从学术上继续研究这些社会问题，为社会改革提供依据，这是很自然的。

为了将社会调查所的工作推到国际上去，1931 年陶孟和与林颂河撰写了《中国之工业与劳工》一文，并提交荷兰海牙召开的世界社会经济会议。同年，陶孟和又撰写了《中国劳工生活程度》一文，送交在上海举行的太平洋国际学会第四次会议。以后，此项国际学术交流继续不断，使社会调查所的成就蜚声海外。

1930 年初，社会调查所创刊了《社会科学杂志》，主编是陶孟和与曾炳钧。这也是国内社会科学研究方面的创举。该所还创办了《中国近代经济史研究集刊》，主编是陶孟和与汤象龙，这是研究中国近代经济史的最早刊物。

1934 年，中央研究院与中华教育文化基金会经过商议，决定将社会调查所并入中央研究院社会科学研究所，陶孟和任所长。合并以后，调查研究工作仍然按原计划进行。

抗日战争期间，研究所几经转移，终至 1940 年秋在四川南溪李庄安顿下来。此时，研究人员虽然不多，条件十分艰苦，但在陶孟和以身作则的带领下，仍然作出了几项受到有关方面重视的研究成果，其中之一是《抗战损失研究和估计》。因为陶孟和对第一次世界大战各国各方面的损失估计以及和谈判情形十分了解，所以他提出应该早日进行研究，为以后抗战胜利后谈判赔偿问题提供资料准备。这是一项很有预见性的重要研究工作。20 世纪 70 年代，在中日复交谈判中，周恩来总理就曾派人了解中央研究院社会科学研究所做的抗战损失估计。

从1914年至1949年，陶孟和除了领导组织社会学和经济学研究工作以外，自己也亲自参加了10多个省市的社会调查研究工作，编著有《北京人力车夫之生活情形》、《北平生活费之分析》、《中国社会之研究》、《欧洲和议后之经济》、《中国劳工生活程度》、《社会与教育》、《公民教育》、《社会问题》、《中国之县地方财政》、《孟和文存》等。他在社会所时，录用了一些大学和大学研究院毕业的青年，如巫宝三、彭泽益、刘国光等，经过培养和实践，他们都成为中国经济学界的学术带头人。

1949年9月，陶孟和以"特邀人士"身份出席了中国人民政治协商会议第一届会议，并被选为常务委员。1949年10月19日，陶孟和被中央人民政府任命为中国科学院副院长。

梅贻琦

清华园的“终身校长”

梅贻琦(1889—1962),字月涵,江苏武进人。中国教育家、清华大学原校长。1931年出任清华校长,此后一直到他在台湾去世,一直服务于清华,因此被誉为清华的“终身校长”。

梅贻琦,1889年12月出生于天津鼓楼西板桥胡同。1904年,入南开学堂学习,因品学兼优而成为校长张伯苓最为得意的弟子。1909年考取清末第一批官费留美生。同年10月,漂洋过海,赴美留学,入吴斯特工业学院学习电机工程。在校期间,梅贻琦勤奋苦读,成绩优异,于1914年夏获电机工程硕士学位。

1915年9月,梅贻琦应清华学校之聘前去任教。自此,他与清华结下了终生不解之缘。1925年,清华学校设立大学部,梅贻琦任物理系首席教授兼系主任。次年春,被教授会公选为教务长。1928年11月,他又被任命为清华留美学生监督处监督。清华留美学生监督处设在美国首都华盛顿,掌握着留学经费的分配、学业和操行评定等大权,又远离中国,被公认为是一项肥缺。然而梅贻琦为人正直,公正廉洁,奉命到美之后,马上着手对监督处进行全面改革。为了节省开支,他简化办事机构,精简办事人员,日常生活上坚持一切从俭。在他的努力之下,监督处工作大有起色,经济混乱的现象很快就得到彻底改观。

3年之后,梅贻琦又一次离美返国,回清华大学担任校长。清华校长人选问题,向来是个颇让政府头疼的大问题。尽管许多知名人士被举荐为校长人选,但不是政府不同意,便是师生们不接受。1931年10月,梅贻琦出任清华大学校长,获得大家一致通过,从此结束了该校长期不稳定的局面,开创了清华大学历史上的黄金时代。

梅贻琦认为:“师资为大学第一要素,吾人知之甚切,故亦图之至急。”在他任教务长期间,清华园已成国内著名学者的荟萃之地,有王国维、梁启超、陈寅恪、赵元任、李济、金岳霖等著名学者,群星璀璨,海内大学无出其右者。梅贻琦治校的基本理念是“民主治校”。该制度的组织基础为教授会、评议会和校务会议,梅贻琦身兼三会主席,在会上总是倾听各种不同意见,慎重考虑,决不轻易表态,使会议所作决定在公开、公正、透明的前提下保证其科学性、民主性,极大增强了清华的凝聚力,也有效避免了工作中可能的失误。梅贻琦深刻体察社会发展之所需,创建了著名的清华工学院,在原有土木工程系基础上,增设机械、电机两系,创办了航空、无线电、金属等研究所,修建了航空工程馆、机械工程馆、电机工程馆。他出手不凡,使清华工学院在创建之初,即站在世界工程技术前列,为社会培养出大批急需的优秀工程技术人才。

1937 年卢沟桥事变后,日军大举入侵,平津很快沦陷。北京大学、清华大学、南开大学仓促南迁,在湖南长沙联合成立“长沙临时大学”。不久,南京陷落,武汉告急,长沙危在旦夕,“临大”不得不再次踏上迁徙征途,最后驻足于云南昆明滇池湖畔,并易名为“国立西南联合大学”。联大的领导机构为三校校长组成的“联大常委会”,原定常委会主席由三校校长轮流担任,第一任从梅贻琦开始。但后因北大校长蒋梦麟和南开校长张伯苓长期在重庆兼任要职,所以联大工作实际上自始至终由梅贻畸一人主持。西南联大合作办学近 9 年,在梅贻琦领导下,彼此团结一致,亲密无间,内创学术自由之风气,外树民主堡垒之形象,在战乱年代,为国家和民族保存了元气,造就了包括杨振宁、李政道、朱光亚、邓稼先等在内的一大批蜚声中外的著名科学家,卓有成效地完成了自己的历史使命,写下中国教育史上光辉的一页。

1945 年 8 月,日本投降。联大也完成了历史使命。1946 年 5 月,三校分别复员北返。梅贻琦继续担任清华大学校长。为了恢复在战争中受到创伤的清华园,梅贻琦一方面力争尽可能多地向政府申请拨款并力争保住美退庚款的所有权;另一方面，他大力提倡艰苦奋斗，勤俭节约，使复员后的学校能够迅速治愈战争创伤，顺利开学上课，而且在短短的两年多时间里，又有了较大发展：校园面积从战前的 1 200 多亩扩大到1 600多亩，建筑面积增至 10 万平方米，院系设置也有很大变化，除新增加一个农学院外，原有的理学院、文学院、法学院、工学院都分别增加了一些专业，另外还拥有研究院下属的 20 多个研究所等，教职员工和学生人数也都有所增加。

1949 年初，为了保护清华基金，梅贻琦于北平和平解放前夕离开了清华园。1955 年 11 月，梅贻琦到台湾用清华基金筹办“清华原子科学研究所”，并在此基础上创办台湾新竹清华大学。

黄汲清

中国地学泰斗

黄汲清(1904—1995),字德淦,四川仁寿人。大地构造学家、地层古生物学家、石油地质学家,中央研究院院士。首次系统划分中国主要构造单元和大地构造旋回,创建多旋回构造运动说,提出陆相生油论,为中国油气资源的重大突破做出了杰出贡献。

1904 年 3 月 30 日,黄汲清出生在四川省仁寿县一个书香门第。1924 年,黄汲清考入北京大学地质系本科。刚读大三时,黄汲清就展现出过人的才华。他到北京西山做地质调查,写出论文《北京西山的寒武纪奥陶纪层》,指出了开滦煤矿英国地质学家马休把因冲断层重复了的下奥陶纪层分成两个单元的错误,得到了中国地质学会和实业部地质调查所颁发的 140 块银元的奖金。

1928 年,黄汲清由北京大学毕业,获理学学士学位,入农矿部地质调查所任调查员。1929 年春,他与青年地质学家赵亚曾一起,从西安出发,经宝鸡、越秦岭、进四川,风餐露宿,从地层、岩浆岩、构造和矿产等各个方面进行了广泛调查,取得了大量第一手资料。同年秋,当他到达四川叙永时,传来赵亚曾在云南昭通惨遭土匪枪杀的噩耗。在那个年代,军阀割据,盗匪横行,做一名地质人员随时都有生命危险。黄汲清却忍着悲痛,迎着风险,孤身一人继续下云南,入贵州。通过整理野外收集的资料,于 1930—1932 年,他陆续发表了《秦岭山及四川地质研究》(与赵亚曾合著)、《中国南方二叠纪珊瑚化石》等 6 部有影响的专著。其中,《中国南方二叠纪地层》是中国第一部断代地层的总结,把中国二叠纪地层做了系统划分和对比,初步奠定了中国南方二叠纪地层的研究基础。他的才华和勤奋引起地质界的广泛注意。

1932年夏，黄汲清接受中华教育文化基金会资助，赴瑞士留学，先在伯尔尼大学学习半年，后在浓霞台大学地质系阿尔冈指导下深造。1935年，他以法文写成《瑞士华莱县素女峰——破金瓜峰地区之地质研究》，获理学博士学位。当时，美国是世界石油理论和生产的头号大国，为了学习先进的石油地质理论和经验，他乘船西行来到了美洲大陆。在美国，他参观了哥伦比亚、耶鲁、麻省理工、美国地质局、美洲石油地质学家协会等著名大学和研究机构，访问了当时号称美国石油之都的塔尔萨及一些重要的油田，与一批石油地质界专家、学者深入交流，对美洲地质科学有了更深的了解。

1936年1月，黄汲清回到祖国，被任命为中央地质调查所地质主任，肩负起国家一线地质矿产调查的任务。1937年，中央地质调查所与顾维钧的"中国煤油勘探公司"合作组成西北石油考察队，黄汲清在翁文灏的建议下选派了孙健初与两位美国专家加入，结果发现了玉门油田——中国第一个工业油田。1938年，黄汲清带领所里的青年地质学家陈秉范调查四川隆昌圣灯山的地质构造，他亲自布置钻孔，发现了我国的第一个工业气田——圣灯山天然气田。就在同一年，他又率队在大渡河边铜街子的茅口灰岩中发现了天然气苗，纠正了德国学者认为四川天然气来自上二叠统煤系、经济价值很小的错误观点。1938—1941年，他率领一批青年地质学家在四川威远地区进行了1：10 000地质填图和石油天然气调查，为发现威远大气田打下了基础。

1942年底，黄汲清又带领杨钟健、程裕淇、周宗浚、卞美年和翁文波等人开始了为时半年的新疆石油地质考察。1943年，在他领衔完成的著名的《新疆油田地质调查报告》里，他提出了"多期多层生储油"的陆相沉积生油学说。1943年底至1945年初，他还根据搜集的资料，写出代表著作《中国主要地质构造单位》，开创了用历史分析法研究中国大地构造的先例，首次划分中国及邻区的构造单元，并阐述其特点，创立多旋回构造运动说(简称多旋回说)。他从大地构造学说的地壳运动的多旋回特点出发，分析了中国含油气区的地质情况，认为多旋回构造作用使中国的大中型盆地的发育呈现明显的多旋回和多级演化性，油气的生成和聚集具有多期性、多层性，这就从理论上突破了“中国贫油”论的束缚。

从1936年开始，黄汲清还主持了中国地质图编撰工作。这是一项浩大的地质系统工程，其主旨就是，将自中国地质事业开创以来的全部野外地质资料及区域地质成果作一系统完整的总结，并以地质图的形式表现出来。解放前夕，中国1∶100万国际分幅(14幅)和1∶300万地质图的全部图稿基本按计划完成，他为新中国的成立献上了一份科学技术的厚礼。

解放后，黄汲清与著名矿床地质学家谢家荣一道，共同主持地质部全国矿产普查委员会的技术领导工作，为新中国石油天然气的普查勘探，制定了完整的工作蓝图。大庆、胜利、大港、华北、辽河等油田的发现，以及近年来，塔里木盆地油气勘探的重大突破，都证实了他的科学预见和深远部署。

黄炎培

近代职业教育创始人

黄炎培(1878—1965),字任之,号楚南,江苏川沙人。他立志教育救国,积极从事教育改革,竭尽全力倡导和推行职业教育,对中国近现代学制的演变及传统教育的改革做出了积极的贡献。

黄炎培,1878年出生于江苏川沙县(今属上海市)。21岁在松江府以第一名取中秀才。23岁考进上海南洋公学特班,深受蔡元培爱国主义、民主主义和教育救国思想的影响。不久,南洋公学因发生学潮被迫解散。

在蔡元培的启发引导下,黄炎培抱着教育救国的坚定信念,回到故乡川沙,创办了川沙县第一所新式学堂——川沙小学堂。通过办学堂以唤醒民众,拯救中国,这种信念始终贯穿在他的教育实践中。然而,在教育教学实践中,黄炎培深感旧教育的最大弊端就是学用脱节。为了寻求批判封建教育的思想武器,黄炎培大量研读各种西方教育学说,结合中国教育实际进行反复思考。1913年,他发表论文《学校教育采用实用主义之商榷》,批判当时旧教育脱离实际、脱离生产的弊病,首倡教育与学生生活、学校与社会实际相联系的实用主义,并具体提出小学各科的教学应与儿童的日常生活紧密联系;不强调学科本身的系统性,重在具体运用;要因科制宜地采用不同的教学方法;重视实物教学等等。黄炎培所倡导的实用主义教育,在教育界引起了强烈的反响,在民国初年逐渐发展成为一种教育思潮,推动了教育的改革。

袁世凯复辟帝制以后,黄炎培愤然辞去江苏省教育司长的职务,后又两次拒绝北洋政府教育总长的任命。他到各地进行实地考察。通过考察,黄炎培对旧教育的弊病，有了更广泛的了解，并认识到教育与职业的分离、学校与社会的脱节是造成这一切弊病的根源，而要从根本上解决这个问题，仅仅倡导抽象的实用主义教育、进行小学教育的改革，是难以奏效的，必须另辟蹊径，即提倡具体的职业教育，加强教育与职业的沟通。一种融教育与职业为一体的新教育形式开始在黄炎培的脑海中萌发。

1915 年和 1917 年，黄炎培先后两次赴美国和日本、菲律宾等国进行教育考察，在考察期间，黄炎培亲眼看到，美国经济的发展带动职业教育大发展的景象；日本与中国一衣带水，民风习俗相近，由于重视教育，特别是重视实施职业教育，从一个落后的封建帝国变为发达的资本主义国家；菲律宾是美国的殖民地，由于大力推行职业教育，在不到十年的时间里就改变面貌，从一个殖民地国家，变得国富民强。通过对国外职业教育的实地考察，使黄炎培对职业教育增加了大量的感性认识，坚定了提倡职业教育的信心。

1917 年，黄炎培联合国内各界知名人士在上海发起成立中华职业教育社。该社是中国近代教育史上的第一个以研究、提倡、试验、推广职业教育为宗旨的全国性教育团体。他首先创办中华职业学校，作为推行职业教育的实验基地，他创办《教育与职业》杂志，研究、宣传、推广职业教育的理论与实践。他开办职业补习学校和职业指导所，帮助失学失业青年补习文化、训练技能和介绍工作；提高在职工人、店员及公务人员的业务能力。与此同时，他还开辟乡村改进实验区，在农村进行社会调查，设立农民补习学校、民众夜校、家庭妇女认字班，发动农民开展教育、筑路、公共卫生、文娱活动、劝学识字等活动，为提高农民文化水平、发展农村经济服务。在抗日战争期间，黄炎培一面投身抗日救亡运动，一面坚持开展职教活动，并赋予职业教育抗日救国、救亡图存的新意。这不仅增强了人民的抗日信心，振奋了人民的爱国热情，而且培养了大批抗日骨干分子。抗日战争胜利后，他参加以中国共产党为领导的人民民主统一战线，并努力在战后的废墟中恢复职业教育事业，拓宽职业教育新领域，即开展伤残人服务教育工作，力图用职业教育来解决伤残者教育问题。

新中国成立后，黄炎培虽然身居高位，仍对业余教育、函授教育付出巨大的心血，并深信新中国的职业教育将获得新的生命。他密切注意国外职业教育发展的最新趋势，结合中国具体情况在实践中形成自己独到的职业教育理论。他主张：职业教育的目的在于为个人谋生和为社会服务，为世界及国家增进生产能力作准备，最终使无业者有业，使有业者乐业；职业教育机构的办学方针是社会化、科学化；职业教育的教学原则是手脑并用、做学合一、理论与实际并行、知识与技能并重；职业道德教育的基本规范是敬业乐群。曾著有《黄炎培考察教育日记》、《中国教育史要》、《我之人生观与吾人从事职业教育之基本理论》等。黄炎培坚持不懈地倡导和推行职业教育，顺应了世界教育发展的新趋势，为了国家民族的繁荣富强，与时俱进地探索了一生。

萨本栋

中国电机工程学开拓者

萨本栋(1902—1949),字亚栋,福建闽侯人。物理学家,电机工程专家,教育家,中央研究院院士。

少年时代,萨本栋在福州求学,1921 年以优异成绩毕业于清华学校。1922 年,萨本栋赴美入斯坦福大学学习机械工程,1924 年获工学士学位。1924 年入麻省伍斯特工学院,翌年获电机工程学士。旋即转习物理,于 1927 年获理学博士学位,为中国留美学生中之佼佼者。1927—1928 年,萨本栋应聘为伍斯特工学院研究助理及西屋电机制造公司工程师。在这期间,萨本栋先后在美国电气工程师学会学报上发表了《关于空气中的火花的研究》及《三相系统的非平衡因素》两篇论文,二十五六岁就已经蜚声学术界。

1928 年,萨本栋应清华大学物理系主任叶企孙之聘回国任物理学教授,讲授普通物理学、电磁学、无线电物理,及研究院课程向量与电路论,并从事电路和无线电方面的科研工作。他认真教学,还自编教材,数年间编写了《普通物理学》及《普通物理学实验》,先后于 1933 年和 1936 年出版。这两部书是首次用中文正式出版的大学物理教材,一问世便被各大学选用,获得中国高等教育界的普遍赞赏。萨本栋在清华大学任教的 9 年中,在研究电路、电机工程以及真空管性能方面,也取得了丰硕成果。他创造性地将并矢方法和数学中的复矢量应用于解决三相电路问题,先后撰写了 10 多篇论文,深得物理学界前辈的推崇,并由此被清华大学教授会推选为评议员。

1935 年 9 月,萨本栋应邀为美国俄亥俄大学电机工程系客座教授。1936 年 8

月，他将讲授的应用并矢方法解决电路的计算和分析加以总结，在美国电气工程师学会学报上发表了论文《应用于三相电路的并矢代数》，引起国际电工理论界的强烈反响，被认为是开拓了电机工程的一个新研究领域。美国电气工程师学会随即将这篇论文列为当年冬季会议的讨论课题。会后，经评选，该文获得美国的“1937年度理论和研究最佳文章荣誉奖”。在此基础上，他又汇进了同类问题的其他研究心得，并加以系统整理，用英文写成一本专著《并矢电路分析》。这是一本新理论杰作，是“数学、物理、电机三角地带”的新著，其理论在电机工程研究中属于新开拓的前沿。因此，该书一出版，立即被选入国际电工丛书，并获中国电机工程师学会第一次荣誉奖章。由于萨本栋在电机工程学上的突出成就，他被美国电气工程师学会接纳为外籍会员。

1937 年 3 月，萨本栋从美国讲学载誉归来，回清华大学任教。1937 年 7 月 6 日萨本栋被任命为国立厦门大学第一任校长，在抗战的艰苦时期呕心沥血，发展壮大了厦门大学。1944 年 6 月，萨本栋接受美国国务院邀请，再度赴美讲学，同时应邀的还有北京大学教授杨振声、南开大学教授陈序经、金陵大学教授陈裕光、岭南大学教授容启东、中央研究院汪敬熙。这一年中，萨本栋先后在麻省理工学院、密西根(Michigan)大学、哈佛大学、伊利诺伊大学等处做了多场报告，其中关于交流电机学问题的讲授最具特色。他首先提出了用标么值系统来分析交流电机，引起工程学界的强烈反响；然后他根据在厦门大学讲授电机学所积累的资料，再加上在斯坦福大学授课的新材料，用英文撰写成专著《交流电机基础》，提出了许多新的论点和论据，“言前人之所未言”。该书于 1946 年在美国出版，受到英、美各国科学界的极高评价，被誉为物理学、电机学巨著。加州大学、卡内基理工学院等十几所院校都采用它做教本，这开创了中国科学家编写的自然科学专著被外国人采用为教材的先例。

萨本栋在电机工程学上的成就及他在美国讲学的特色，不仅获得了美国科技界的赞赏，也吸引了英国的科技界的关注。当他在美国的讲学还在进行时，英国的学术界就曾三次电邀他前往英国。1945 年 5 月，萨本栋完成在美国讲学任务后，转道赶赴英国，进行短期讲学，受到英国科技界的高度赞誉。

由于身体健康等原因，萨本栋在美国讲学期间，请辞厦门大学校长之职。1945年9月抗战胜利后，他由伦敦回到重庆，应中央研究院院长朱家骅之聘担任中央研究院总干事。他领导了中央研究院迁回南京的各项工作；接着，又为在南京建立一个数理中心而四方奔波，到处筹款。他还为物理研究所和新筹建的数学研究所在南京九华山附近各建造了一幢房屋。从1940年到1948年，萨本栋兼任着多重职务，例如，中央研究院当然评议员（1940—1948）、评议会人事管理委员会主任委员、设计考核委员会主任委员（1940—1948）、物理研究所所长（1945—1948）。由于他出色的工作表现及成就，1943年12月，他被选为中国电机工程师学会董事。1948年又当选为中央研究院院士。1949年1月31日，萨本栋因为工作长期“超负荷运转”，逝世于美国加州，时年47岁。

萧公权

中国近代政治学家

萧公权(1897—1981),原名笃平,字恭甫,自号迹园,笔名君衡、巴人、石沤,江西泰和人。近代政治学家,中央研究院院士,学贯中西,有《政治多元论》、《中国政治思想史》、《中国乡村》、《康有为思想研究》等多部著作。

1897 年 11 月 29 日,萧公权出生于江西省南安县,幼年就读于私塾。1915 年入上海中国基督教青年会中学学习。1918 年考入清华学校高等科。五四运动中曾参与创办《民钟日报》。1920 年赴美留学,先后就读于密苏里大学、康奈尔大学,主修政治哲学,1926 年取得康奈尔大学博士学位后回国,先后在南开大学、东北大学、燕京大学、清华大学等校任教。抗战爆发后,迁成都,任教于四川大学、成都燕京大学、光华大学,抗战胜利后继续在光华大学及四川大学任教。

从早年起,萧公权就对政治多元论下了很大功夫,并卓有建树。他指出该理论把有关个人自由的宪法保障这一古老的观念置于更广泛、积极而坚实的基础之上,这是一元论者应该吸收的重要政治理念。虽然萧公权讨论的政治多元论与之后的政治学者达尔的不同,但他的政治多元论,更具有理论力量。萧写作《政治多元论》与当时美国学术与政治热点相关,当时政治多元论恰好是美国政治理论界的重要话题,同时对于这位生于清末民初、曾热心阅读《民报》,并亲身参与五四运动的沉思型青年而言,用政治多元论来对比观照中国的现实政治,显然富于挑战性。这种政治多元性对于缓解在美国宪法基础上的政治一元论,提供了理论和实践的契机,对萧公权本人思想中的某种黑格尔色彩,是一种平衡。

对于部分国人津津乐道的中国固有的“民本”思想,萧公权以他所受的严谨的学术训练，指出了它与民主的区别："孟子民贵之说，与近代之民权有别，未可混同。简言之，民权思想必含民享、民有、民治之三观念。故人民不只为政治之目的，国家之主体，必须具有自动参预国政之权利。以此衡量，则孟子贵民，不过由民享以达于民有、民治之原则与制度皆为其所未闻。"萧公权在《中国政治思想史》中阐述：表面上看，民主只是比民本多一"民治"而已，似乎民本与民主很接近。其实，细较之下，两者完全不同。从政治的角度而言，"民治"的权利居于核心地位。所谓"民治"，就是由民众自己管理自己的公共事务。

萧公权并不局限于在校园内研究政治思想，他还积极地投入现实的政治论争。萧公权通过有说服力的分析，不赞成当年国府所划定的中国政治发展须经的"军政—训政—宪政"三阶段，而主张立即实施宪政。他指出："我个人也相信宪政是一种政治的生活方式，并不是高远玄虚的理想。我觉得较妥当的说法似为：宪政是过程也是目标，而目标即是过程的一部分。'千里之行，始于足下'。要达目标，须经过程。要实现较圆满的宪政，只有从较幼稚的宪政做起。"因此，他认为：(一)宪政随时可以开始，但比较完美宪政的实现需要经过相当时日的推广与进步；(二)由低度宪政到高度宪政实行的过程，在实质上包含一个学习的(也可以说教育的)过程，而且学习的过程和实行的过程融为一片，不容分割为先后的段落；(三)宪政是过程，也是目标。萧公权特别清楚地论述了：宪政本身就是训政的过程。不能在宪政之外求训政。

萧公权既是20世纪学贯中西的大学者，同时又是一位稳健的"老派"人物，他不赞成"打倒孔家店"，主张把孔子的思想与专制帝王所利用的"孔教"区别对待。他认为传统蒙学虽有戕害人性的一面，却也未始不是一种基本功的有效训练；他认为"新文化"对旧式家庭的攻击过于偏颇，因为"新家庭不尽是天堂，旧家庭也不纯是地狱"。萧公权在那个急遽变化的时代所担当的主要是一个刹车者的角色。

综观萧公权的学术世界，呈现以下几个特征：一、中西文化的折衷；二、旧学与新知的贯通；三、情感与理智的交融。这三大特征与萧氏所处的历史背景有密切关系。而萧氏思想的内部特征，则有三个突出的方面：对道德优先性的肯定、基要主义的取向，以及对民族文化生命的关怀。这三个方面都与近代中国人文学术的发展息息相关，而萧公权在学术方面的历史地位也由此益为彰显。萧公权毕生关切的问题，正是中国历史的变与常，他正是站在这一个基本关切点之上，来从事对中西文化的折衷与融会。在这种旧学与新知的融会，以及中西文化的折衷之中。萧公权树立了一个“治道征前史，多方论折中。人如秋水淡，诗与夕阳红”的典范与人格。

1948年秋萧公权赴台，任台湾大学教授。1949年9月离台赴美，任华盛顿大学远东和苏联研究所客座教授，1968年退休。

梁思永

天才考古学家

梁思永(1904—1954),广东新会人。著名考古学家,中央研究院院士、中国科学院学部委员。一生致力于考古事业,是中国近代考古学和近代考古教育开拓者之一。

1904 年,梁思永出生于澳门,在日本度过了童年时光。1913 年梁思永随家人回国,不久考入清华留美班,1923 年赴美国入哈佛大学研究院攻读考古学和人类学。梁思永在哈佛接受了完全现代的考古训练。与传统学者注重文字考释不同,现代考古注重地质学、人类学、古生物学、社会学、化学与物理方法的综合运用,注重把地下的实物分析与人类社会史的研究结合起来。顺利获得学士学位后,梁思永转入哈佛大学研究院,主攻东亚考古。在此期间,梁思永提前回国担任助教,在清华学校整理李济在山西西阴村史前遗址所出土的部分陶片,并写成英文专刊《山西西阴村史前遗址之新石器时代之陶器》,获得了哈佛大学研究院考古专业硕士学位,成了第一位受过正规现代考古学训练的中国人。

1930 年夏天,梁思永从美国哈佛大学毕业后,回国参加前中央研究院历史语言研究所考古组工作。1930 年 8 月他得知黑龙江昂昂溪附近发现了一处新石器时代遗址,就于 9 月 19 日从北平出发,与助手王文林一起前往调查发掘昂昂溪遗址。梁思永此行是考古学者首次进入黑龙江地区。昂昂溪位于东北平原北部的中心,这里水草丰富,土层潮湿,未曾开垦耕种。他们一共挖掘了 4 个沙冈,在黑沙层发掘到陶片约 200 块,在第三沙冈挖掘到一座墓葬,获骨器 10 多件,从地面采集石器 100 多件,陶器一个。1930 年 10 月初,由于天气渐冷,梁思永一行踏上归途。后经细致研究，撰写了5万字的论文《昂昂溪史前遗址》。

1931年，梁思永主持了城子崖的第二次发掘工作。梁思永的加入，不仅带来了标准的考古操作规范，还提出了新的观点。1931年之前，中国境内不管是外国人还是中国人进行的考古挖掘，都采用按照深度来划分地层的方法，而实际上这是很机械也是很不科学的。

1931年，梁思永创造性地提出了科学的地层划分方法：以土质土色及包含物的不同来划分地层，为科学而准确地认识古代文化遗存打下了基础。1934年，梁思永编纂出版发掘报告《城子崖》，这是第一部由中国的考古机构组织挖掘并由中国的考古者自己编写的田野发掘报告，其中创造的田野发掘报告的基本体例，至今仍在沿用。1939年，梁思永主要根据城子崖的挖掘成果，又撰写了《龙山文化——中国文明的史前期之一》一文。他将龙山文化分成三个区域，即山东沿海区、豫北区和杭州湾区，认为以上三个区在文化谱系上属于不同的考古学文化。梁思永撰文之时，中国的现代考古事业才刚刚起步，发现的文化遗址非常之少，能提出龙山文化的分期论断，用专家们的话说，实属"科学的预见"。

河南安阳殷墟，是中国现代考古学的一个重要站点。梁思永从第4次开始，共参加了6次挖掘。前三次殷墟挖掘，目的多限于寻找甲骨文和其他遗物，几乎与民间所说的"挖宝"无异；而梁思永参加工作后，"加以整顿，面目一新，他费了大力来改进田野考古技术，拟订各种记录表格，组织室内整理工作，训练年轻人员，使一切都渐入正轨。"由于他对考古科学规范的倡导，第4次挖掘被视为中国考古学的一个重要转折点，即由草创转入正轨。不久，梁思永就成为殷墟考古的领头雁，先后主持了第10、第11、第12、第14次殷墟发掘，对侯家庄西北岗一带的殷王室陵墓区进行了三次大规模挖掘。这三次发掘工作被考古界视为"规模宏大，采用了新技术"的殷墟科学挖掘的第二阶段，尤以1935年春的第11次挖掘被视为当年殷墟考古工作的"高潮"，一共发现了大墓十座，小墓千余座。发掘规模的宏大，田野工作的精细以及考古收获的丰富，在国内是空前的。正当梁思永准备静心审视这些不寻常的发现，以便制订下一步的发掘计划时，1937年卢沟桥事变发生，研究工作中断。

抗战爆发后，史语所考古组一路迁移，从长沙到桂林，又辗转越南到昆明，最后来到四川西部长江南岸的小镇李庄。在李庄，梁思永着手撰写侯家庄西北冈的发掘报告，《河南安阳侯家庄西北冈殷墟墓地发掘报告》和《西北冈器物研究记录》。但是，严重的肺结核病，迫使梁思永长期卧床休养。

新中国成立后，考古事业面临着大发展的历史机遇，梁思永欣喜地迎接着这个时刻的到来。1950 年 8 月，他被任命为中国科学院考古研究所副所长，先后负责黑龙江昂昂溪细石器文化遗址、河南安阳小屯殷墟、侯家庄西北冈殷王陵、高楼庄后冈小屯、龙山与仰韶三叠层、山东历城龙山镇城子崖龙山文化遗址等考古发掘工作，考定了仰韶、龙山和商文化的相对年代关系。

1954 年 4 月 2 日，长期带病坚持工作的梁思永心脏病发作在北京逝世，终年 50 岁。

梁思成

让中国古建筑光耀世界的一代宗师

梁思成(1901—1972),广东新会人。中国著名的建筑学家和建筑教育家,中央研究院院士。毕生从事中国古代建筑的研究和建筑教育事业,系统地调查、整理、研究了中国古代建筑的历史和理论,是这一学科的开拓者和奠基者。

1901年,那是他父亲梁启超因“戊戌政变”失败后亡命日本的第三年,4月20日,梁思成出生于东京。童年时代的梁思成在日本的华侨学校上学,在父亲的影响和督促下,梁思成自幼就攻读《左传》、《史记》等古籍,对中国古文化有良好的基础和浓厚的兴趣。当时,正是甲午之战和庚子赔款以后,中国屡受外国欺凌,这种环境培养了梁思成深厚的爱国主义和民族意识。他11岁由日本回到北京,14岁进入清华学校。1924年,梁思成赴美国入宾夕法尼亚大学学习建筑,他刻苦好学,尤其对西方文化和建筑历史有特殊爱好。他自己说是用“笨功夫”到图书馆博览群书,研究古代历史,参观古代文物,把著名古建筑一个个默画下来,1927年,他以优异成绩获得建筑硕士学位。接着他到美国哈佛大学研究生院,准备进行“中国宫室史”的博士论文,但是他感到研究工作不能光在书本中寻找资料而必须到实践中去考察研究,于是决定离开哈佛到欧洲考察建筑。

1928年,梁思成回国后应东北大学之邀去沈阳创办了建筑系,任系主任和教授。1931年九·一八事变后,梁思成举家迁到北平,他参加了中国营造学社,担任法式部主任,这是专门从事对中国古代建筑研究的学术机构,从此投入对中国古代建筑的研究。梁思成把近代的科学方法应用到研究中国古建筑上,他明确提出:“近代学者治学之道,首重证据,以实物为理论之后盾,俗谚所谓‘百闻不如一见’,

适合科学方法。”他坚持研究古建筑首先必须进行实地的调查测绘。他选择北京故宫作目标，因为这是目前留存最大量的明、清两代古建筑。他手执清代朝廷公布的《工部工程作法则例》课本，对着实物，从整体到局部，一一逐个辨识、测量、记录。他老老实实地求教老工匠，在他们帮助下逐渐弄清了清代建筑的结构与形制，这如同跨入了门槛，为扩大调研范围创造了条件。经过对古建筑的系统调查研究，梁思成终于得到了丰硕的成果。1934 年，他编著了《清式营造则例》一书，这部著作第一次将繁杂的中国古建筑构造和形制作了科学的整理和分析，对清代建筑的各部分作法和制度作了较详细的介绍和论述，第一次用近代的建筑投影图绘制出清式建筑构架、门窗、装饰和彩画的详图，使人们在多彩的古建筑遗迹面前不再停留在一般的感叹上，而获得了科学的认识和了解。几十年来，这部《清式营造则例》成了初学中国古建筑的入门必读教材，是研究中国古建筑的不可少的资料，也是如今古建修整工作人员常用的工具书。

1937 年，梁思成去山西五台山调查佛光寺，就在他为第一次发现一座唐代建筑而欢喜若狂时，北京卢沟桥畔已燃起了抗日烽火。梁思成带着仅有的几位研究人员，在云南、四川等地仍坚持着古建筑的研究，他们调查了 40 余个县，为当时的中央博物馆绘制了大量古建筑模型图，在印刷条件十分困难的情况下，仍出版营造学社的汇刊。1944 年，梁思成开始撰写《中国建筑史》。这时，多病的身体折磨着他，脊椎软骨硬化病使他不得不经常戴着铁马甲工作；学社经费来源的断绝又使他不得不多次去重庆政府募化微薄的津贴；十分短缺的物质条件使得只能靠大量的线描图来弥补照片的不足。在林徽因、莫宗江、卢绳等人的协助下，一部由中国人自己编写的中国古代建筑史，终于在抗日时期西南的一个小山庄里完成了。在这部著作中，梁思成根据大量的实物和文献资料，第一次按中国历史的发展，将各时期的建筑，从城市规划、宫殿、陵墓到寺庙、园林、民居都作了详细的叙述，并对各时期的建筑特征作了分析和比较。这些论述和分析都远远超过了过去外国人对中国建筑的研究水平，达到了前人所没有达到的高度。

1946 年 10 月，梁思成赴美国讲学。他带着《中国建筑史》和同时完成的《中国雕塑史》的书稿、图片，以丰富的内容和精湛的分析博得了国外学术界的极大钦佩和赞扬。梁思成正是根据这些丰富资料，去粗存精，分析比较，使中国古建筑这一瑰宝终得拂去尘埃，重放异彩于世界文化之林。他也被美国普林斯顿大学授予名誉文学博士学位。1946 年，梁思成回到母校清华大学创办了建筑系。1947 年，被中国政府派往美国担任联合国大厦设计顾问团的中国顾问。

新中国成立后，梁思成除了仍在清华大学任教授和建筑系主任外，一直以高度热情参加了各项建设工作。1959 年，梁思成加入中国共产党，1972 年，病逝于北京。其主要著作有《所知道的唐代佛寺与宫殿》、《蓟县独乐寺山门考》、《云岗石窟中所表现的北魏建筑》、《建筑设计参考图叙述》等。

董作宾

甲骨学大家

董作宾(1895—1963),原名作仁,字彦堂,号平庐,河南省南阳人。甲骨学家,古史学家,“甲骨四堂”之一,中央研究院院士。

1895 年,董作宾出生于南阳市宛城区一个小店主家庭,少年时期博览四书五经及诸子百家。1917 年春,董作宾在著名教育家张嘉谋先生的指导引荐下,考入开封育才馆读书,初步接触到甲骨文,从此便与甲骨文结缘,开始研究中国考古学。1923 年,董作宾进入北京大学研究所国学门,师从王国维学习甲骨文。1925 年,董作宾从北京大学研究所毕业,获史学硕士学位。1927 年赴广州中山大学任教,并同文学院代院长傅斯年结为知交。之后,入傅斯年创办的历史语言研究所工作。

1928 年,董作宾被派往河南安阳调查甲骨的出土情况。董作宾在经过一番走访调查之后,认为小屯埋藏的甲骨并不如罗振玉所说“宝藏一空”,而很有再发掘的潜力。于是,从 1928 年 10 月起,中央研究院历史语言研究所开始对殷墟进行首次科学发掘。董作宾主持了这次发掘,历时 17 天,地点在小屯村中、村北及村东北,共出土甲骨 854 片,还出土不少铜、陶、骨、蚌、石、玉器等遗物。

第一次发掘即获得丰富成果,对人们鼓舞很大,从此开始了殷墟大规模的科学发掘。从 1928 年至 1937 年,10 年之中共进行了 15 次发掘,直到 1937 年 7 月抗日战争开始,发掘工作才被迫中断。董作宾参加了殷墟 15 次科学发掘中的前 7 次和第 9 次,其中第 1 次、第 5 次和第 9 次发掘均由董氏主持,第 11 次、第 15 次则是以中央古物保管委员会委员的身份,对发掘进行了巡视监察。

董作宾一边参加殷墟科学发掘,一边着手对所获甲骨文资料进行整理研究。

1935 年，董作宾完成了《殷墟文字甲编》的编纂工作，从自 1928 年至 1934 年前九次殷墟科学发掘中共得 6 497 片甲骨文中，精选了 3 942 片。当时学术界都十分关注《甲编》，然而它的出版却经历了种种波折磨难，直到抗战胜利后，《甲编》才于 1948 年问世。紧接着，又从殷墟第 13 次、第 14 次、第 15 次科学发掘共得18 405片甲骨文中，精选 9 105 片而编成《殷墟文字乙编》。《殷墟文字甲编》、《殷墟文字乙编》收录了中央研究院历史语言研究所对殷墟 10 年科学发掘所得甲骨文的主要部分，特别是《乙编》，集中著录了著名的 YH127 坑的大批资料，在刊发甲骨文方面做出了重大贡献。董作宾在编纂体例上也有所创新。对出土的甲骨文既不分期，也不分类，而是依照出土的先后次序排列，编号之后又注明登记号。据此，在研究甲骨出土情形与遗迹、遗物关系时，就可以从发掘报告中查明，这为甲骨文的考古学考查提供了极大方便。

由于董作宾长期从事殷墟科学发掘实践，并掌握了大量的第一手资料，使他在甲骨文研究领域取得丰硕成果，其中尤其重要的是对甲骨文的分期断代。他自己曾说过，甲骨文的分期断代是由殷墟地下挖掘来的。

董作宾在甲骨文缀合复原方面，也做出了不少贡献。甲骨文缀合是将支离破碎、身首异处的甲骨重新组合在一起，以增加甲骨文的史料价值。这是一项繁重复杂、学术性极强的工作，需要学者有深厚的甲骨学功底，敏捷的思维和敏锐的眼光。董作宾对这项工作十分重视，看作是甲骨学深入研究的重要内容之一，并将之与分期断代并列为“甲骨研究新方案”的“两种原则”。他在撰写《殷历谱》时，对甲骨断片多有缀合。张秉权根据原骨对《乙编》缀合成《殷墟文字丙编》，与董的提倡有很大关系。

董作宾还利用甲骨文资料研究商代历法和中国古史年代学。1931 年发表《卜辞中所见之殷历》，1934 年发表《殷历中几个重要问题》(《中央研究院历史语言研究所集刊》，1940 年发表《研究殷代年历的基本问题》，1945 年发表《殷历谱》等一系列论著。

1948 年底，董作宾随中央研究院和自己相伴多年不忍分开的大批文物迁往台湾。在台湾，他继续从事甲骨文研究和培养后进的工作，并创办《大陆杂志》和《中国文字》期刊，大大推动了台湾和香港的甲骨研究。

董纯才

科普翻译家

董纯才(1905—1990),湖北大冶人。教育家,最早翻译伊林作品的中国人,也是中国科普事业的开拓者之一。

1905 年,董纯才生于湖北省大冶县,1920 年随父母迁住上海,入浦东中学读书。这时候,他在父亲的教诲下朦胧地认识到通过办教育可以唤醒民众,拯救国家,于是中学毕业后先后考入南方大学、国民大学和光华大学,专攻教育专业。

1928 年初春,董纯才进入陶行知创办的晓庄师范读书,深受陶行知的器重。他遵照陶行知的嘱咐,组织起生物实验室,在实验室里学习、研究和从事的实验活动,为他以后从事科普读物的写作奠定了基础。不久,他被介绍到浙江湘湖师范和劳山中学担任生活指导工作,为按照晓庄师范的精神办学他付出了许多心力。

1931 年,陶行知发起了中国现代史上第一次大规模的科普活动——“科学下嫁运动”。董纯才参加了筹划成立自然科学园的工作。自然科学园开办后的第一件事,就是通过编写出版发行 100 种《儿童科学丛书》,开展儿童科普工作。董纯才当年撰写了《苍蝇与瘟疫》、《水族相养器》、《螳螂生活观察》、《鸟类迎宾馆》、《蚯蚓》等 6 册。第二年,科学下嫁运动的规模和影响逐渐增大。董纯才接着撰写了儿童科学丛书 10 册。在以后的几年中,董纯才在编写农民知识课本的同时,还创作了《动物大观》、《植物大观》、《科学新知》、《自然研究》等数十种脍炙人口的科普读物。

抗日战争爆发后,董纯才奔赴延安,在陕甘宁边区政府从事科学大众化工作。他翻译了苏联科普作家伊林的《十万个为什么》、《人与自然》和《改造行星》等作品,还阅读了法国昆虫学家、文学家法布尔的名著《昆虫记》。他从这些世界级的科普作家身上受到启发，开始从模仿到创新，用文艺手法、故事体裁，创作了大量的优秀科普作品。比较著名的有 20 世纪 30 年代的《麝牛抗敌记》、《凤蝶外传》、《狐狸的故事》等，40 年代的有《马兰纸》、《一碗生水的故事》、《人和鼠疫的战争》等。

《凤蝶外传》用生动细腻、娓娓动听的文笔，勾画出凤蝶的一生。文章一开头描写的是凤蝶产卵的过程。文章描写得那样真实生动、细致入微，没有深入、周密的观察，几乎是不可能写出来的。董纯才先从书本上了解到凤蝶的知识，又花了几乎一年的时间，对凤蝶的生活进行观察，才写出了如此优秀的科普作品。董纯才科普创作的严谨态度由此可见一斑。

《马兰纸》创作于抗战时延安大生产运动之中。当时，延安纸张缺乏，边区人民利用当地大量野生的马兰草造纸获得成功。《马兰纸》以散文的笔触，饱含深情地赞颂了马兰草在恶劣环境中顽强抗争的不屈不挠的品格，隐喻了抗日军民不怕敌人和顽固分子封锁、不怕日寇疯狂肆虐的革命英雄主义精神。作者用层层剥笋的手法，简明扼要地介绍了怎样做试验，怎样造出纸来，最后回答了读者一直想知道的答案："由于敌人和顽固分子封锁造成的边区纸荒问题从此迎刃而解。"

董纯才从实践中得出了一个结论：科学文艺作品是科学内容和文艺形式的结合，它是最受群众欢迎的科普读物。为了使科普创作收到应有效果，使群众喜爱阅读，应该提倡多写科学文艺作品。写科学文艺作品，不仅要掌握书本的理性知识，而且还应具有丰富的感性知识，即实地观察自然现象或作科学实验，这样才能把文章写得生动活泼。

董纯才不仅是一位成果卓著的科普作家，而且是一位不断追求、不断探索的科普理论家。他写于 1942 年的《谈科学大众化》一文，除系统地论述了科普创作所必须解决的大众化、通俗化等问题外，还着重就科普创作应走什么样的路子进行了详尽的阐述，提出"学会用文艺形式，采写通俗科学读物"的主张。他强调，"要使科学平易近人，能为大众所接受，能消化，就一定要适合大众的需要和胃口"；"一定要用群众易懂的通俗语言，生动的群众语言，写得深入浅出，生动有趣"，"这就要求作者要有丰富的科学知识，有文学修养，那就不难把科学和文学结合起来，创作出科学文艺作品”。

关于如何写好科学文艺作品，董纯才强调要用辩证唯物主义和历史唯物主义的观点来指导写作，要注意学习和借鉴，科普作家要深入生活。他曾说：“搞一个课题，写一部作品，要花时间。首先是掌握大量资料，要学很多知识，慢慢积累资料。但单靠资料还不行，还要调研，向工人、农民特别是专家请教。要有生活，要到现场去观察，舍得花时间。”

直到今天，董纯才的科普创作观点，对于那种浮躁情绪和急功近利的行为，仍然具有重要的警示作用。

蒋梦麟

北京大学的好当家

蒋梦麟(1886—1964),字兆贤、少贤,号孟邻,浙江余姚人。教育家,美国哥伦比亚大学教育学博士,曾任国民政府第一任教育部长、行政院秘书长,长期担任北京大学校长。

1886 年 1 月 20 日,蒋梦麟出生在浙江余姚的一个小村庄。他 6 岁入私塾,12 岁入绍兴中西学堂。1904 年中秀才,不久又考入上海南洋公学(交通大学)。在新与旧、中学与西学、维新与革命之间,蒋梦麟"尚未成熟的心灵"渐已看清了"西化的潮流已经无法抗拒"。1908 年他考取官费留美资格,出国赴加利福尼亚大学农学院学农,两年后转入哥伦比亚大学研究院,师从著名哲学家杜威,1917 年获得哲学及教育学博士学位。

回国后,蒋梦麟先是在商务印书馆当编辑,后介入江苏教育会的管理,负责编辑《新教育》杂志。在该杂志中,蒋梦麟提出要"养成健全之个人,创造进化的社会",倡导新的教育思想,强调教育要按照学生的要求设计。由于这个刊物与北大师生"知识上的密切关系",1919 年初,他被聘为北大教育系教授。

五·四运动发生后,蒋梦麟受当时的北大校长蔡元培的托付,代理北大校务,这时他不过 30 出头。在北大学生欢迎会上,他第一次发表了办学思想的演说。他指出国家民族的地位,是由历代文化积聚起来的,不是朝夕所能成的。"故救国之要道,在从事增进文化的基础工作,而以自己的学问功夫为立脚点。"这些观点成为蒋梦麟以后一直遵循的办学方针。此后,蒋梦麟三度代行校长职权,并长期担任北大总务长,主持日常事务,是蔡元培治校的得力助手,他们共同把北大引上了现代大学的轨道。在他们的主持下,“学术自由、教授治校,以及无畏地追求真理”成为北大的3项治校准则。同时,他还认为学生自治会应该受到鼓励,“以实现民主精神”。他在1923年写的《北大之精神》一文中把北大精神概括为两点:一是大度包容,二是思想自由。

蒋梦麟在代理校长期间,军阀混战连绵不断,学生运动风起云涌,办学经费严重短缺。那时政府只有偶然发点经费,往往一欠就是一两年。学生要求更多的行动自由,政府则要求维持秩序、严守纪律。日夜奔忙的唯一报酬,就是蒋梦麟两鬓迅速增加的白发。1926年北京发生震惊中外的三·一八惨案,北大有3位学生惨遭杀戮。蒋梦麟悲愤欲绝。3月24日,他在北大全体师生参加的追悼大会上潸然泪下,对政府暴行进行了猛烈的抨击。

1928年,蒋梦麟接替蔡元培出任国民政府大学院院长。不久,大学院改为教育部,蒋梦麟也就成了中华民国第一任教育部长。当时,为了让国人重视教育,规定单设一科的学校也可称为某科大学,于是引起专门学校的“升格运动”。一时间大学增幅太快,合格教师不多,教育质量低下,设备简陋,内部管理混乱,办大学成为一些不良者谋财的工具。为了改变这种恶劣的局面,蒋梦麟制定并颁布了《大学组织法》,取消单科大学的设置,规定大学分文、理、法、教育、农、工、商、医8大学院,凡具备3个以上学院者,始得称大学;不合这些条件者,为独立学院。

1930年12月,蒋梦麟受蒋介石之聘,正式回到北大担任校长。他延聘大批留学生来校任教,并按照美国的大学教育制度,对旧的教学和科学研究制度进行了大刀阔斧的改革。实行教授专任,推行学分制,要求毕业生撰写论文并授予学位,追求高等教育的正规化,提出“教授治学,学生求学,职员治事,校长治校”的口号。在他领导下,30年代的北大,教学科研水平都有明显提高。

这一时期正是民族危亡之际,作为校长,他不仅要忙于校务,还要花很多时间、精力应付日本方面的骚扰。九·一八事变后,日寇步步进逼,迅速向长城以内推进,占领河北北部,成立所谓的“自治政府”,并鼓吹推行华北“自治”。在这一紧急关头,北大教授联名发表宣言,声明誓死反对所谓的华北“自治运动”。蒋梦麟也是签名者之一。一天下午，日军要他去“谈谈”，虽然深知其中的危险，但他还是毅然决定独自前往日本兵营。在日寇的威吓面前，他从容坦荡，最后平安回到北大。

随后，国民党在华北的领导人宋哲元派人劝他离开北平，但他坚持留在北大负起自己的责任，直到抗日战争全面爆发。卢沟桥事变后，北大南迁，与清华、南开合组长沙临时大学，后迁往昆明，改名为国立西南联合大学，由三校校长蒋梦麟、梅贻琦、张伯苓组成常委会并共同主持校务，历时 9 年，写下了民族教育史上的辉煌篇章。

抗战胜利，高校复员，蒋梦麟应行政院院长宋子文的邀请，于 1945 年 6 月出任行政院秘书长，离开了服务 20 年的北大。1949 年赴台湾，受命出任由中美两国政府新成立的“中国农村复兴联合委员会”的主任委员。1964 年，蒋梦麟病逝于台北。

童第周

中国实验胚胎学创始人

童第周(1902—1979),字蔚荪,浙江鄞县人。实验生物学家,教育家,中国实验胚胎学的奠基者之一,中央研究院院士,中国科学院学部委员。毕生从事实验胚胎学、细胞生物学、发育生物学的研究工作,在两栖类、文昌鱼和鱼类卵子早期发育规律的研究方面,在细胞核和细胞质相互作用、相互制约的理论方面,以及发育生物学和遗传学的研究方面作出了重要贡献。

1902 年 5 月 28 日,童第周出生于宁波鄞州区塘溪镇童村。少年时代,他边劳动边念私塾。1918 年 9 月以自学文化程度考入宁波第四师范学校。两年后,考取效实中学三年级,1923 年 9 月考入上海复旦大学,毕业后担任南京中央大学生物学助教。1930 年去比利时布鲁塞尔大学留学,师从当时欧洲最有名望的布拉舍教授和达克教授,打下了扎实的研究基础,练就了一双灵巧的实验之手。甚至连达克教授也难以完成的青蛙卵去膜手术也只能由他去完成,童第周能一次性成功操作。童第周在比利时的比京大学布拉舍实验室,在对棕蛙卵子受精面与对称面的关系的研究中,他证明了对称面不完全决定于受精面,而决定于卵子内部的两侧对称结构状态。在对海鞘早期发育的研究中,他证明了在受精卵子中已经存在着器官形成物质,而且有了一定的分布,精子的进入对此没有决定性的影响。另一方面,他观察到内胚层和外胚层似乎有相当的等能性,而且吸附乳头和感觉细胞的形成依赖于外来因素,说明了卵质对个体发育的重要性。这项研究成果是具有开创性的,使他成为中国实验胚胎学的创始人之一。

1934 年,童第周以突出的研究成果获博士学位。同年 8 月他满怀激情回到祖国。童第周先后辗转在成都中央大学医学院、重庆北碚复旦大学、青岛山东大学担任教授,不管多么艰难困苦,他仍矢志不渝地致力于探索生命的奥秘。他在脊椎动物、鱼类和两栖类动物的卵子发育能力研究方面,取得了重要成果,引起了国际生物学界的普遍关注。1939 年,英国著名生物学家李约瑟博士长途跋涉,追到四川宜宾李庄镇,当看到童第周的实验工具只有一架旧显微镜和几个鱼缸,他连声赞叹:“奇迹,奇迹,科学史上的奇迹!”1940 年,童第周在国际上首次证实了海鞘卵早期发育的性状,这项成果比美国的比克第司成果报告早了 10 年。1948 年 3 月,他应美国洛氏基金会的邀请,到美国耶鲁大学动物系和林穴海洋生物研究所工作,并兼任英国剑桥大学研究员。

1949 年 6 月,童第周放弃在美国优越的研究和生活条件,毅然回到青岛山东大学,后任中科院生物学部主任、青岛海洋生物研究所所长。文昌鱼在生物进化中占有重要地位,是脊椎动物的祖先。童第周领导的研究小组首先在青岛解决了文昌鱼的饲养、产卵和人工授精的技术难题,为系统研究文昌鱼的胚胎发育奠定了基础,并利用显微技术对文昌鱼的胚胎发育机理进行了一系列的研究,对文昌鱼卵的发育能力提出了很重要的修正意见,在国际上受到重视。童第周等所证明的文昌鱼卵这些早期发育特点,进一步论证了文昌鱼在进化上的地位是介乎无脊椎动物和脊椎动物之间,属于过渡类型。这方面工作也支持了他后期关于核质关系研究。他在两栖类(蟾蜍和黑斑蛙)胚胎发育的研究中,明确指出了胚胎发育的极性现象,从而证明这种感应能力是由一种未知的化学物质,通过细胞间的渗透作用,诱导和决定胚胎纤毛的运动方向。童第周对文昌鱼胚胎发育的研究,发展了欧美科学家 19 世纪末的最初研究成果,纠正了他们的一些不正确的研究结论,开创了“细胞核移植”的克隆技术基础研究。1963 年,童第周等向国内外报道了鱼类核移植研究,诞生了第一条雏形克隆鱼,国际生物学界将童第周培育的新鱼种命名为“童鱼”。

1973 年,童第周与美籍教授牛满江合作研究生物细胞分化,加快了发育生物学研究。当年,动物研究所就诞生了第一批鲤鲫移核的克隆鱼。1977 年,童第周首先向国际上报道了脊索动物的核移植成果。1979 年,由童第周为主完成的《鲤鱼核细胞核和鲫鱼细胞质配合而成的核质杂种鱼》,表明中国首先获得具有“发育全能性”的克隆鱼。这一克隆成果比英国克隆羊“多莉”早 10 多年,而先前的克隆鱼诞生更要早 20 多年。在他生命的最后几年,童第周还在鲤鱼、鲫鱼、草鱼、鳊鱼等鱼类中进行了实验,研究的先进性一直居于国际前列。

1978 年,童第周任中国科学院副院长,并光荣地加入了中国共产党。他虽已 76 岁高龄,却以年轻人的朝气投入工作。他亲手制定科研项目规划。1979 年 3 月,在浙江省科技大学的讲台上,他突然眩晕,从此一病不起。他为祖国科学事业的振兴,实践了他的誓言:“愿效老牛,为国捐躯!”

曾昭抡

中国近代化学教育开拓者

曾昭抡(1899—1967),字叔伟,湖南湘乡人。化学家、教育家,中央研究院院士、中国科学院学部委员。毕生致力于科学、教育和学术团体事业,是中国近代教育的改革者和化学研究的开拓者。

1899年5月25日,曾昭抡出生于湖南省湘乡县一个书香门第。1915年考入清华留美预备学校,1920年赴美国留学,在麻省理工学院攻读化学工程,三年内修完了四年的课程。其后又转攻化学,于1926年完成了博士论文《有选择性的衍生物在醇类、酚类、胺类及硫醇鉴定中的应用》,获科学博士学位。1926年曾昭抡回国后,应蒋梦麟校长的邀请,前往北京大学化学系任教授兼系主任。曾昭抡进行了一系列教育改革,他为北大化学系图书室订购许多美、英、德等国的有关图书、期刊,保证师生能接触到化学各学科领域的最新发展;他强调教学要反映学科领域的最新发展与成果,亲自编写教材,讲授多门课程,深受学生欢迎;他在全国首先提出大学生要动手做实验,不仅教师在讲理论课时要做示范实验,而且结合教学内容让学生自己动手去做一定数量的实验,这大大提高了教学质量;尤为可贵的是他在全国率先提出毕业班学生一定要写毕业论文,接受科学研究的训练,北大化学系做毕业论文就是从1934年开始的。曾昭抡还倡导高等学校要积极开展科学研究。在他的带动下,北大化学系形成了浓厚的研究气氛,并做出了成批的研究成果。仅在1932—1937年间,曾昭抡就发表了50多篇论文,其中《对一亚硝基苯酚》的研究成果载入了《海氏有机化合物词典》,被国际化学界采用;在分子结构方面,曾昭抡测得四氯乙烯的偶极矩为零,证明了该化合物有对称结构,他还测出了已二酸的偶极矩为 4.04D,并推断该酸有桶形结构;在制备无机化合物和有机卤代物方面,曾昭抡发表了 10 多篇论文,在谷氨酸、醌、有机氟化物及有机金属化合物方面,进行了一系列研究;在制备胺类化合物、盐类化合物、酚类化合物以及合成甘油酯方面,也做了不少工作;对有机化合物的元素检出和测定方法,提出了不少改进意见。为了抗日救亡,曾昭抡还带领学生做过炸药、烟幕弹的化学研究,出版了专著《炸药制备实验法》。

1932 年 8 月 4 日,中国化学会在南京成立,曾昭抡是主要发起人之一,并当选为首届理事,他创办了中国化学会第一个学术刊物——《中国化学会会志》。以后他连续 16 届当选理事会理事或常务理事,还曾担任过 4 届会长和 1 届理事长,为该会办刊物,做了大量工作,立下了不朽的功绩。《中国化学会会志》于 1933 年创刊,是中国第一个外文版化学学术期刊,用英文、法文、德文发表中国化学研究成果,在促进化学研究和加强中外学术交流中占有重要地位,受到国际化学界普遍重视。这一刊物能有如此高的水平和影响,主要归功于曾昭抡的精心编辑和扶植。他任《中国化学会会志》总编辑长达 20 年之久,抗战期间和解放战争期间,办刊条件极端困难,甚至有时无出刊经费。曾昭抡省吃俭用,任凭衣鞋破烂,把积攒的钱全都用到这份刊物上。

1937 年 7 月,抗日战争爆发,北京沦陷。北大、清华、南开三校南迁长沙,合并为长沙临时大学。1938 年 2 月,临时大学再迁昆明。曾昭抡和闻一多等 11 位教授自愿参加步行团,与数百名学生一起步行到达昆明,历时 65 天,行程 3500 公里。曾昭抡在昆明参加了中国民主同盟,他是早期民盟成员之一。他积极参加抗日和民主运动,成为西南联大有名的进步教授之一。

1946 年,曾昭抡留学美国,考察原子能技术,后又赴英国访问、讲学、考察。1949 年 3 月,曾昭抡回到北京,不久任教育部副部长兼高教司司长,1953 年改任高教部副部长。曾昭抡主管全国理工科大学和综合性大学的教学和科研工作,为中国高等教育质量的提高和高教事业的发展,做了大量工作。他任高教部副部长后,在 3 年内跑遍了大半个中国的高等学校,到各地召开座谈会,深入了解学校的教学质量、科研情况以及教师和学生的意见、要求等，然后提出解决办法，深受各地师生欢迎。

近代化学科学传入中国并得到发展，其中有一个重要因素，就是化学名词的命名和统一。曾昭抡非常重视这项工作，20 世纪 30 年代初就将《国际有机化学名词改良委员会报告书》和《日内瓦命名原案》译成中文向国内读者介绍，并发表了不少有关命名的文章。新中国成立后，曾昭抡任化学名词审查小组召集人，领导制订出《化学物质命名原则》，审定了《化学名词草案》。1953 年，中国科学院召开全国化学物质命名扩大座谈会，曾昭抡主持会议并做了《化学物质命名扩大座谈会的总结报告》，竺可祯、吴有训参加了会议，对曾昭抡等人所做的工作，给予了高度评价。化学物质种类繁多，命名和统一的工作极为重要，也极为复杂。曾昭抡对此项工作认真、细致，耗费了大量时间和心血，对中国化学界和化学科学的发展，做出了重大贡献。

谢家荣

一专多能的地矿学家

谢家荣(1898—1966),字季骅,上海人。地质学家、矿床学家、地质教育家,中国第一代地质学家,中央研究院院士、中国科学院学部委员。在基础地质科学与应用诸多领域都有建树,是中国矿床学的主要奠基人。他领导了资源委员会矿产测勘处,是中国经济地质事业的主要开拓者。

1898 年 9 月 7 日,谢家荣出生于上海市一个职员家庭。1913 年,他在上海制造局兵工学堂附属中学毕业后,来到北京,考入了农商部地质研究班。这是地质研究所创办的地质专科学校,负责人和教员大都是中国地质事业的奠基人——章鸿钊、丁文江和翁文灏。学员受到地质学知识的良好教育和地质工作基本功的严格训练。全班学生共 30 人,谢家荣是最年轻者。1916 年,谢家荣以优异成绩毕业,留在农商部地质调查所任调查员,成为中国自己培养的第一批地质工作者。

谢家荣在地质调查所工作一年多,因成绩突出,第二年即被选送美国留学,最初在加里福尼亚州的斯坦福大学地质系学习,1918 年转入威斯康星大学地质系作研究生。1920 年,谢家荣获硕士学位,回国后仍在农商部地质调查所任职。

1920 年底,甘肃海原县发生 8.5 级大地震。谢家荣参加了北洋政府派出的考察团,随翁文灏、王烈等去震区考察。谢家荣还被派到河西走廊以西的甘肃玉门调查石油地质情况,发表了《甘肃玉门石油报告》这一初步成果。这是中国地质学家对该区最早的石油勘察活动。1921 年,谢家荣参加筹创中国地质学会的工作,是 26 名创始会员之一。他与袁复礼共同起草了该学会的第一个章程,并当选为学会的书记。

20世纪20年代，谢家荣在湖北对鄂西、三峡一带地层、构造、矿产情况进行了研究，并取得了很多成果。在地层古生物学方面，他建立了许多区域地层单位，如大冶灰岩、长辛店砾岩等，一直为地层学界采用。他在云南曾与同事一起确定了昭通褐炭层上泥砂层中的象牙化石是上新统的东方剑齿象，一起研究了昭通龙洞泥盆纪剖面，根据化石群详细划分了中泥盆统的层位，从而决定在盆地内下钻寻找新煤田。1928年，谢家荣被借调到两广地质调查所任技正，又兼广州中山大学地质系教授。1929年，他到德国考察与进修，先后在柏林地质调查所和弗莱堡大学攻研煤岩学与金属矿床学。1930年回国，任实业部地质调查所技正兼沁园燃料研究室名誉主任，该研究室为著名实业家金沁园捐款所建，专门从事煤炭、石油及有关地球化学等方面的研究。1931年，谢家荣兼任清华大学地学系教授。1935年，实业部地质调查所主体迁往南京，留在北平的部分成立北平分所，谢家荣任所长。1936年，他建议创办了《地质论评》，并兼编辑主任，还兼任《中国地质学会志》编辑，对学会这两本主要刊物(中文和英文)的出版做出了重大贡献。

1937年七·七事变爆发后，北平沦陷，谢家荣未能及时离开北平。日本人闻讯后，便软硬兼施聘请他充任伪北京大学的教授及校领导。谢家荣拒绝了日本人的聘任，并与老上司、经济部长翁文灏秘密联络。在几经周折后，他终于逃离北平，回到大后方。他先任湖南江华矿务局总经理，后任经济部资源委员会专员。他在湖南、广西一带做了大量锡矿地质的勘查和研究工作。1940年6月，他去云南，任叙昆铁路(宜宾一昆明)沿线探矿工程处总工程师。同年10月，该处改名经济部资源委员会西南矿产测勘处，谢家荣任处长。1942年10月，该处扩大为全国性的矿产勘测机构，谢仍为处长。1944年，他在简陋的条件下，仔细鉴定昆明与贵州息烽石炭系铝土矿为硬水铝石，而福建漳浦的铝土矿为三水铝石，并给予正确的经济评价。他还对昆阳的胶磷矿与宿松磷矿的磷灰石做过对比研究。他留学德国柏林时，结识了世界矿相学大师拉姆多尔，后来他在反光显微镜下所拍东川铜矿矿石结构构造与矿物相互关系的图片，为拉姆多尔所采用，编入他的《矿相学图册》中。

1945年抗战胜利后，谢家荣率经济部资源委员会矿产测勘处返回南京。同年底，他去台湾调查了石油地质。后来，他发现了安徽淮南八公山煤田、安徽凤台磷矿及福建漳浦三水型铝土矿等矿床，这些矿床至今仍十分重要。

新中国成立后，谢家荣先后任中国地质工作计划指导委员会副主任兼计划处长、地质部普查委员会常务委员兼总工程师，首次对中国地质与矿产普查勘探工作进行了系统的部署，并领导了中国石油普查勘探工作。1956 年，谢家荣担任地质部地质研究所副所长，与孙云铸、黄汲清等一起拟定了逐步进行中国地质和矿产研究的总体规划。谢家荣的著作主要有《地质学》、《中国大地构造问题》、《论矿床的分类》、《地质历史中成矿作用的新生性、再生性和承继性》等，谢家荣真不愧是一位一专多能的地矿学家。

蔡翘

蔡翘

中国近代生理学奠基人

蔡翘(1897—1990),字卓夫,广东揭阳人。生理学家,医学教育家,中国生理科学奠基人之一,中央研究院院士、中国科学院学部委员。

1897年10月11日,蔡翘生于广东省揭阳县新亨镇仙美村。1918年赴上海复旦大学附中补习英文,同年到北京大学中文系当旁听生。1919年秋,他胸怀“科学救国”的志向到美国留学。他先后在加利福尼亚大学和印第安纳大学学习心理学,用两年时间学完大学课程。1921年进哥伦比亚大学读研究生,1922年转入芝加哥大学生理系当研究生。他潜心攻读,注重提高实验技能,在芝加哥大学文理学院学习期间发表了4篇论文。1924年,蔡翘发表博士论文《大白鼠的记忆曲线》。1925年,他发现了视觉与眼球运动的中枢部位,命名为“蔡氏核区”。同年,他获哲学博士学位和芝加哥大学金钥匙奖,并被推荐为美国解剖学会会员。

蔡翘于1925年秋受聘为复旦大学教授,他是在中国综合性大学中开设专门生理学课程的第一人。当时,各大学普遍用英语授课,他认为用外语作教学媒介不便于学生吸收和掌握所学知识,更不便于科学知识的普及与推广。于是他坚持用华语教学,自编中文讲义,并编著中国第一本大学生理学教科书——《生理学》,1929年该书由商务印书馆出版,共50章,70万字,后增订改名为《人类生理学》)。

1930年秋,蔡翘获美国洛克菲勒氏基金会资助,赴英国和德国进修,先在伦敦大学著名生理学家埃文思教授的实验室从事糖代谢的研究,继而在剑桥大学著名神经生理学家、诺贝尔奖获得者阿德里安教授的实验室从事神经传导生理研究。1932年春,蔡翘回国,继续在上海吴淞的中央大学医学院任教。不久,他应聘到上海雷士德医学研究所任副研究员，在 4 年时间里系统研究了肝脏在糖代谢中的作用。1937 年 1 月，他提前与雷士德研究所解约，到条件较差的南京中央大学医学院任生理学教授兼科主任，再次创建生理科。蔡翘同吴襄共同编著了《生理学实验》一书。他在牙医专科第一班进行教学的同时，筹建动物房及研究室，准备继续利用慢性动物进行肝糖代谢的实验。不料半年后，卢沟桥事变爆发，日军飞机对上海、南京频繁空袭，中央大学医学院决定西迁成都。他到成都后先借用教会办的华西大学医学院的部分校舍上课，4 年后，又租用城内一所中学校舍作为前期各科教学之用。在十分艰苦的条件下，蔡翘坚持从事生理和药科的教学和研究工作。

1938 年秋，蔡翘在华西三大学(中央大学医学院、齐鲁大学医学院、华西大学医学院)发起成立和领导了中国生理学会成都分会，其中郑集、童第周都是会员。1941 年 6 月，他在华西大学医学院创办了《中国生理学会成都分会会志》，并任主编。这是太平洋战争爆发后，国内惟一一本生理学刊物，至抗战胜利为止，4 年共出两卷 13 期。同年，他成立了生理学研究所，自筹经费，亲自动手，创建制造生理学实验仪器的车间，供教学和研究之用。

1943 年夏，蔡翘作为中美文化交流交换教授，与费孝通等 6 人应邀赴美讲学一年。在芝加哥讲演时，他向世界介绍了中国抗日战争的情况，呼吁国际社会的援助，其讲演稿与其他教授的讲演稿一起被编成《来自中国的声音》一书在美国出版。这一年中，蔡翘在哥伦比亚大学医学院与美国学者合作继续研究血清中的缩血管物质，正是这一成果，后来导致国外 5—羟色胺(即血清素)的发现。

蔡翘在抗日战争期间及抗战胜利后的一段时间里，直接参加和指导的实验性研究主要是围绕血液生理这一领域。他研究了红细胞脆性和溶血、抗溶血机制，阐明了脾脏与红细胞渗透脆性的关系及其影响因素及机制；发现胆固醇是正常血浆中的主要抗溶血物质，免疫的溶血性血清中存在一种“抗胆固醇因子”，它可以对抗胆固醇的抗溶血功能；发现了血清缩血管物质中除血小板解体时释放的组织胺外，还有非组织胺物质等。抗日战争胜利后，他再次领导生理科教学与研究的恢复工作，继续从事小血管受伤止血的研究。

新中国成立后，中央大学改称南京大学，蔡翘任医学院院长。1952 年，南京大学医学院改编为第五军医大学，他任校长。1954 年，他调入军事医学科学院，任副院长，主要从事并领导特殊环境生理学的研究，是中国军事劳动生理学、航空航天医学和航海医学的创始人。

蔡翘自 1922 年从事生理学工作，一生艰苦创业，在生理学领域进行了多方面的开创性工作。他涉猎广泛，有过许多重要的发现和成就，先后发表过 100 多篇学术论文，11 本专著和教科书。他提携新秀，培养了几代人才，为发展中国的生理学和医学教育事业作出了卓越贡献。

缪钺

通古贯今的文史大家

缪钺(1904—1995),字彦威,江苏溧阳人。著名历史学家、文学家、教育家,中央研究院院士。其治学最大特点是文史双栖,古今贯通。

1904 年 12 月 6 日,缪钺出生于河北省迁安县一个书香门第。他少承庭训,七八岁即读《论语》《孟子》,中学毕业前已较系统地学习了文学、声韵、训诂以及目录等诸种学科知识,为其一生的学术成就奠定了基础。

1922 年,缪钺考入北京大学文科。1924 年冬,因父亲逝世,缪钺被迫辍学教书以赡养家人,从此开始了长达 70 年的教学和治学生涯。抗日战争以前,缪钺先后任教于保定私立培德中学、志存中学、省立保定中学高中部等,除每周教课 10 多个学时外,其余时间均刻苦自学。1938 年,缪钺应浙江大学中文系之邀担任副教授,两年后升任教授。缪钺与郭斌龢、谭其骧、萧璋、钱宝琮、黎子耀、章俊之、陈逵等著名学者都有密切交往。抗战胜利以后,缪钺因江浙物价昂贵,难以养家,没有随浙大迁返杭州,而是应华西协和大学之聘,到成都任该校中文系教授兼中国文化研究所研究员,同时兼任四川大学历史系教授。

缪钺早期研究以先秦诸子及古典文学为主。在先秦诸子与儒学方面,先后发表了《与钱宾四论战国秦汉间新儒家书札》、《论荀学》、《先秦书中孔老关系诸史料之检讨》、《论〈墨经〉的撰著时代》、《〈吕氏春秋〉错简》等文章,大多不乏真知灼见。20 世纪 40 年代,缪钺又发表了《读〈二程全书〉》的长篇书评,详论程颢、程颐兄弟二人在宋代思想史、学术史上的地位和影响,同样体现了他在古代思想史研究方面的精深造诣。

在古典文学方面，缪钺对先秦及魏晋以来历经唐宋以迄于清代的各种文学体式，如《诗》、《骚》、魏晋辞赋、六朝五言诗、唐宋诗词的特质与流变，历代重要作者如屈原、曹植、王粲、陶渊明、颜延之、鲍照、颜之推、元好问、汪中、黄仲则、龚自珍、郑珍、王国维等，都有专文论述。其中诗词研究成果尤为突出。缪钺的第一篇论文《诠诗》发表于 1929 年 5 月《学衡》杂志第 69 期，文中析论诗之质、诗之用，刚一发表，即受到当时蜀中著名学者刘咸炘先生的推重。《〈遗山乐府〉编年小笺》是缪钺的第一篇词学论文，是他所著《元遗山年谱汇纂》的副产品，发表于 1936 年《词学季刊》第 3 卷 2 期、3 期。以后又陆续发表《论词》、《论李易安词》、《论辛稼轩词》、《姜白石之文学批评及其作品》等词学论文，探讨词体之特质，深析李清照锐感之心灵，论证辛词所具含之豪放与闲适双重意境，评析白石之以江西诗法入词。1948 年缪钺选取 10 篇论文集为《诗词散论》，由开明书店印行，此书的出版奠定了他在中国古典文学研究领域的学术地位。

1952 年院系调整，缪钺专任四川大学历史系教授，开始将魏晋南北朝史作为主要的研究方向。研究的范围涉及此一时期的政治思想、学术思想、典章制度、民族关系和历史人物，发表了多篇论文，其中《清谈与魏晋政治》、《北魏立三长制年月考》、《东魏北齐政治上汉人与鲜卑之冲突》、《北朝之鲜卑语》均有创新之见解。《清谈与魏晋政治》一文是魏晋史研究方面的一篇力作，缪钺对魏晋清淡之性质、特点、不同发展时期与政治的不同关系作了深入系统的分析，为以后学人在此方面的研究奠定了新的基础。《东魏北齐政治上汉人与鲜卑之冲突》一文，是建国以前缪钺在魏晋南北朝民族史研究方面的代表作之一，它运用了陈寅恪先生《隋唐制度渊源略论稿》所阐述的民族观，而对史家研究较少的北齐的政治与民族进行了透辟独到的探索。1962 年，缪钺将有关魏晋南北朝史的 14 篇论文编为一册，名《读史存稿》，次年由三联书店出版，成为国内外研治魏晋南北朝史者非常熟悉的专书。

编撰古人的年谱、传记也是缪钺史学研究的重要组成部分。他先后编撰了鲍照、王粲、颜之推、颜延之、魏收、杜牧、元好问等人的年谱，为陈寿、颜之推、杜甫、杜牧、史达祖写过传记或评传。其中最为著名的就是《颜之推年谱》、《元遗山年谱汇纂》和《杜牧传》、《杜牧年谱》。在中国历史文献学的研究领域，缪钺最主要的研究成果就表现在对《三国志》的注释上。20 世纪 60 年代，教育部委托南开大学历史系郑天挺教授主编“中国史学名著选读”丛书，用作高校“史学名著选读”课程教材。缪钺承担了《三国志选》的编选和注释工作，1962 年 8 月编成，全书约 20 万字，共选注纪、传 19 篇，由中华书局出版。这部著作在建国后众多《三国志》选注本中，是问世很早而且具有鲜明学术特色的一种。

1981 年，缪钺被国务院学位委员会批准为首批博士生导师，为四川大学培养出第一位博士。1989 年，因其在治学和教育方面的突出贡献，获得国家级优秀教学成果特等奖。

戴芳澜

中国真菌学的开山鼻祖

戴芳澜(1893—1973),字观亭,湖北江陵人。真菌学家和植物病理学家,中央研究院院士、中国科学院学部委员。在真菌分类学、真菌形态学、真菌遗传学以及植物病理学等方面做出了突出的贡献。他建立起以遗传为中心的真菌分类体系,确立了中国植物病理学科研系统,对近代真菌学和植物病理学在中国的形成和发展起了开创和奠基的作用。

1893 年 5 月 4 日,戴芳澜出生在一个书礼世家,童年文静好学,17 岁到上海震旦中学学习。这个学校注重法语,因此他的法语有良好的基础。1913 年戴芳澜考入清华大学留美预备班,1914 年赴美国威斯康星大学农学院学习,以后转到康奈尔大学农学院,获学士学位。其后又到哥伦比亚大学研究生院攻读植物病理学和真菌学,1919 年获得硕士学位。

20 世纪初,中国只有少数几个外籍教授在少数大学讲授植物病理学课程,偶尔也有中国教授授课,但他们并非植病专业人员,而是植物学或昆虫学的“客串”。1920 年戴芳澜回国后,就从事植物病理的教学和科研工作。他先后在广东省立农业专门学校、南京东南大学讲授植物病理学。1927 年在金陵大学担任植物病理学课程的美籍教授博德回国,戴芳澜遂被聘为金陵大学教授兼植物病理系主任。他根据自己对国内农作物病害的调查研究,以及同代人的调查资料来充实讲授内容,使植物病理学有了一个系统。他讲授的特点是少而精,且理论联系实际。戴芳澜立志研究植物病理学科,目的十分明确,就是要使它既能为农业生产服务,又能把这一学科的水平提高到国际水平。他从广东到南京,又从南京到北平,一贯坚持研究植物病理学，其中以研究植物病害及其防治为主。所以，他在广东开展了芋疫病的研究，在南京开展了水稻病害和果树病害的研究，在昆明开展了小麦、蚕豆及水稻病害的研究。在当时，要做到这一点，实在不容易。

1934 年，清华大学成立农业科学研究所，聘请戴芳澜主持植物病理学的研究。病理组在戴芳澜的主持下，以严谨的科学态度，深入实际，积极开展工作。当时日军侵华步伐日甚一日，清华大学已成前线地带，师生们感到工作、学习随时有停顿的危险。在这样严峻的形势下，病理组全部研究人员仍然深入北平郊区、河北的中东部地区，开展对农作物、蔬菜、果树等病害调查。对小麦锈病、线虫病、粟白发病、玉米黑粉病、高粱黑头病、白梨黑星病、杏叶枯病等 18 种病害作了重点调查。后来，调查范围扩大到河北全省以及河南、山西、山东、陕西、内蒙等地。他们克服重重困难，跋山涉水。功夫不负有心人，他们重点调查了 53 种病害，采集制作了 2 000余号标本，还把调查研究结果写成论文。戴芳澜写出《中国真菌志六・白粉病菌》、《中国真菌名录一・藻状菌》，周家炽写出了《河北栽培植物病害志略》。

抗日战争爆发后，清华大学迁往昆明，和北大、南开组成国立西南联合大学，农业研究所设在昆明西郊的大普吉村。抗战时期的昆明交通不便，做调查研究十分困难，但在戴芳澜的带领下，农业研究所制定了详细的调查计划，对小麦、大麦、棉花、蚕豆、大豆等病害进行抗病育种试验。植物病理组的研究人员到云南东北部、西部及南部各地调查经济植物病害，调查所共统计出普通作物病害 51 种、果树病害 42 种、蔬菜病害 65 种、特用作物病害 56 种、花卉病害 16 种，以及病原菌 200 种。戴芳澜还在云南对菌类进行了多方面的调查研究，他采集了菌类标本 3 000 余号，约有 1 000 号标本定名，并将食用菌及菌毒等绘成 400 余幅彩图。

在艰苦的条件下，农业研究所的工作人员在戴芳澜的领导下，自强不息，团结协作，取得了重大的成就。他们写出的研究报告和学术文章，有 30 余篇刊登在中外学术杂志上，以清华命名的农作物有“清华 3613”、“清华 7194”小麦 2 种，“清华 1268A”小麦 1 种，“清华 1582”、“清华 1544”大豆 2 种，曾交当地农业部门推广，为解决中国西南地区农业方面存在的实际问题做出了成绩。

抗战胜利后,清华大学迁回到北平。1946 年,农业研究所扩充为农学院。1947 年,戴芳澜代理农学院院长。由于学术上的突出成就,1948 年,戴芳澜当选为中央研究院院士。新中国成立后,戴芳澜曾担任北京农业大学教授,中国科学院微生物研究所所长等。在长期的研究工作中,戴芳澜收集真菌 2 606 种,藻状菌 90 种,子囊菌 677 种,担子菌 1 077 种和半知菌 753 种;编写了《中国植物病原目录》、《中国真菌总汇》、《真菌的形态与分类》等著作,发表学术论文 50 余篇。他在真菌学的分类学、形态学、遗传学以及植物病理学各个方面都做了大量的研究,为中国近代真菌学和植物病理学的发展做出了开创性的贡献。